當帝國回到家

戰後日本的遣返與重整

WHEN EMPIRE COMES HOME

Repatriation and Reintegration in Postwar Japan

LORI WATT

華樂瑞 著

黃煜文 譯

推薦語

在《當帝國回到家》裡，華樂瑞述說戰後近七百萬日本人從殖民地返回日本的故事。日本國家的主流論述包括：作為十九世紀力量和財富建設活動的一部分而獲得的殖民地，並在二十世紀中期喪失這些殖民地，而一般人卻省略了日本人在戰爭結束時遠離故鄉而生活的艱辛。日本的國家經驗是由原子能和傳統的轟炸所定義的。這些轟炸破壞了日本城市，卻是前殖民者不在場的事件，而這個故事將那些被遣返的人改說成是：對食物供應和有限住房存量的額外消耗。華樂瑞提醒我們，有些遣返者曾經是戰前的風光人物，不可避免地提醒著日本曾經是帝國的歷史和失敗國家的身分。

——Sally A. Hastings，普渡大學歷史系副教授，*Monumenta Nipponica*

在這本書中，華樂瑞首次對於日本戰敗後隨即而來的大規模遣返者做了全面性的研究。這是一本徹底和廣泛的著作：她參考了很多資料，以探討這個多種問題的各個面向。華樂瑞關注遣送經驗的多樣性，並將其置於長期歷史的長河之中。對現代日本史學科的學生及一般對殖民議題有興趣的讀者而言，她的書寫很有價值。

——五十嵐惠邦，范德堡大學歷史系教授，Harvard University Asia Center

作者以「說故事」的方式帶領讀者探討二次戰後日本社會的「遣返者」議題，生動刻畫出「遣返者」的身影與重要性，雖然是一本嚴謹的學術論著，但字裡行間無不充滿人性的溫度。

——曾齡儀，臺北醫學大學通識中心助理教授

目次

日本帝國與人群流動

曾齡儀（臺北醫學大學通識教育中心助理教授）

近代東亞的歷史多元而複雜，先有歐洲人來到亞洲進行貿易，後有東亞各國因為貿易、殖民與戰爭而產生的人群流動，人們主動或被動地離開原鄉，前往異地尋求更好的機會，或者執行母國賦予的任務。其中，「日本帝國」在東亞造成的人群流動受到高度關注，人數眾多且範圍廣泛，許多日本人前往東北亞與東南亞，成為帝國擴張的急先鋒。二次戰後，旅居海外的日本人遭遣返回鄉，然而受到戰敗的影響，這群在海外替日本開疆闢土的勇士們回到家鄉後，不僅未受到應有的敬重，反而背負了敗戰的罪責，成為日本國人批判與排斥的對象。

《當帝國回到家：戰後日本的遣返與重整》是以日本「引揚者」（hikiagesha）為主題的論著，「引揚者」中文翻譯為「遣返者」，意指二次戰後回到家鄉的日本人。我與本書邂逅於二〇一〇年，當時還是紐約市立大學歷史系的博士生，指導教授芭芭拉・布魯克斯（Barbara Brooks）向我推薦這本書，某天我從圖書館將書本借出，趁著搭地鐵回家途中隨手翻閱，沒想到「一翻不可收拾」，深深被內容所吸引。作者以「說故事」的方式帶領讀者探討二次戰後日本社會的「遣返者」議題，生動刻畫出「遣返者」的身影與重要性，雖然是一本嚴謹的學術論著，但字裡行間無不充滿人性的溫度。

綜觀英文學界的日本研究（Japan Study），早期多聚焦於日本現代化過程的探討，西方學者非常好奇明治天皇及其年輕幕僚們，如何在短短幾十年間將日本改造為東亞第一個具有「現代性」的國家。晚近以來，隨著資料使用的便利以及跨領域之間的交流合作，日本研究的議題更顯多元有趣，涵蓋少數民族（愛奴與沖繩）、戰爭與記憶（廣島與原爆）、性別（慰安婦）、消費文化（漫畫與拉麵）以及本書討論的「移民」。除了西方學界持續關注日本研究，近來中國、韓國與台灣學界也重新反思近代日本與東亞各國的關係，以我較熟悉的台灣史領域來說，許雪姬老師長期投入滿洲國台灣人的研究、鍾淑敏老師探討海南島與英屬北婆羅洲的台灣移民，皆為日本帝國研究帶來豐碩的成果。

本書作者華樂瑞（Lori Watt）是美國聖路易華盛頓大學歷史系教授，專業領域是近代日本政治社會史與戰後移民史。她曾在日本御茶水女子大學攻讀碩士，並取得美國哥倫比亞大學歷史學博士，本書即改寫自她的博士論文，探討二次戰後從殖民地、半殖民地與戰地被遣送回國的日本人（亦即「遣返者」）在家鄉面臨的困境及其對於戰後日本社會的影響。事實上，「遣返者」並不是一個新議題，在日本已累積相當多討論，然而華樂瑞教授另闢蹊徑，透過日文資料的解讀與口述訪談紀錄，提出一個非常犀利的觀點，她主張戰後日本政府與社會將「遣返者」貼上標籤，使其背負敗戰的罪名，進而達到重整日本民心的目的。為了論證上述觀點，華樂瑞在〈導論〉、主體五章以及〈結論〉，分別討論與「遣返者」相關的議題。

該書〈導論〉的標題是「遣返、去殖民化與戰後日本的轉變」，作者說明盟軍為了達到將日本帝國「去軍事化」的目的，實施「遣返」（repatriation）和「遣送出境」（deportation）兩種政策：前者將海外日本人送回日本，後者將殖民地人民從日本遣送出境。由盟軍主導的移民政策造成戰後日本的重構，包括地理範圍與人群的重構，在地理範圍上，帝國時期的「內地」（日本本土）與外地「殖民地」在戰後限縮至今日日本的國土範圍；在人群方面，日本從戰前的「多元種族帝國」（朝鮮人、台灣人等）轉變為戰後的「單一民族國家」。然而，「單一民族國家」（大和民族）的說法有待商榷，至少琉球人與愛奴人並非「大和民族」。

華樂瑞在第二章〈遣返者的共同製造，一九四五到四九年〉論證「遣返者」這個詞彙的出現與其標籤化。她指出所謂的「遣返者」是一九四五至一九四九年間，由厚生省、各地區遣返者中心、報章媒體以及遣返者社群等多方共同製造出來的。有別於日本的「一般國民」，「遣返者」指涉一群具有海外經驗、貧困和需要特別照顧的「他者」。作者論證「遣返者」社群的出現恰好成為大多數居住於日本本土（「內地」）人民的強烈對照，前者代表日本帝國的施暴形象，後者在二戰末期受到盟軍轟炸，尤以長崎與廣島原爆的苦難形象最為鮮明。兩者形象相互對照，前者成為軍國主義與殖民主義的代表，後者則成為二次大戰的受害者。

華樂瑞教授提醒我們，如果仔細探究「遣返者」角色，將發現「性別」（gender）的重要性。就此，她在第三章〈「日本種族的未來」與「好辯者」：滿洲歸來的女性與從西伯利亞歸來的男性〉聚焦兩種形象鮮明的「遣返者」：第一種是一九四六年夏天從滿洲歸來的日本女性，第二種是一九四九年從西伯利亞集中營歸來的日本男性。無獨有偶的，上述兩種人群均被「汙名化」。前者因歷經蘇聯入侵東北而被認為身體受到汙染（強暴），後者受到共產主義的影響被稱為「紅色引揚者」（red repatriates），即共產主義同路人。當上述女性與男性「遣返者」回到日本國內，前者恰可襯托出日本國內女性「性的純潔」與「種族的純粹」，後者冷僻孤傲的形象恰可彰顯日本國內男性的「正常」。

海外「遣返者」回到日本國內後，雖受到種種歧視，但部分新聞媒體勇於揭發官方論述自私的一面，作者在第四章〈「最終，我們卻落入日本人的手裡」：文學、歌曲與電影中的遣返者〉，討論戰後日本大眾文化如何呈現「遣返者」形象。許多文化產業勇於揭發官方論述與新聞報導的偏執，強調「遣返者」

雖然從俄國、滿洲與韓國逃離，但最終卻無法逃脫日本人對自己同胞的欺侮。第五章〈不再是遣返者：「中國殘留孤兒婦人」〉，作者探討一九八〇年代熱門的「中國殘留孤兒」議題，相信看過《大地之子》小說或電視劇的讀者對這個議題必不陌生。戰爭時期兵荒馬亂，許多日本孩童未與親人返回日本，在中國養父母撫養下成長，這些留著日本血液卻說著中國話的「孤兒」，在一九七二年中日建交以後獲得回到日本的機會，卻無法適應「故鄉」的生活，並遭受日本社會的歧視。華樂瑞將戰後初期的「遣返者」與一九八〇年代的「中國殘留孤兒」相互對照，兩者都是二次大戰的歷史產物，只是一九八〇年代以後出現在日本社會的「中國殘留孤兒」取代了「遣返者」，成為「一般日本人」的「他者」。

在〈結論〉中，作者將二次戰後日本的「遣返者」與國際上其他族群的遷移相互比較，例如被稱為「黑腳」（pied-noir）的歐洲裔阿爾及利亞人。一八三〇年代，法國在北非阿爾及利亞建立殖民地，包含法國在內的各國歐洲人在當地生兒育女，建立各自的社群。一九五〇年代晚期，阿爾及利亞人發動戰爭抵抗殖民政權並獲得勝利，歐洲裔阿爾及利亞人被迫離開當地，返回歐洲，這些被稱為「黑腳」的族群在法國社會遭受嚴重歧視。作者認為，雖然日本的「遣返者」有其獨特性，但仍可放在帝國與移民的國際脈絡中進行比較。

整體來說，本書議題新穎且內容紮實，再度印證遠足文化選書的精準眼光，翻譯也十分流暢。很高興看到《當帝國回到家》的中譯本在台灣問世，台灣曾經是「日本帝國」的一部分，遺留甚多有形與無形的殖民資產，當我們對日本帝國多一分認識，似乎也加深了對於台灣的瞭解。當台灣學界努力發掘日治時期「海外台灣人」的流動經驗，探討移居滿洲國、朝鮮或華南地區台灣移民複雜的文化認同與意識形態，本書探討的日本人「遣返者」恰可作為「海外台灣人」的對照與補充，深化日本帝國範疇下的移民研究。我誠摯地向各位讀者推薦這本值得一讀的好書！

本文修改自〈評華樂瑞著《當帝國回到家：戰後日本的引揚與重整》〉，《臺灣史研究》，十九卷第三期（二〇一二年九月），頁二三七—二四四。

導論

遣返、去殖民化與戰後日本的轉變

從一九四五年九月到一九四六年十二月，也就是第二次世界大戰亞洲戰場結束後的十六個月期間，盟軍一共遣返了五百萬以上的日本國民回到日本。同一時期，盟軍也協助居留在日本，人數超過一百萬的前殖民地人民——韓國人、台灣人、中國人與東南亞人——返回自己的祖國。盟軍知道遣送行動不受歡迎，但為了實現他們的主要目標，也就是讓日軍復員並讓日本去軍事化，遣送行動勢在必行。此外，遣送行動也是為了瓦解日本五十年來所進行的帝國計畫。無論在什麼地方，帝國的撤廢都是一段複雜的過程，而日本帝國留下的人口問題——遣送回國與留在原地——則成為帝國解體與創造新國家認同過程中不斷交涉的場域。

日本的海外殖民地是漸次取得的，多半是對外戰爭的戰利品：一八九五年因中日戰爭取得台灣；一九一〇年，日俄戰爭的五年後，日本併吞韓國；第一次世界大戰後，獲國際聯盟授權託管南海，並且在中國取得特權；一九三二年，建立滿洲國傀儡政權；一九三七年到一九四五年，日本在亞洲掀起戰爭，占領中國與東南亞部分地區。取得這些領土之後，數百萬日本人參與了帝國計畫，對殖民地進行鎮壓、管理與墾殖。他們以服役士兵、殖民地管理者與企業家的身分零星前往海外。到了戰爭末期，海外日本人的數量已十分可觀：例如一九四五年八月，有三百二十萬日本平民與三百七十萬日本軍人——總計六百九十萬人，幾乎占日本總人口七千二百萬的百分之九——居住在日本本土以外地區。[1]而為了戰爭與帝國的需求，殖民地人民也要移往日本。在戰爭末期，估計有二百萬名韓國人、二十萬名琉球群島居民、五萬六千名中國人與三萬五千名台灣人在日本；[2]另外有一百五十萬名韓國人遷徙或被迫移往滿洲，數萬韓國人在中國、台灣與樺太（今庫頁島）。[3]藉由易於穿越的內部疆界、具效率的運輸系統、積極推進的移民政策與強制的勞動計畫等方式，日本帝國使東亞的種族融合達到前所未有的程度。

盟軍擊敗日本之後立即快速反轉日本殖民時代的移民政策，開始遷徙人口。盟軍首要任務是接受海外總計三百七十萬日本軍人投降，解除他們的武裝，然後將他們遣送回國，這是日本帝國陸海軍復員工作的一環。不同於歐洲，盟軍早在一九四三年就成立聯合國善後救濟總署，來處理當地不可避免的戰後難民潮，但對日本的海外平民，盟軍幾乎沒有擬定任何計畫；然而，一九四五年八月，民眾自發性的遷徙迫使盟軍與日本政府不得不做出回應。[4]不久，有組織的人口遣送措施——遣返營、隔離程序、身分文件與官署——開始成形。在最終返回日本的六百七十萬人中，有五百萬人在一九四六年年底前抵達。人口的流動是雙向的：到一九四六年二月為止，將近一百萬名韓國人、四萬名中國人與一萬八千名台灣人被遣送出境。[5]所有的人都必須橫渡大洋才能抵達目的地。

雖然戰敗與權宜措施促成了人口移動，但其實背後另有更大的歷史力量在推動著。這些力量包括想把每個人放到與他們「相稱」的國家領土上，這股潮流在戰時與戰後的數十年間，讓數百萬人因為被迫或自願而流離失所。這也是世界上幾個殘存的殖民帝國邁向終結的開始。一九四五年，當美英兩國政治人物對於大英帝國的未來爭論不休，而英、法、荷三國正努力收復他們在東南亞的殖民地時，日本帝國則是在幾乎無異議下就此告終。這些世界潮流結合日本帝國與東亞戰爭的特殊性，對整個地區帶來難以預料的影響。戰後的解決方案超越戰爭本身，形塑了二十世紀下半葉的東亞。

遣返與遣送的故事使我們能探索戰後日本三個彼此重疊的重構過程，其中第一個重構過程是接續戰敗而來：重新繪製亞洲地圖與日本在其上的位置。戰時，在開羅、雅爾達與波茨坦會議上，美國、中國、英國與蘇聯代表針對日本戰敗擬定計畫，並且為戰後投降由聯軍占領日本控制的領土繪製草圖。[6]他們獨斷地畫下的一些界線，例如以北緯三十八度線劃分朝鮮半島，幾乎成了今日的國界。以北緯十六度線劃分中南半島（今越南）——以北由中華民國管轄，以南由英國東南亞指揮部管轄——預示了一九五四年以北緯十七度劃分越南。新地圖減損了日本的主權，廣大的帝國版圖縮減成本土的四大島，移除了殖民地與原本外交上承認屬於日本領土的地區。沖繩從一八七九年之後是日本的一個縣，此時從日本劃出，置於美國的控制之下直到一九七二年。樺太（今庫頁島）從一九〇五年之後以及千島群島（今庫里爾列島）從一八七五年之後是日本的一部分，現在都移交給蘇聯。戰後的日本喪失了所有外圍島嶼。

新亞洲地圖在一九四五年八月十五日突然生效，海外日本人與日本本土的殖民地居民因此一下子成了外國人，並且立即面臨遣返與重新確定國籍的問題。隨著朝鮮半島、台灣、中國東北與其他殖民地轉變成新國家，接下來要做的就是讓每個人回到自己所屬的國家空間。根據美軍資料的解釋，美軍是基於戰略與人道考量而遣返日本平民。盟軍不希望前殖民地統治者在後殖民地的亞洲繼續掌權，同時也希望避免對殖民地發動殘酷戰爭的日本人遭當地民眾屠殺。[7]至於為什麼急於切斷日本與殖民地民眾的關係，根據當時的美國與日本資料來判斷，可能是基於權宜之計與種族主義。[8]除此之外，一些缺乏有力支持的人，例如在樺太被強制勞役的韓國人，當樺太變成蘇聯的領土庫頁島時，遭到遺棄的他們只能聽天由命。[9]盟軍遣送人口的結果是，東亞地區的種族同質性變得比日本帝國時代來得高。本書第一章將追溯日本帝國時代的移民史，與突然到來的盟軍相比，帝國時期的人口遷徙速度顯得緩慢許多；此外，也將探討參與殖民的人口在一夕之間變成盟軍遣返的對象造成的結果。

盟軍在地圖與民族群體上進行清楚與迅速的劃分之舉，嚴重衝擊了琉球群島。沖繩處於日本及其殖民地之間的模糊地帶：國家與知識分子主張沖繩人是「日本人」，但沖繩人卻受到經濟與社會歧視——在某些狀況下，沖繩人甚至與其他殖民地民眾歸為一類。[10]一九四〇年代，美國人類學家與軍事計畫人員開始把沖繩人當做「種族上有區別」的群體，試圖疏遠沖繩與日本的連繫。[11]戰爭結束時，經由遣返與遣送，把不在琉球群島的沖繩人與來自日本本土但居住在琉球的日本人進行了互換，整個過程非常類似本土與殖民地之間的人口遷徙。本書的結論將分析琉球的遣返與遣送，以說明美國是基於何種理念定義種族群體，然後將這些群體安置在相稱的領土上；同時也以此為例探討明治時期建立的日本帝國秩序的崩解。

戰後日本的第二個重構過程是，對殘餘的日本帝國領土進行不均勻與不完整的吸收與重新分類。本土（內地）的地理建構——與殖民地（外地）形成緊張關係——在一夜之間崩解。曾經被這種建構定義的百姓（本土人民與殖民地人民）必須重新再被定義以符合新的非帝國社會。殖民地的日本人與在日本的殖民地人民被重新形塑成某種能合理存在，並且可能有助於後帝國時代日本的事物。而這項重塑任務相當複雜而且多面向，必須在戰後世界的許多領域裡執行。

盟軍重新繪製亞洲地圖，加上美國在二次大戰後的政治與經濟支配，促成戰後亞洲的第三項轉變：把原本位居東亞多種族帝國核心地位的日本，改造成地處美國領域或勢力範圍遠端的單一種族國家。

這是地理與社會層面的重新定位。這張新亞洲地圖不僅切除了殖民地，也砍斷日本與亞洲在地理與心理上的連結——東南亞（沖繩）與東北亞（樺太和千島群島）。隨著美軍占領沖繩與南韓，蘇軍占領北韓、中國東北與東北島嶼，盟軍的存在成為一面盾牌，橫亙在日本與亞洲其他地區之間。一九四五年十月之後，盟軍占領當局全面掌控日本的外交，並且限制日本與其他國家往來。數萬盟軍占領人員的湧入形成與美國的新連結。由於與亞洲大陸的繫繩已經切斷，在新風向的吹拂下，日本開始向東航行，並且在環太平洋地區找到新的停泊點。

脫離亞洲大陸之後，日本民眾也需要予以重新打造。提到日本人的獨特性，相關論述最晚在十八世紀就已出現。在殖民時期，日本宣傳人員一直努力從種族層面說明日本在東亞的意義，而且在滿洲使用「內鮮一體」與「五族協和」的口號，除了表示種族的類似與差異，也堅持日本有權擔任亞洲各種族的「領導者」。戰後，這種強調和諧的種族泛亞洲主義說詞就像蛇皮一樣褪個精光，留下的只有深層的種族偏見結構。小熊英二解釋，在戰後，日本戰前的軍國主義多民族帝國形象，立即被日本是愛好和平的單一種族國家形象所取代。[12]「日本的獨特性」不需要美國人培養，但如同小代有希子所言，美國人可以運用日本人在種族與文化上的獨特性這個觀念——日本人處於亞洲，但不屬於亞洲——來創造小美國人（用麥克阿瑟的話說，日本人像「十二歲的男孩」），他們可以限制與動員日本人，讓日本人擔任冷戰的輔助角色。[13]如此做的結果，使得日本人在文化與種族上是獨特的，而且自古以來就生活在一個擁有自然疆界的國家裡這樣的舊觀念起死回生；然而，這種觀念顯然與日本近來做為多種族背景下一個擁有廣大領土的帝國強權的歷史，形成強烈的對比。

戰後人口遷徙加速新日本與新日本人的產生，但也引發爭論。盟軍根據種族進行分類與遷徙，盟軍支持的遣返與遣送促使日本同質化，讓原本已經趨於單一的日本更加一致。更重要的是，這項分類行動認為可以明確判定一個人是不是日本人。這使得混血兒——父母分屬不同種族或日本女性嫁給外國男性（日本女性因此喪失日本籍）所生下的子女——陷入可怕的困境。事實上，這些混血兒（殖民主義不可避免的產物）的困境，乃是從帝國轉變成民族國家的主要受害者。無法將「原本應該」遷徙的人遣返遣送，導致數千名日本人滯留中國，數十萬韓國人居留日本，這讓促使日本成為單一民族國家並且隔離於亞洲的努力大打折扣。戰後數十年，海外日本人源源不斷地回到日本，加上國內居住著大量韓國人，迫使理論家不得不加大力度強調日本的文化孤立性與同質性。

從殖民地返國的日本人讓原本非黑即白的「日本人特質」議題變得複雜。所謂日本人特質指擁有日本血統，說日本語，社會與文化上展現出可辨識的日式舉止。[14]遣返者、沖繩人與極少數前殖民地居民，只能說是勉強算得上的日本人或是半個日本人，這些分類無法輕易安插到新的結構之中。來自這些分類的人對於非黑即白的「日本人特質」構成挑戰，他們迫使一個不同的結構出現，也就是用同心圓劃定日本人特質的程度。但這不是說這些戰後被推至日本人特質邊緣的不同民族間存在著親緣性，反而和在殖民地時一樣，這些處於日本人特質範圍外緣的半日本人，自別於前殖民地人民，而與那些被遣返日本人產生摩擦。許多被遣返者在戰後幾乎得不到任何經濟機會，最後淪落到黑市當小販，與來自其他殖民地移民為伍。因此這些遣返者如同字義上的前殖民地人民一樣，都被推擠到日本社會的邊緣地帶。

日本與日本人的重構對於這些返國者帶來深遠的衝擊，特別是那些試圖將自己描繪成「國際人」的遣返者，他們樂觀寫下自己的期望，希望自己能充當日本與亞洲的橋樑，致力建立新關係，協助日本從戰爭中恢復。[15]但由於同盟國占領軍不允許日本與亞洲進行外交、貿易與旅行，因此這些遣返者的希望化為泡影。在戰後日本，亞洲經驗是過氣的——除非受到同盟國占領軍的重視。日本殖民地居民倉本和子回憶起戰後不久在滿洲度過的年輕歲月，她提到自己決心學習中文，好讓自己成為真正的大連市民。當她拜訪一位教中文的日本教授時，對方勸她放棄中文改學英文，而事實上，當倉本回到被占領的日本[16]向美國人尋求工作時，她的英文能力確實比中文知識來得管用。第二章將檢視兩個新分類下的官方與社會產物：「遣返者」（引揚者）與「第三國人」，後者是對前殖民地人民的委婉說法。

性別在「遣返者」的形塑上扮演一定角色。戰後滿洲的日本女性平民暴露在巨大的暴力之下，就連逃離攻擊的女性也無法擺脫曾被玷汙的嫌疑。一位口述歷史受訪者談到，由於她在滿洲長大，因此找不到結婚的對象。[17]男性遣返者，特別是在殖民地擁有體面職業的人，最初不像戰爭末期婦女承受汙名。然而，一九四九年「紅色遣返者」的返國——這些人被蘇聯囚禁過並且被灌輸了社會主義意識形態——使人對其產生新一波的疑慮。第三章將檢視產生這兩種特定遣返者的歷史環境。

冷戰期間，遣返者在日本國內與亞洲各地都遭受不少批評。完全處於美國安全傘之下的日本政府，一開始並未與中華人民共和國建立外交關係，因此沒有意願或能力與中方協商將滯留在大陸的數萬日本公民遣返回國。三個非政府組織——日本紅十字會、日中友好協會與日本和平聯絡會——介入填補官方的空缺，但新成立的中華人民共和國政府打算藉由一切相關的議題來換取外交承認，並且以釋放日本公民做為討價還價的工具。[18]中華人民共和國從一九五三年開始遣返日本公民，直到一九五八年因外交緊張造成遣返中止，大約有三萬名日本人從中國返回日本。如一九四九年，返國者與祖國的相遇被層加了好幾層返國者所無法預見的意義。許多日本民眾因為接受反共教育，將這些返國者與社會主義國家連結在一起，有時候甚至加以延伸，認定所有的遣返者都與共產主義有關。

從返國那天起，遣返者就不斷為自己是誰以及自己的經驗所具有的意義進行申辯。他們傾向於使用同樣的措詞來描述自己所遭遇的磨難，因此創造出一種遣返者經驗式的語言。這些措詞包括了一些感傷的描述，例如「只有背上覆蓋著衣物」、「赤身裸體」與「多虧神明保佑」。雖然返國者試圖要與被遣返者的負面刻板印象區隔，但他們也傾向於彼此同情。早期的返國者，例如從韓國返國的人，會協助後期從滿洲返國的人。他們出版自助手冊並組織公民團體。最大的組織由來自朝鮮半島的遣返者組成，他們要求政府應賠償這些前殖民地居民在戰後被迫離開殖民地而損失的資產。[19]他們的努力最後得到了成果，日本政府前後提出了兩套賠償方案，一九五七年的象徵性賠償與一九六七年較具實質性的賠償。[20]

殖民計畫與其突然中止，產生了兩群深受戰後經驗影響的日本孩子：一群是從小從殖民地遣返的孩子，另一群則是未從殖民地遣返的孩子。也就是說，在遣返過程中滯留在中國的孩子。兒童或青少年時期從殖民地返國的人受到的影響特別大，他們在殖民地的童年經驗遭到否定，身為日本人的純正性也受到同儕質疑。雖然這些經驗很多無疑是痛苦的，但這種疏離感卻也造就出最富洞察力的批評者。小說家安部公房、非小說類作家澤地久枝、爵士音樂家穐吉敏子與指揮家小澤征爾，是日本最著名的四位殖民地日本人，小澤有時還會宣稱日文並非他的母語，中文才是。[21]殖民地的日本孩子年紀已經大到足以將愛國熱情內化為自己的一部分，但到了戰爭末期，他們卻只深刻感受到過去懷抱的理想如今已背叛他們，而他們的政府也遺棄他們。有些人相信日本想讓亞洲脫離白人殖民主義的掌握這套說詞，但當他們返回日本，美軍的占領卻暴露了殖民計畫的矛盾。他們好不容易在帝國轟然崩潰下保住一命，卻被自己的同學否認自己並非純正的日本人；他們反向流亡，卻在自己的國家弄得遍體鱗傷。另一個影響這個世代的要素，是他們身處的歷史時期。他們絕大多數人都是「昭和一桁」世代（在一九二六年到一九三四年之間出生），這群人在形塑戰後日本記憶上扮演了一定角色。[22]遣返的孩子日後提到他們在精神上與「一般」日本人疏離，而且感覺自己處於日本人特質的邊緣。[23]昭和一桁世代以社會批評、電影與文學來批判戰後日本。遣返者的流行文化與其中的遣返者將在第四章進行討論。

幼年時期遭到遣返的人，有時會覺得過去面臨艱鉅命運挑戰的自己，如今過著雙面人生：身為交戰國人民與殖民者的孤兒，他們存活下來，卻被留在敵國的領土上。這些留在中國的日本孩子——估計存活下來的有三千人——擁有各自不同的經歷：有些被中國家庭當成僕人或童養媳來撫養，有些則被中國家庭視如己出，獲得疼愛。有些人記得自己是日本人，有些人則懷疑自己是日本人；許多人在小時候曾被嘲弄是「小日本」，或者在文化大革命時期被當成外國間諜受到迫害。有些人直到他們的養父母於一九七〇、八〇年代去世時才得知自己是日本人；要不是在臨終前被告知，就是在看到家族文件後才明白。一九七二年，日本與中華人民共和國恢復外交關係，日本後裔開始返國，這是一九五八年來的頭一遭。這些人雙親都是日本人，但除此之外，他們完全是中國人的樣子，成年後返回「祖國」日本，他們面臨嚴重的語言、文化與社會挑戰。「中國殘留孤兒」的議題直到一九八〇年代初大量人員返國後才引起重視，但他們返回日本只是提醒日本人民這些遣返者一直心知肚明的事：日中之間仍存在著戰時的紐帶關係與許多未了結的事務。兒時從滿洲返國的日本人，心裡常常思索著思想與精神上的疏離感，但這群「孤兒」卻是活在疏離感中，無論是在中華人民共和國還是最終回到了日本，他們感受到的疏離無疑更為深刻。第五章將討論，隨著「孤兒」於一九八〇年代返國，遣返者再度掀起了誰真正算是日本人的討論。

安德魯．戈登（Andrew Gordon）、約翰．道爾（John Dower）與其他歷史學家都提到學界對戰後遣返者缺乏注意。戈登寫道，「雖然〔遣返〕是個相對快速而順利的過程，但要吸收數量如此龐大的人口是一項複雜的任務，這項工作造成的影響至今未曾獲得充分的研究或理解。遣返者，包括平民與軍人，在返回『祖國』後經常感到格格不入，他們一方面因為貧困而受到憐憫，另一方面也因為他們曾經追求如今看來純屬無望的戰爭而受到斥責。」[24]道爾指出，「這些〔殖民地〕日本人的命運是二次世界大戰無數史詩悲劇中一段被忽略的篇章。」[25]一九九〇年代之後，學者探索了遣返的各個面向，包括遣返者的住居、戰後遣返者的僱用類型以及返國者的回憶，特別是農業移民。[26]

歷史與史料編纂的因素結合起來，使得戰後遣返與遣送的故事變得曖昧模糊。在戰後以及對戰後時期的詮釋上，去殖民化被其他更急迫的壓力所掩蓋：日本的災難性戰敗、盟軍占領、中國與韓國發生內戰以及東亞成為冷戰前線。日本帝國結構的解體以及對帝國的揚棄，這些同樣也是令人矚目的轉折，但卻被埋葬在這些較具戲劇性的情節之下。此外，與其他帝國不同，日本帝國遭盟軍解體的過程，並未經過宗主國與前殖民地進行協商。這個「第三方去殖民化」的過程，深刻影響了亞洲日本帝國不均勻、不完整與充滿爭議的瓦解狀態。

在日本，集體記憶的力量彼此競爭，也讓故事無法說得清楚。戰爭剛結束，受害者——包括原爆與傳統轟炸下的受害者，以及飽受軍國主義國家荼毒的一般民眾——的故事馬上就被廣泛地用來協商俾讓日本從戰爭狀態轉變到戰後狀態。[27]弗蘭茲斯卡・瑟拉芬（Franziska Seraphim）表示，日本各政治光譜的公民團體努力主張各自的戰爭記憶版本，這個過程在某方面來說，導致了戰爭記憶與特定利益團體相連結。[28]然而，至少到一九六〇年代為止，有一道國家疆界不知不覺地圍堵著這些故事：唯有發生在日本本土的日本人苦難故事，才有資格成為具正當性的二次世界大戰國家苦難記憶。殖民地日本人的苦難與損失一直被擱在外頭，不見天日，也不被採納為國家苦難故事的一部分。本書結論將進一步論述，在本土歷史與殖民地歷史之間做出區隔或緩衝，從國家受難的角度來看，只會讓其他具說服力的日本苦難歷史遭到忽視。

戰後，遣返者的數字不斷增加並且持續產生意義，而這些意義也隨著使用者的不同而有所差異。因此，要為「遣返者」（引揚者）下一個一勞永逸的定義可以說是癡人說夢。儘管如此，檢視這些嘗試為遣返者下的定義依然能給予我們啟發。遣返者最廣義的定義是指二次大戰後返回日本經由地區遣返中心完成文書作業的六百萬人。被這種方式造冊的人，都列入與遣返工作最密切相關的政府機構厚生省所屬的紀錄中。這項造冊定義的問題在於未清楚分別平民與軍事人員。海外平民是遣返者；復員的海外軍事人員是復員軍人（復員兵），並且最終歸類為退伍軍人。然而有時為了與在國內復員的軍人做出區別，從海外返國的軍人通常就會非正式地自稱是遣返者。最惡名昭彰的遣返者，也就西伯利亞囚犯，其實主要都是軍人，技術上來說他們並非遣返者。從美國與歐洲——也就是前日本帝國以外地區——返國者也要到地區遣返中心辦理手續，但他們被劃歸於不同的行政類別，而且不符合遣返賠償的資格，甚至不被承認是遣返者。儘管如此，一些從西方而不是從殖民地返國的人依然堅持自己就是「遣返者」（引揚者）。

一九五七年的法律是返國者得以獲得小額補助給付的依據，這項立法提對於何謂遣返者的法律定義：戰敗前曾在殖民地生活超過六個月的人。[29]雖然一九五七年的法律基於賠償需要而對遣返者下了明確定義，但其法條也為其他未經遣返的遣返者留下空間，故有人是處於妾身未明的情況：實際上他是殖民地居民，但在戰爭結束時剛好人在日本，因此並未經歷返國的艱辛。到了一九六七年第二個賠償立法時，針對遣返者定義做出的更動，反映出了政治理解的變化。[30]一九五七年定義暗示遣返者是需要福利的窮人。一九六七年定義刪除賠償的所得門檻上限，增添了為帝國做出奉獻這類文字，顯示此時被認可的遣返者指的是任何所得級數的返國者，而這些返國者的奉獻與損失都值得官方予以承認。日後的立法包括了其他解釋，反映遊說團體的成功達陣與政治理解的變遷。這些主要是為了因應國家賠償目的而產生自官方體系的法律定義，將在第五章會有更深入的討論。對於遣返者複雜而動態的理解其實同時也在文學、電影、回憶錄與紀念活動中發展。

遣返者在帝國主義、殖民主義與去殖民化的熔爐裡獲得定義。帝國主義是一套觀念，指從政治、經濟與文化上宰制其他領土，這些觀念主要來自於宗主國，以日本來說就是本土（或內地）。殖民主義就是將這些觀念施行於殖民地（或外地）。不使用「去帝國化」，而以「去殖民化」指涉在前殖民地與本土進行的後殖民與後帝國過程。由於日本帝國是由許多不同形式的殖民地組成：正式、非正式、條約口岸、託管地、由軍隊治理的戰時占領地以及自成一格的滿洲國。[31]殖民地形式的差異在行政與經濟領域中關係重大，但戰敗之後，當日本人停止參與特定的殖民地結構，只是成了住在海外的日本人時，這些形式的差異也就沒那麼重要。

在東亞，雖然日本帝國的終結與每一個來到地區遣返中心的人息息相關，但這段歷史對於從滿洲遣返的人影響特別大。遣返者主要來自韓國、台灣、中國長城以南與其他地區，但遣返者普遍具有的社會形象，卻是那些戰後住在滿洲的女人、男人與孩子。在一九四五年之前，一派歡欣鼓舞與桀驁不馴的形象的滿洲日本人，往往使本土日本人深受吸引，但在戰後那一年，這些人於遣返前在滿洲所發生的聳人聽聞的遭遇（這些故事通常受到審查），卻讓他們在本土民眾的內心加添了威脅感。甚至盟軍人員——包括美軍軍官，無不驚訝於自己居然要在負責遣返大量日本平民的過程中扮演重要角色。不過本書的研究目標是呈現東亞各方要角理解的這段歷史。至於美國軍事與民政當局如何理解自己在這場人口遷徙中扮演的角色，只能留待來日再做探討。

日本殖民地所在對衛生觀念的認知，影響了日本本土民眾對殖民地返國者的看法。羅芙芸（Ruth Rogaski）在她那部探討中國菁英如何透過各種對衛生的理解而力求中國達致現代性的傑出作品中，提到明治時期的醫學專家如何試圖將「整套」現代衛生做法——包括公共衛生與醫療機構、衛生警察以及實驗室——引進到日本，控制病菌讓國家現代化。[32]在日本本土推行的衛生教育也延伸到殖民地。在台灣，日本當局在後藤新平領導下試圖讓全台灣成為一個衛生空間，如此就不需要對日本人社群與台灣人社群之間的疆界進行監督。[33]在韓國，日本當局試圖藉由訓練醫生，推動公共衛生與醫療現代化來提升當地的衛生水準，但日本民眾仍抱怨韓國人生性不愛衛生。羅芙芸也顯示，在中國，或至少在天津，日本當局關切中國人的衛生，主要是因為他們認為中國不合格的衛生環境可能對日本人造成威脅。尤其是在一九三七年後，日本當局試圖控制像霍亂這種傳染病的源頭，於是他們拿著槍挨家挨戶到中國人家裡進行檢查，隔離感染的病患，燒掉病死者的屍體。日本當局認為中國娼妓是潛在的性病帶原者，會對日本人構成威脅，於是他們把所有國籍的妓女（包括日本人）都列入「性衛生」制度進行管理。但如羅芙芸在結論所言，如要在中國這個非正式的帝國領域為日本人維持一個充分衛生的環境，他們需要將日本人社群與中國人社群做出區隔並且在疆界進行管理監督，而不是將整個中國轉變成衛生空間。[34]基於這些原因，從台灣以及某種程度上從韓國返國的人，都被理解為來自衛生的空間，因此對日本的環境比較不會造成威脅。從位於中國與外界隔絕的日本租界返國的人，也同樣較少暴露在不衛生的中國環境裡。但如第三章所將深入探討的，一九四六年從滿洲返國的日本人曾在中國待了一年，由於當時日本當局已經無法管控日本人社群與其他社群之間的疆界，這些返國者曾經暴露在不衛生的環境裡的情況，加深了日本本土民眾對滿洲日本人存疑的態度。

二十世紀，世界各地都發生了人口遷移，日本的遣返與遣送至少呼應了另外兩個人口遷移。一九六二年，法國結束對殖民地阿爾及利亞的統治，促使將近一百萬歐洲裔阿爾及利亞人出逃。[35]這些「黑腳」（pieds noirs）——指歐洲裔阿爾及利亞人——難以融入祖國，因為他們當中有許多人一生從未到過那裡。[36]一九七九年，遣返評論家本田靖春曾在文章中把「黑腳」與「引揚者」放在一起比對，就此提出殖民地返國者在許多方面扮演著從帝國走向後帝國結構的緩衝角色。[37]而當大戰剛結束，東歐與其他地區馬上將德裔居民驅逐出境，估計約有一千二百萬人，然後在幾個月後，也開始進行遣返日本人。[38]與德國的例子相比，可以看出戰後軸心國命運相似之處，那些落入蘇聯手裡的更是如此。然而我們也發現，戰後西德與日本運用這些插曲來撰寫國家歷史的方式有著天壤之別。日本遣返的比較面向將在結論中進一步說明。

歷史學家把戰間期的日本描述成動員進行「總體戰」的國家。[39]道爾曾從各個角度回答這群動員進行總體戰的人在戰後發生了什麼事。[40]楊露誼（Louise Young）表示，日本也是一個為「總體帝國」動員的國家，全國上下都狂熱支持擴張主義。[41]日本的總體帝國史引發了一個類似的問題：殖民計畫失敗後，為帝國動員的人下場如何。戰爭結束後不久，從殖民地遣返的三百萬「引揚者」經歷一段汙名化的過程，本土日本人因而能自別於這群因殖民地失敗而返國的人，並且最終還將責任推到這些殖民地返國者身上，從而模糊了整部日本帝國史。一旦「引揚者」的形象被建立起來，引揚者就能在國內充當方便的「他者」以及充當容納戰後各種焦慮的器皿，包括日本女性被外國人玷汙、西伯利亞囚犯可能被灌輸共產主義，以及特立獨行之人可能讓整個社會瓦解。遣返者除了努力保住失去的殖民地房舍，也竭力在滿目瘡痍的戰後日本求生，他們不僅要與搖尾乞憐的刻板印象周旋，也要駁斥那些聲稱他們遭到汙染、社交困難或愛惹麻煩的說法。直到一九八〇年代，最後一批殖民地人民返國，此後日本社會不再將殖民失敗視為於己無關之事，「中國殘留孤兒」也不再總是圍繞著「引揚者」這個類別上打轉，而是被置入到其他非關帝國的用途上。戰爭與失敗在許多層面上定義了「戰後」日本的要素。同樣地，帝國與喪失的殖民地也以較隱晦的方式定義了戰後日本。本書將探討殖民地的喪失如何融入成為戰後日本的一部分，也就是，當帝國回到家時，發生了什麼事。

1 荒敬編，《日本占領・外交關係資料集》，第三冊，東京：柏書房，一九九一，頁三〇四。

2 厚生省援護局，《引揚與援護三十年史》，東京：厚生省，一九七七，頁一五一。

3 據估計，一九四〇年，韓國人在滿洲有一百五十萬人，一九四一年，在中國有十萬人，一九三九年，在台灣有二三六〇人，一九四〇年在樺太有一萬六〇五六人。收錄在大藏省管理局編，《日本人海外活動相關歷史調查》，共十二冊，一九八三〔一九四七〕，第一冊，頁二三二一二三六。

4 關於盟軍對歐洲難民的回應，見 Atina Grossmann, *Jews, Germans, and Allies: Close Encounters in Occupied Germany*. Princeton, NJ: Princeton University Press, 2007, 133.

5 厚生省援護局，《引揚與援護三十年史》，頁一五一－一五二。

6 Hugh Borton, *American Presurrender Planning for Postwar Japan*. New York: East Asian Institute, Columbia University, 1967.

7 Supreme Commander for the Allied Powers, *Reports of General MacArthur*, 149.

8 Edwin O. Reischauer, "Forward," In *The Korean Minority in Japan, 1904–1950*, by Edward D. Wagner. New York: Institute of Pacific Relations, 1951, I; YukikoKoshiro, *Trans-Pacific Racism and the U.S. Occupation of Japan*. New York: Columbia University Press, 1999.

9 大沼保昭，《庫頁島棄民：戰後責任再思考》，東京：中公新書，一九九二。

10 Alan S. Christy, "The Making of Imperial Subjects in Okinawa." *positions* 1, no.3 (Winter 1993): 607–39.

11 Masahide Ota, "The U.S. Occupation of Okinawa." and Postwar Reforms in Japan Proper." In *Democratizing Japan: The Allied Occupation*, ed. Robert E. Wardand Sakamoto Yoshikazu, 284–305. Honolulu, HI: University of Hawai'i Press, 1987.

12 小熊英二，*A Genealogy of "Japanese" Self-Images*. Trans. David Askew. Melbourne: Trans Pacific Press, 2002, 299.

13 MacArthur quoted in John Dower, *Embracing Defeat: Japan in the Wake of World War II*. New York: W. W. Norton, 1999, 550; Yukiko Koshiro, *Trans-Pacific Racisms and the U.S. Occupation of Japan*. New York: Columbia University Press, 1999. 112–21.

14 日本人特質的討論包括：Yasunori Fukuoka, *The Lives of Young Koreans in Japan*. Trans. Tom Gill. Melbourne: Trans Pacific Press, 2000.

15 《國際人》，一九四七年九月十日。.

16 Kazuko Kuramoto, *Manchurian Legacy: Memoirs of a Japanese Colonist*. East Lansing, MI: Michigan State University Press, 1999. 73–74.

17 口述歷史訪談，二〇〇〇年二月十四日。

18 Franziska Seraphim, *War Memory and Social Politics in Japan, 1945–2005*. Cambridge, MA: Harvard University Asia Center, 2006; K. W. Radtke, "Negotiations

between the PRC and Japanon the Return of Japanese Civilians and the Repatriation of Japanese Prisoners of War." In*Leyden Studies in Sinology: Papers Presented at the Conference held in Celebration of the Fiftieth Anniversary of the Sinological Institute of Leyden University, December 8–12,1980*, ed. W. L. Idema, 190–213. Leyden: Brill, 1981.

19 Sun Jae-won, "The Reverse Impact of Colonialism: Repatriation and Resettlement of Japanese Entrepeneurs after the Second World War." In *Japanese Settler Colonialism in Japan: Advancing, Settling Down, and Returning to Japan, 1905–1950*, ed. Andrew Gordon, 23–31. Reischauer Institute of Japanese Studies, Occasional Papers in Japanese Studies, no.2002–03. Cambridge, MA: Reischauer Institute of Japanese Studies, Harvard University, 2002."

20 John Creighton Campbell,"Compensation for Repatriates: A Case Study of Interest-Group Politics and Party-Government Negotiations in Japan." In *Policymaking in Contemporary Japan*, ed. T. J. Pempel, 103–42. Ithaca, NY: Cornell University Press, 1977; James J. Orr, *The Victim as Hero: Ideologies of Peace and National Identity in Postwar Japan*. Honolulu, HI: University of Hawai'i Press, 2001.

21 "Ozawa's Vienna Debut Will Be a Waltz Worth the Wait," *Boston Globe*, January 1, 2002.

22 Carol Gluck, "The Past in the Present," In *Postwar Japan as History*, ed. Andrew Gordon, 64–98. Berkeley, CA: University of California Press, 1993. 78.

23 本田靖春，〈日本的「卡繆」：從「遣返經驗」孕生的作家〉，《諸君》，第七期（一九七九），頁一九八－二二五；澤地久枝，《另一個滿洲》，東京：文藝春秋，一九八六，頁二八七。

24 Andrew Gordon, *A Modern History of Japan*, Berkeley, CA: University of California Press, 1991, 230.

25 Dower, *Embracing Defeat*, 50.

26 稻葉壽郎的作品討論了住在土浦引揚寮的遣返者以及遣返者意識的出現（〈遣返者的戰後：以土浦引揚寮為中心〉，收錄於大浜徹也編，《國民國家的構圖》，東京：雄山閣出版，1999，頁二九八）。關於後遣返的僱用狀況，見 Sun Jae-won. "The Reverse Impact of Colonialism": Repatriation and Resettlement of Japanese Entrepeneurs after the Second World War." In *Japanese Settler Colonialism in Japan: Advancing, Settling Down, and Returning to Japan, 1905–1950*, ed.Andrew Gordon, 23–31. Reischauer Institute of Japanese Studies, Occasional Papers in Japanese Studies, no.2002–03. Cambridge, MA: Reischauer Institute of Japanese Studies, Harvard University, 2002; 宣在源，〈日本的雇用制度：復興期（1945–49）的雇用調整〉，《經濟學論集》（一九九八年四月），頁一七－四八；以及尾高煌之助，〈遣返者與戰後立即的勞動力〉，《東京大學社會學研究所紀要》，一九九六年四月，頁一三五－四四。關於農業移民，見Mariko Tamanoi,"A Road to a Redeemed Mankind: The Politics of Memory among the Former Peasant Settlers in Manchuria." *South Atlantic Quarterly* 99, no.1 (2001): 143–71; Mariko Tamanoi, "Knowledge, Power, and Racial Claasification: The "Japanese' in 'Manchuria.' " *Journal of Asian Studies* 59, no.2 (May 2000): 248–76; and Gregory Guelcher, "Dreams of Empire: The Japanese Agricultural Colonization of Manchuria (1931–1945) in History and Memory." Ph.D. diss., University of Illinois at Urbana-Champaign,

1999";二〇〇二年，在加藤聖文的主持下，人文主義書房出版了三十五冊與兩片光碟裝的遣返重要史料，主要是一些與遣返史有關的少見而容易散失的紀錄（見加藤編，《海外引揚關係史料集成》，東京：人文主義書房，二〇〇二）。淺野豐美的《去殖民地化過程》對美日的遣返相關史料做了令人印象深刻的通論性說明，她認為遣返與日本海外資產爭議形塑了戰後東亞的外交關係。關於遣返史的早期論文於一九九一年由法律學者若槻泰雄出版（若槻泰雄，《戰後遣返紀錄》，東京：株式會社時事通信社，一九九一）。

27 "What Do You Tell the Dead When You Lose?" in Dower, *Embracing Defeat*, 485–521.

28 Seraphim, *War Memory and Social Politics in Japan*.

29 引揚者給付金等支給法，Law no.109, May 17, 1957.

30 引揚者等特別交付金支給法，Law no.104, 55th Diet Session (Special), August 1, 1967.

31 關於不同種類的殖民地，見 W. G. Beasley, *Japanese Imperialism 1894–1945*, Oxford, UK: Clarendon Press, 1987; Ramon H. Myers and Mark R. Peattie, eds., *The Japanese Colonial Empires, 1895–1945*. Princeton, NJ: Princeton University Press, 1984; and Peter Duus, Ramon H. Myers, and Mark R. Peattie, eds., *The Japanese Informal Empire in China, 1895–1937*, Princeton, NJ: Princeton University Press, 1989; *The Japanese Wartime Empire, 1931–1945*, Princeton, NJ: Princeton University Press, 1996. 現在已經有許多學術作品討論滿洲的各個面向。當提到地理區域時，相當於現在中華人民共和國的東北三省，我使用「滿洲」；當提到一九三二年到一九四五年日本在滿洲扶植的國家時，我使用「滿洲國」。Manchukuo是滿洲國的日本建築師以英文提及滿洲國時所使用的英文名稱。

32 Ruth Rogaski, *Hygienic Modernity: Meanings of Health and Disease in Treaty-Port China*. Berkeley and Los Angeles, CA: University of California Press, 2004. 136–64.

33 Ibid., 258–59.

34 Ibid., 260–84.

35 Benjamin Stora, *Algeria, 1830–2000: A Short History*. Trans. Jane Marie Todd.Ithaca, NY: Cornell University Press, 2001.

36 Ibid., 8.

37 本田靖春，〈日本的「卡繆」：從「遣返經驗」孕生的作家〉，頁一九九；BenjaminStora, "The 'Southern' World of the Pieds Noirs: References to and Representations of Europeans in Colonial Algeria." In *Settler Colonialism in the TwentiethCentury: Projects, Practices, Legacies*, ed. Caroline Elkins and Susan Pedersen, 225–41. New York and London: Routledge, 2005."

38 Norman Naimark, *Fires of Hatred: Ethnic Cleansing in the Twentieth Century*. Cambridge, MA: Harvard University Press, 2001; Anna Bramwell, ed., *Refugees in the Age of Total War*. London: Unwin Hyman, 1988

39 Michael A. Barnhart, *Japan Prepares for Total War: The Search for Economic Security,1919–1941*. Ithaca, NY: Cornell University Press, 1987.

40 Dower, *Embracing Defeat*.

41 Louise Young, *Japan's Total Empire: Manchuria and the Culture of Wartime Imperialism*. Berkeley and Los Angeles, CA: University of California Press, 1998.

第一章 新亞洲地圖

「『政府僱員』、『開拓者』、『大陸支柱』：如今他們被貼上『遣返者』的標籤，而且陷入貧困。」[1]對此表示同情的出版商如此描述玉名勝夫於一九四七年的紀錄。玉名勝夫在紀錄中回顧自己戰後在滿洲生活的那一年，從一九四五年八月開始，到一九四六年九月被遣返為止，這段期間他從一名「政府僱員」變成一名遣返者。[2]要了解這些「開拓者」的產生與他們如何轉變成遣返者，我們必須全盤檢視玉名勝夫與其他人身處的環境，在地緣政治學上出現了何種變化。本章第一部分將描述日本殖民擴張史，以及殖民宗主國與殖民地之間人員來回遷徙的過程。第二部分將說明盟軍抵達後對東亞與東南亞做了新的地緣政治安排。盟軍把前日本帝國在各殖民地的居民歸入新的分類之中，這個分類讓被迫與他們同住的人們感到無所適從。而在他們最終的目的地，還有另一套分類等待著他們。

日本帝國的遷徙史

一八九五年到一九四五年是日本列島人口遷徙史上一段非比尋常的時期，如歷史學家加藤陽子所言，一九四五年居住在海外的日本人竟然比一九九五年還多。[3]從一六三〇年代宣布「鎖國」開始，這個早期現代國家便禁止人民離開日本，直到一八八四年，一般人民才獲得遷徙的權利。有了新的流動可能，人民可以基於各種不同的理由離開日本。明治時期的新稅制使農民負擔沉重，有些農民因此離開日本前往夏威夷與美洲尋求經濟的解脫與全新的生活。由於軍事服役與殖民機會使數百萬日本人流通到整個東亞地區。

軍事冒險與殖民擴張息息相關，日本帝國一切的取得要不是以軍事行動為起點，就是與軍事行動緊密結合。軍方需要人民的支援系統，以建立殖民統治並且提供家庭成員伴隨他們前往殖民地。一些軍人在熟悉殖民地狀況之後，返國後會以平民的身分，攜家帶眷再度前往殖民地。[4]接受招募前往滿洲墾殖的農民家庭必須接受武器訓練，因此殖民地的軍事人員與平民之間的界線相當模糊。

軍事人員與日本平民的流通有助於傳布宗主國的殖民地觀點。這一點反映在他們寄回國內的書信以及他們與親戚朋友的對話上。這些在殖民地四處旅行或居住的個人予人的印象，是在官方與商業媒體的聲音之外，添加了個人的面向，努力以正面與吸引人的方式呈現各個殖民地。[5]而所有這些觀點也在戰後影響了海外日本人與前殖民地人民被看待的方式。

日本明治時期首次海外軍事行動——一八七四年的征台之役——充分顯示軍事行動、殖民計畫與國內商報對軍事行動的詮釋三者之間的互動關係。一八七四年，日本政府派兵前往台灣，表面上是為了懲罰殺害琉球群島漁民的台灣原住民，實際上卻是利用這個機會檢驗新建立的軍隊，並且藉由展現國家對其「公民」的關切來證明日本對琉球擁有主權。歷史學家羅伯特・艾斯基爾德森（Robert Eskildsen）闡明，官方資料顯示日本政府曾經有過殖民的念頭，但之後卻認為必須避免事件蔓延擴大。另一方面，商報資料則讚揚這項海外任務，並且藉此宣傳日本對台灣負有文明開化的使命。[6]二十一年後，當日本於一八九四到九五年甲午戰爭擊敗大清帝國取得殖民台灣的權利時，殖民計畫其實早已做過演練。

日本於一八九五年獲勝後，在台日軍再次對反日本殖民統治勢力發動綏靖，直到一八九七年為止。不久，日本人民開始移往台灣協助建立殖民地。雖然殖民地檔案，特別是人口普查數字，使用起來必須特別謹慎，但這些資料依然可以讓人感受到隨時間推移而出現的人口變遷。一九〇〇年，估計有三萬八千名「內地人」（來自本土的日本人）移民台灣。根據台灣總督後藤新平以進行科學性帝國治理為名進行的人口普查顯示，在台日本人口呈穩定成長：一九一五年，十三萬五千四百人；一九二五年，十八萬三千八百人；一九三五年，二十七萬二千七百人。[7]殖民地政府的全台人口普查是在一九三五年進行的，戰時人口數字比較難以確定。一項資料列出一九四一年台灣有三十六萬五千名日本人；[8]另一項資料則提到一九四二年台灣有三十八萬五千名日本人。[9]戰爭結束時，厚生省的資料估計台灣有五十八萬二千名日本人——三十五萬平民、十六萬九千名陸軍與六萬三千名海軍。[10]在台日本人的成長主要來自本土遷來的人口，但在台出生的日本人人數也占了一定比例。

相較於在台日本人數量持續增加，更引人矚目的或許是台日之間人口往來的數量。一九〇〇年到一九三八年，台灣的殖民地政府保留了日本人往返本土與台灣兩地的數量紀錄。舉例來說，一九〇〇年到一九〇四年，八萬零五百名日本人前往台灣，六萬二千一百人返回日本，一萬八千四百人留下。一九三〇年到一九三四年，二十九萬三千五百名日本人前往台灣，二十七萬三千七百人返回日本，一萬九千八百人留下。[11]這些數字不只顯示日本人移居台灣的數量隨時間不斷增加，也顯示往來本土與殖民地的日本人越來越多（每年增加數萬人），說明日本本土與台灣之間有著便捷的運輸與緊密的連結。

日本對台灣的殖民也形塑了當地中國人的人口。當一八九五年日軍抵台建立殖民地時，日方讓漢族中國人居民做選擇：他們可以在一八九七年五月前離開台灣回到大陸，或者留下來接受日本統治。許多士紳真的離台，但無法離台或選擇不離台的則留了下來。[12]在殖民時期，台灣的台灣人人口增加將近一倍，從一八九五年的二百五十四萬六千人，增加為一九三五年的四百七十三萬三千三百人。[13]

殖民統治建立之後，台灣人繼續到台灣以外地區旅行，而「外國人」（幾乎全來自中國大陸）也繼續到台灣旅行。舉例來說，一九三一年到一九三五年，紀錄顯示有八萬九七三八名中國人來台，八萬二八一九名中國人離台；同一時期，六萬七七一名台灣人前往「外國」（通常是鄰近的中國福建、廣東兩省），六萬一三九四名台灣人返台。而在這段時期，三萬三〇三五名台灣人前往日本，三萬兩千名台灣人返台。雖然殖民地政府試圖將台灣人派往其他殖民地以擴充帝國，但幾乎沒有台灣人前往。[14]不過登記為殖民地日本人的台灣人（或稱籍民）的確會前往日本在中國大陸的正式與非正式土地。[15]如芭芭拉·布魯克斯（Barbara Brooks）所解釋的，籍民身為次帝國主義者（sub-imperialists），一方面獲得某種優越地位，另一方面也必須承擔自身地位帶來的包袱：前者包括在條約口岸的治外法權與經濟權利，後者是身為中國人卻必須依照帝國強權的意志行事。[16]戰爭末期，日本軍方主動招募台灣人參加戰爭，戰敗時，將近有二十萬七千名台灣人在日本軍中。[17]戰爭結束時，在日本約有二萬五千到三萬五千名台灣人。[18]

羅芙芸提到，後藤新平與其他殖民地領導人把部分明治時期的公共衛生制度引進台灣，而且努力讓殖民地符合日本的衛生標準。[19]在一九四七年報告的台灣人口統計篇章中，作者仍宣揚台灣的衛生狀況，暗示台灣在日本統治下甚至已經比日本本土更衛生而先進。[20]荊子馨（Leo Ching）質疑「台灣是個問題已經解決的殖民地，而且相對而言免於暴力侵擾」的這個觀念，他認為這種台灣論述是產生於殖民地之前與之後的時代。[21]儘管如此，站在日本的觀點，台灣仍被視為最衛生與和平的殖民地，而這種印象也影響了日本人民對台灣的看法。基於這些理由，以及從戰時與戰後台灣相對平靜的情況來看，日本本地人民通常不認為來自台灣的日本殖民者帶有負面的殖民元素。

早在一九一〇年日韓正式合併之前，韓國境內已經有大量日本軍方與殖民地人士來往穿梭。與台灣一樣，朝鮮半島在明治建立現代國家與軍隊之初，就已經遭到日本的干預介入。一八七三年，新成立的明治政府因為是否「征韓」的討論陷入分裂，這場對立在日本政壇迴盪了二十年之久。[22]當時反對征韓的派系勝出，因此日本未採取任何行動。然而三年後，一八七六年，日本逼迫韓國簽訂不平等的江華條約，並且將現代外交架構加諸於韓國，古老的東亞秩序開始瓦解。[23]一八七六年到一八九四年，韓國依然同時受到大清帝國與日本的影響，但江華條約為日本商人創造許多機會，用歷史學家內田潤的話說，這些日本商人是早期的「帝國經紀人」。[24]他們絕大多數是小商人，早在官方殖民機構建立之前就已前往韓國發展。一八九四到九五年的中日甲午戰爭，讓數萬名日本士兵來到朝鮮半島、中國部分地區與滿洲，這些都是日軍與清軍交戰的地區。士兵把他們記錄了對這些地區的印象，在返國後與人分享。史都華·隆恩（Stewart Lone）指出，雖然對滿洲的描寫略有差異，但對韓國的描繪則清一色是負面的。[25]將大清帝國的勢力從韓國排除之後，日本便與該地區另一個強權俄羅斯發生衝突，進而引發一九〇四年到〇五年的日俄戰爭。這一次有數十萬名日軍來到這個地區。

日本開始殖民韓國之後，日本人在韓國的數量穩定增加。一八七六年簽訂江華條約時，估計只有五十四名日本人定居韓國。一九〇五年日俄戰爭結束後，韓國成為日本的保護國，此時在韓日本人已超過四萬人。到了一九一〇年併吞韓國時，日本人數量已超過十七萬人，而且還在不斷增加。一九四二年的人口普查顯示人口已達到七十五萬二八二三人。到了一九四四年五月，數字卻大幅下降到將近七十一萬人，部分是因為一九四二年的普查高估了人口，此外也因為戰爭最後一年進行了大規模的軍事動員。[26] 如一九四五年九月，在朝鮮半島估計有七十二萬一百名日本平民（北緯三十八度線以北有二十八萬五千人，以南有四十三萬五千人）與二十九萬四千名陸軍人員。[27]

韓國成為殖民地之後也讓韓國人開始遷徙。一九一〇年日韓合併前，在日韓國人數量並不清楚，估計在七百九十人到數千人之間。[28] 韓國人最初移往日本的原因是一九二〇到三〇年代，做為殖民地的韓國，土地租佃制度出現變化，使農民越來越難以生存，因此在日韓國人從一九二一年的三萬九千人暴增到一九三〇年的四十萬人。[29] 隨著一九三七年對中戰爭爆發，日本需要徵召韓國勞工取代日本男性入伍當兵形成的人力空缺，因此有更多的韓國人前往——或者是被迫前往——日本。到了一九四五年，在日韓國人的數量估計在二百萬到二百四十萬人之間。[30]

殖民力量也迫使韓國人前往其他地方。在日本殖民之前，已經有韓國人遷徙到圖們江以北中國境內的間島地區，到了一九三二年，估計當地人口有八成是韓國人。日本取得滿洲鐵路並予以延伸，使韓國人進一步從安東（隔鴨綠江與北韓相望）移動到奉天（今瀋陽）與以北城市。有些人還遷徙到滿洲的偏遠地帶，在荒涼的地區種植稻米。根據滿洲國治安部的研究，一九四〇年，有一三四萬五二一二名韓國人住在滿洲，其中半數在間島地區；然而，這項研究漏計了許多韓國人，所以當時住在滿洲的韓國人很可能超過一百五十萬人。到了一九四一年，大約有十萬名韓國人住在中國滿洲以南地區，絕大多數在華北。韓國人也移居到日本其他的殖民地。進行普查後發現，一九三九年，二二六〇名韓國人住在台灣，一九四〇年，一萬六千五十六名韓國人住在樺太。[31] 這些數字來自日本人製作的一九四七年報告殖民地人口統計篇章，作者強調這類人口流動證明了在日本統治下運輸便捷且人民有遷徙自由，但這種詮釋顯然與強制勞動及強制性工作的政策相矛盾。報告裡鮮少提及海外韓國人面臨的狀況，僅提到在台灣的韓國女人從事「接客業」。[32]另一方面，布魯克斯解釋：「一段充滿恐懼與仇恨的官方論述具體呈現在政府紀錄的『韓國人問題』中，這段文字提到『不逞鮮人』（即不滿現狀的韓國人）一詞從韓國殖民地（對韓國人歧視最嚴重的地方）往外擴散成為帝國境內人民的流行語言。」[33]在台日本人呈現的形象是殖民菁英統治循規蹈矩的殖民地人口，但在韓國，日本人當中混雜了軍人、殖民地官員、獨立小商人與自由業者，他們統治著有時深具敵意的殖民地人口，故韓國殖民地呈現的畫面也較為複雜。這種狀況後來反過來影響了戰後從韓國遣返的日本人與待在日本的韓國人所受到的待遇。

與殖民台灣、韓國一樣，殖民滿洲最早是從中日戰爭與日俄戰爭期間，日軍進入滿洲開始。一八九五年，日本企圖取得遼東半島的權利，以做為進入滿洲的據點，但遭遇失敗；直到一九〇五年擊敗沙俄之後，日本得如願以償。一九〇六年設立的南滿洲鐵道會社是日本在滿洲建立鐵道帝國的開端。日本軍人持續擴散到整個地區：從一九一八年到一九二二年，超過七萬二千名日本軍人參與了西伯利亞干涉（Siberian Intervention）。這是美國發起的一場遠征，目的是解救滯留在西伯利亞的捷克斯洛伐克軍團，並藉此測試布爾什維克政權的穩定性。在這場遠征中，部分日本軍事人員在西伯利亞與北滿一直待到一九二二年，有些人更在原本由俄國擁有之後由蘇聯繼承的部分薩哈林地區（北緯五十度線以北）待到一九二五年。[34]這些軍事行動與日後的殖民主義有關，日本一方面建立其勢力及於當地的事實，另一方面也透過個別的日本人來熟悉當地。一九一八年，十六歲的堀口辰三郎以對布爾什維克作戰的日軍身分首次來到西伯利亞。後來在一九三七年，四十一歲的堀口以社群領袖的身分，藉由自己在滿洲與西伯利亞的經驗勸誘同村農民隨他一起到滿洲墾荒。[35]

雖然民眾把握這個機會到滿洲旅行——小說家夏目漱石於一九〇九年動身，詩人與謝野晶子於一九三一年啟程——但日本政府與關東軍（日本的滿洲駐軍）發現要說服民眾永久定居相當困難，特別是定居在大連、奉天（今瀋陽）、新京（今長春）與哈爾濱這些大城市以外的區域。[36]即使在一九三一年九一八事變與一九三二年滿洲國成立後，日本政府仍面對著日本民眾對殖民滿洲的諸多抗拒。直到一九三七年，政府軟硬兼施，促使民眾參與殖民計畫，此後才出現大量農民移居滿洲，永久定居當地。

為了緩和日本貧農人口過多的壓力以及鞏固滿洲國與蘇聯之間的邊界，日本政府提出兩項計畫，一項針對十幾歲的青少年，另一項針對農民家庭，鼓勵他們移民滿洲與蒙古。[37]熱心推動農業墾殖的人士最終未能達到他們希望的五百萬人目標：到滿洲進行農業開墾的農民家庭有二十四萬人，滿蒙開拓青少年義勇軍有六萬人。[38]對這些農業開拓者來說，留在家鄉缺乏前景，前往開拓地則有機會擁有自己的土地，因此激勵他們移民滿洲。免服兵役的承諾也讓年輕人趨之若鶩。雖然戰爭結束時農業移民只占海外日本人總數的一小部分（約百分之十），但因為他們的創傷戰後史，從滿洲返回日本的移民形象於是成為戰後日本人對遣返者的典型印象。

雖然每個滿洲移民團體都有自己的故事，但其中一個團體，也就是長野縣尖山更科鄉的農業移民，他們的歷史更加清楚地顯示戰敗前後移民前往滿洲的動機與在當地面臨的問題。一九四〇年，長野縣更科村派了一百二十戶約五百人前往滿洲建立「分村」。[39]有些人是為了逃避家鄉的貧窮；有些人則是出於公民的責任感。更科村村民定居在一處據說毫無人煙的地方，附近有一座山叫尖山，離寶清鎮有二十八公里，此地剛好位於滿洲往蘇聯突出的一塊三角地帶。（見地圖一）

離他們最近的鄰居，也有二十到三十公里之遠，包括其他兩個來自長野縣的日本開拓團與一支滿蒙開拓青少年義勇軍。從照片可以看出，村民們在帳篷裡度過在滿洲的第一個寒冷冬季。他們在廣大的田野中耕作，首次在當地收成，然後在新蓋的神道教廟宇前歡慶豐收。一九四一年，三十歲的塚田淺

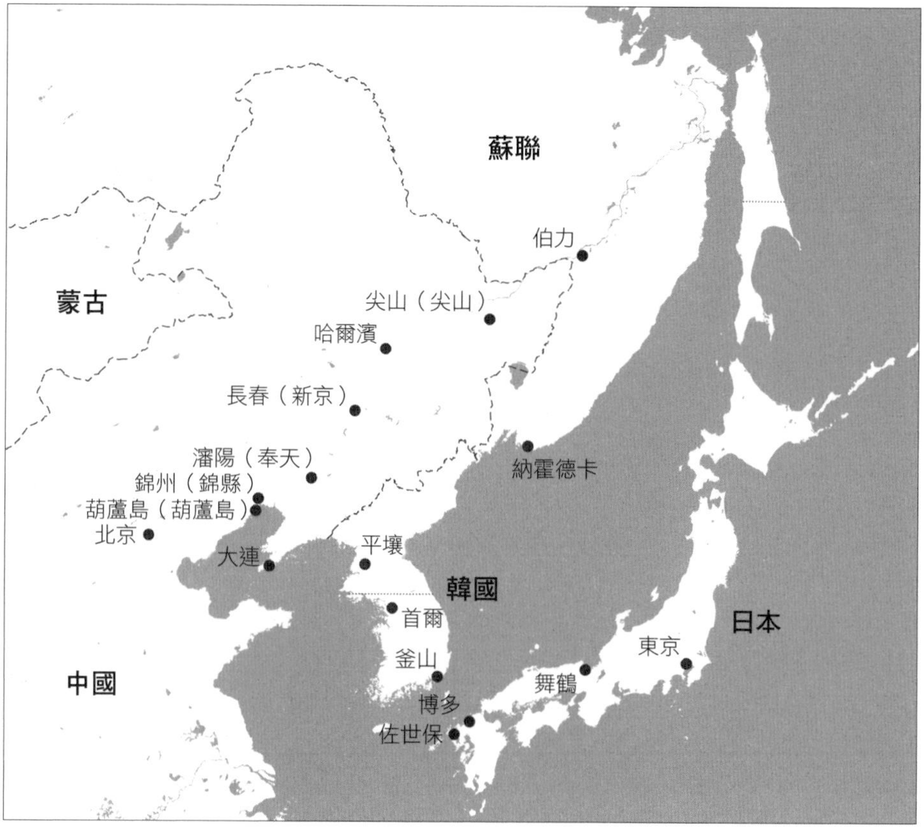

地圖一　東北亞，1946年

江加入了開拓團，成為「在滿國民學校」的老師，這裡的課程內容與日本本土相同。[40]一九三〇年代，塚田在日本鄉村找不到任何發展的機會，她懷抱旅行世界的夢想，前往滿洲擔任某個農村的小學老師，參與這項政府贊助的計畫是她唯一的機會，使她能離開選擇有限的日本。

相較於台灣與韓國，滿洲在本土日本人心中有著深刻的曖昧感受。滿洲被描繪成充滿機會的國度，是等待人們前去馴服的開放邊疆，但它也被視為是威脅四伏的地方，與本土的價值觀格格不入。滿洲也讓人感覺充滿欺騙：如果那裡真的這麼好，為什麼需要賄賂公司，為什麼民眾需要說服才願意移民？在文學上有個例子，一九四〇年代，谷崎潤一郎的小說《細雪》捕捉了這種對滿洲的曖昧情愫。其中有一段情節，蒔岡四姊妹年紀最小個性也最奔放的妙子想和男朋友「阿啟」分手。阿啟的家人擔心年輕放蕩的阿啟惹出事來，於是商議要將他送到滿洲去當滿洲國皇室的隨從。[41]妙子急著想擺脫阿啟，因此贊成這個主意。然而當她的姊姊問她是否計畫一起前去滿洲時，原本熱切的妙子突然洩了氣。之後，妙子的姊姊雪子指責妙子想打發阿啟去滿洲，因為妙子曾說那是「讓沒用的年輕男子待著的好地方」[42]。阿啟的兄長則說滿洲是個充滿機會的地方，適合「家裡有點資產的人去，簡單地說，就算腦袋不太靈光也可以去試試」[43]。但雪子對於妙子以這種卑劣的方式對待阿啟感到憤慨，她說出了這個例子裡滿洲的真正用處：把礙眼的人處理掉。

在日本統治時期，滿洲的人口變遷十分劇烈。舉例來說，滿洲人口統計顯然無法像台灣那樣可靠，但還是透露了一些訊息。一九四〇年，滿洲進行首次「全國」人口普查，總計有四三二〇萬三千人：其中「滿洲人」四〇八五萬八千人，日本人八十二萬人，韓國人一百四十五萬人，無國籍人士六萬九千人，以及第三國人民四千人。[44]「無國籍人士」是「白俄」，他們因反對布爾什維克革命而來到滿洲，其中有半數住在哈爾濱及其鄰近地區。但「白俄」是個總括的分類，它涵蓋將近四萬五千名俄羅斯人，此外還有烏克蘭人、猶太人、喬治亞人、亞美尼亞人與韃靼人。[45]到了戰爭結束時，滿洲國有將近四千五百萬居民。[46]玉野井麻利子提到，普查人員努力想對滿洲各民族進行分類，但即便是官方的政策制定者也對「滿洲人」的定義莫衷一是。[47]早期普查以「滿洲人」來稱呼包括少數族群滿族在內的所有中國人，不過這個分類日後改成了「漢滿系」。[48]一九四七年由殖民地官員撰寫的大藏省報告是日本在殖民地活動與資產的歷史紀錄，這份報告對殖民地人民做了種族分類：滿洲人（滿系；包括漢族）；日本人（日系）；與韓國人（鮮系）。這些分類反映殖民地政府刻意凸顯滿洲的「滿洲人」性質，但事實上在這項分類裡，漢族人口遠遠超過了稀少的滿族人口。

日本持續蠶食領土擴充帝國版圖。第一次世界大戰時，日本於一九一四年對德宣戰，控制德國在中國山東與西太平洋的殖民地。戰後，日本保留在山東的一些經濟利權而且接收國際聯盟在太平洋島嶼的南洋託管地。一九四一年，伴隨著攻擊珍珠港，日軍也對東南亞發動襲擊，為戰時帝國增加更多領土（見地圖二）。

日本帝國的建立模式——軍事衝突促使日本將軍隊送往鄰近地區，因此產生殖民的機會——創造出一種日本帝國特有的地理：本土島嶼為核心，也就是「內地」，四周圍繞著由帝國外緣所構成的彈性邊界，也就是「外地」。與其他帝國組成一樣，日本人也對他們認為的本土與殖民地（屬於日本帝國領土但不一定是真正的日本）做出區分。「本土」與「殖民地」的概念化，具有政治、法律、社會與精神上的涵義，這些涵義不僅引發爭論，而且持續變遷。[49]日本的外圍地區，如南方的沖繩與北方的樺太和千島，在行政上隸屬本土。然而不只是日本，就連這些外圍地區本身的居民也很少有人認為外圍區域可以稱為本土，而外圍地區的存在也使殖民地理變得更加複雜。日本控制的領土的外部範圍，也就是「殖民地」，會隨著外交與軍事的勝敗而膨脹收縮。當彈性疆界往外伸展時，日本人尾隨其後往外擴散，被

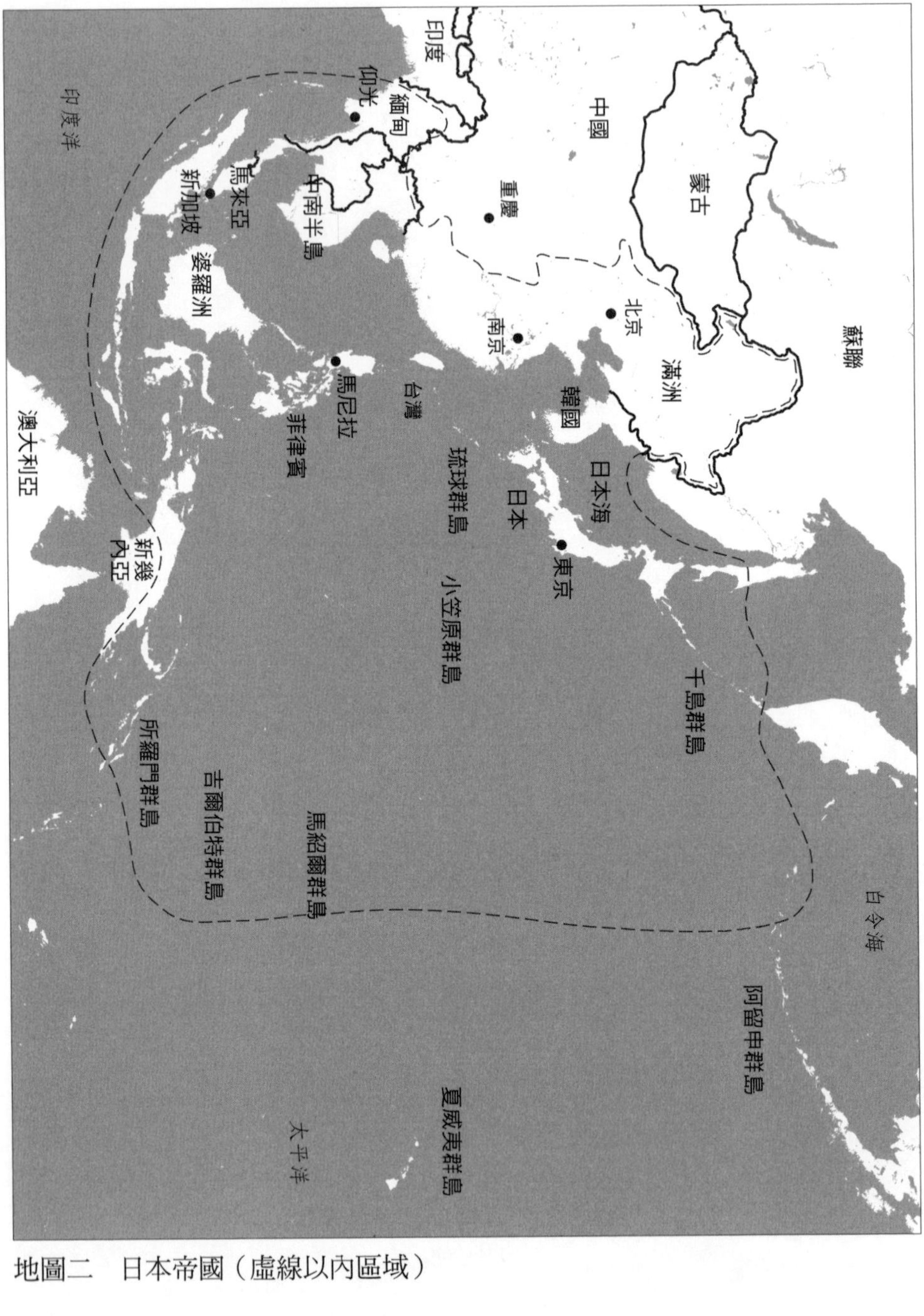

地圖二　日本帝國（虛線以內區域）

併入日本的殖民地人民也跟著向外遷徙。戰後數十年間，日本政府基於法律目的回溯地界定「本土」與「殖民地」的地理領域，但在帝國時期，兩者之間的疆界是彈性的。無論本土與殖民地的特定描述是什麼，兩者在界定彼此時總會陷入緊張。這些概念化過程也對居民做出定義。住在日本本土的是「本土人民」（內地人），與此相對的則是「殖民地人民」（外地人）。與定義人民的地區一樣，這兩種人的分類也定義與支撐了彼此。

除了本土與殖民地之間的緊張關係，還有其他因素形塑了殖民地日本人，特別是個人身分。就戰爭時期的軍人而言，他們的海外時期被賦予國家委任的積極意義，他們盡到愛國的責任，並且將殖民地人民從白人壓迫者手中解放。海外人民則被分成幾種職業類型：殖民地官員及其家人；帶有官方色彩的公司（如南滿洲鐵道會社）僱員及其家人；大公司（如滿洲重工業開發株式會社）僱員及其家人；殖民地學校與大學的教師；做生意的小商人；滿洲開拓者；獨自前往的人或「大陸浪人」。這些分類很大程度上影響了本土人民對這些人的觀感。

當戰敗的消息傳來，殖民地日本人與本土日本人所處環境的差異立時顯見。殖民地與本土之間的緊張關係，一部分表現在一九四五年時個人是身處於本土之內還是之外。但帝國五十年的統治已經建立一種宗主國與殖民地的長期認知，這種認知形塑了本土與殖民地的人民。到了戰後，這些認知又在日本重新發揮了作用。

戰敗的殖民地

一九四五年八月十五日正午，日皇裕仁透過廣播宣布日本戰敗，這對日本本土與殖民地絕大多數的日本人來說無疑是晴天霹靂。但對殖民者而言，日本政府接受波茨坦宣言（Postdam declaration），意謂著他們腳下踩的土地將不再受日本管轄。在殖民地之間的移動相對而言是漸進的，但當「外地」的彈性疆界突然退回日本本土島嶼時，散布在各個殖民地的日本人便因此暴露在外，如同退潮後擱淺在沙灘上的魚兒。殖民地政府停止運作，海外日本人經歷身分的變動，發現自己置身於盟軍的管轄之下，盟軍對地緣政治與各項優先事務的認知，顯然與日本殖民地政府大不相同。在日本的韓國人、台灣人與其他殖民地人民也經歷了劇烈的身分變化，但他們的新地位卻比殖民地解放的通常結果來得糟糕：它移除了原本讓殖民地人民可以合理待在宗主國的帝國說詞，使他們淪為來自前殖民地空間卻不被帝國接納的移民。

入江昭、布魯斯・康明思（Bruce Cumings）、麥可・夏勒（Michael Schaller）與馬克・加利奇歐（Marc Gallicchio）已經清楚解釋了美國、中華民國、英國與蘇聯如何捭闔縱橫，競逐戰後東亞的權力地位。[50]因此，本書不打算通盤回顧戰後亞洲盟軍行動的歷史，而是集中討論戰爭結束時盟軍的決定與行動，如何形塑殖民地日本人與身處在宗主國的殖民地人民的命運。這對投降當時殖民地人民將由誰管轄也有著深刻的影響。簡要說明當初日本帝國分割的過程應該有助於接下來的討論。

不同於日本政府，盟軍早已做好日本戰敗與戰後遷徙的計畫。在開羅（一九四三年十二月）、雅爾達（一九四五年二月）與波茨坦（一九四五年七月到八月）會議中，盟軍領袖想找出方法盡快結束戰爭。一九四三年十二月，蔣介石、羅斯福與邱吉爾參加開羅會議並且發布宣言，主張日本將被剝奪所有在中國、台灣與太平洋占有的領土；從中國取得的領土將歸還中華民國；「其他日本以武力或貪慾所攫取之土地，亦務將日本驅逐出境。」[51]

一九四五年二月四日到二月十一日，史達林、邱吉爾與羅斯福於雅爾達會商歐戰結束的軍事安排與合作繼續對日作戰。羅斯福與史達林祕密協議，蘇聯在德國投降後三個月內對日宣戰。以日本戰敗後，蘇聯可以取得整個庫頁島（一九〇五年後，庫頁島南半部劃歸日本所有）與千島群島（一八七五年後，日本取得部分島嶼）做為交換。蘇聯也可接收在滿洲的權利，特別是大連附近的旅順港。[52]這項密約除了史達林與羅斯福，絕大多數人幾乎都不知情，約中強調「保障蘇聯的優越利益」，為蘇聯戰後主張在滿洲擁有特殊地位埋下伏筆。[53]

一九四五年七月十七日到八月二日，史達林、邱吉爾與新任美國總統杜魯門在波茨坦開會討論日本投降與戰後占領問題。這場會議得出的一項結論，就是在七月二十六日宣布的波茨坦宣言，這是對日本人民發出的一項警告——日本領袖曾對這項警告進行討論，但最終還是置之不理。[54]波茨坦宣言涵蓋開羅宣言主張的日本帝國將被剝奪部分領土，也藉由定義日本將保有哪些剩餘的領土，敲定日本被縮減的版圖：「日本之主權必將限於本州、北海道、九州、四國及吾人所決定其他小島之內。」[55]波茨坦宣言也對日本海外軍人的命運做了重大宣示。第九條規定：「日本軍隊在完全解除武裝之後，將獲准返其家鄉，得有和平及生產生活之機會。」這句話日後成為遣返日本海外軍人的法律依據。但海外平民卻缺乏相應的規定，使他們成為外交與法律上的三不管地帶。

八月六日與八月九日美國對廣島與長崎投擲原子彈，八月八日蘇聯對日宣戰，盟軍的文職與軍方決策人員開始倉促為早於預期的日本投降做準備。盟國在雅爾達針對歐洲與亞洲的未來進行協議時，已隱約出現不合的徵兆，但軍事領袖需要與其他盟軍部隊達成明確共識，分配占領區以接受日軍投降並解除他們的武裝。在盟國同意下，發布了一般命令第一號，要求日本帝國大本營遵奉日本天皇之指示，下令所有日本軍隊與日本管制之軍隊停火，並依照其地理駐地向美國、中華民國、英國與蘇聯之軍事代表投降。[56]如加利奇歐指出的，「簡言之，這道命令決定在最初占領階段盟國如何分割日本帝國，這對東亞的未來有著極高的重要性。」[57]八月十日到十一日，查爾斯・邦斯提爾上校（Colonel Charles Bonesteel）與其他軍事人員在五角大廈擬定了一般命令第一號，與杜魯門深具野心想以美國軍事力量控制整個朝鮮半島與一部分滿洲相比，這道命令顯然更符合軍事現實，部分是因為美國決策者相信，美國有立即與其他盟國達成協議的必要。[58]這道命令分割了前日本帝國，使其分別由美國、中國、英國與蘇聯四國占領。八月十五日，當各國在匆忙中接到這道命令時，沒有任何一個國家感到滿意。英國反對香港劃入中國國民黨政府的管轄範圍；法國想重新占領他們在中南半島的殖民地，因此反對將中南半島北半部劃歸中國國民黨政府管轄；蘇聯堅持他們對「滿洲」的廣義解釋，並且要求取得北海道；而美國國務院對於美國軍方願意將千島群島讓給蘇聯感到震驚。儘管如此，由於必須立即對日本投降做出回應，四國領袖接受了絕大多數對前日本帝國所做的劃分，而詳細指示日軍投降對象的一般命令第一號，也於一九四五年九月二日傳達給日本政府。[59]根據一般命令第一號的規定，盟軍要負責處理在其管轄區域內的投降日軍並將其遣返日本。命令的執行反映出每個軍人與去殖民化的龐大力量，以及戰後人口轉移的問題與優先次序。

盟軍遣返海外日本人

一般命令第一號規定由美軍占領與管轄所有日本本土島嶼、小笠原群島、菲律賓、南洋託管地與北緯三十八度線以南的韓國。除日本之外，這些地區擁有近九十九萬名日本人，占了日本海外人口的百分之十五。[60]美國試圖以最快的速度讓這個地區的日本士兵復員。

戰時，菲律賓與其他太平洋島嶼上的日軍在美軍攻擊下傷亡慘重。即使是關島與塞班島附近未受美國攻擊的島嶼，日軍也因為饑荒與疾病而瀕臨死亡。[61]美軍急於讓自己駐紮在太平洋地區的軍隊復員，因此一開始就把精力投注在讓這些地區的日軍復員。[62]停戰後，美國軍事人員解除日軍武裝，送他們進營區，然後讓他們登上開往日本的船隻。一九四五年九月二十五日，在美國安排下，從密克羅尼西亞啟航的第一艘官方遣返船——也就是醫療船高砂丸——載著一千六百名饑餓的前帝國海軍人員抵達別府。[63]美國在這個地區的遣返行動，除了少數例外，皆在一九四六年五月結束。[64]

由於蘇聯於一九四五年八月八日進入韓國北部，美國因此把在朝鮮半島建立據點列為高度優先事項。美軍派了先遣部隊於九月六日抵達首爾（當時稱為京城），然後於九月八日派軍隊登陸仁川。美軍隨即進入首爾後，於九月九日進駐總督府——韓國殖民地政府所在地。[65]在一般命令第一號指示下，美軍隨即解除日軍武裝並遣返日本軍事人員及其家人。美軍指示一群日本軍官成立「日軍聯絡小組」，負責將美軍命令傳達給日軍部隊，並且擔任戰勝的美軍與戰敗的日軍之間的中介者。一名觀察者指出，美軍只在日軍回國之前才破例親自進行檢查，因此美軍與日軍幾乎沒有直接接觸的機會，戰敗士兵因此避免可能的羞辱。這是個非常有效率的遣返行動，日本在南韓的軍事人員幾乎全在一九四五年十一月三日之前返回日本。[66]

對美軍來說，處置日本海外軍人是奉命行事，但他們並未接獲明確指示處置日本平民。美軍只擁有模糊的概念，認為日本透過對外擴張取得的領土，不應該有任何日本平民居住。當時韓國某位觀察者指出，「美國軍政府當前關切的是撤離日本居民，因為在這片日本壓迫近半世紀的土地上，光是有日本人出現就足以引發暴力。」[67]不過，美軍起初並未接到詳細的遣返平民指導方針。基於務實與人道的理由，美軍很快就認定遣返平民有其必要。而其他證據顯示，麥克阿瑟將軍做出遣返平民的決定，部分是基於人道考量。[68]一位傳記作家認為遣返的事完全要歸功於麥克阿瑟，他表示，麥克阿瑟策畫了這場龐大的遣返計畫，雖然出現遲延、混亂、苛待、財物損失、過度擁擠與疾病流行等缺失，但整體來說計畫仍算周全，執行起來也快速有效率。這是一項規模驚人的後勤成果，而這項人道成就也讓麥克阿瑟與他的部隊贏得數百萬日本人與其他亞洲國家的感恩戴德。[69]由於遣返平民並非預先計畫好的，因此用「策畫」二字形容似乎過於誇大。但美國人確實有很強（儘管不明顯）的念頭將日本平民送回日本。

駐韓美軍面對的另一項任務是統治這個國家。起初，美軍傾向於透過既有的日本殖民地政府來統治韓國，但發現這麼做在政治上行不通。九月十四日，殖民地政府所有成員遭到解職。一九四五年九月十九日，美國人讓朝鮮末代總督阿部信行搭機返回日本。美國人於是建立軍政府來進行統治，但絕大多數前殖民地官員都留下來擔任顧問，而既有的組織也獲得保留，這表示美國軍政府幾乎與日本人建立的殖民地政府一模一樣。[70]然而，軍政府並沒有足夠的能力處理韓國在解放後產生的各項問題。興高采烈的韓國人將美國人團團圍住，競相提出建立韓國新政府的方案與人選。[71]蘇聯攻入朝鮮半島北部，引發往南逃亡的難民潮。戰爭結束時，在南韓的日本平民開始憑藉己力返回日本，港口擠滿了想搭船返日的民眾。韓國人也紛紛從日本、滿洲與中國返回故鄉。這些人的遷徙讓初抵韓國的美國人手忙腳亂。

美軍負責在韓日軍的遣返作業，但日本平民的管轄權則掌握在軍政府手裡。在戰爭結束前後，朝鮮總督推行過渡時期措施，在八月底設立「連絡事務局」。這個組織就和日本本土設立的「連絡中央事務局」一樣，旨在促進占領機構（駐日盟軍總司令部）與日本政府各部會之間的連繫。[72]由殖民地官員領導的連絡事務局總務部負責監督遣返運輸與難民營，以加快日韓之間的人員運送。美國一名參與遣返程序的關鍵人物威廉・蓋恩（William J. Gane）中尉對於這個他稱為公共衛生與福利局的組織提出批評，他表示，「該局官員無能卻又愛管閒事。」[73]因此，平民遣返能順利完成，主要仰賴美國軍事人員與人民團體「京城日本人世話會」的通力合作。

日本戰敗之後，殖民地政府顯然已無力照顧日本平民的需求。針對這個問題，首爾商界與平民領袖創立了「京城內地人世話會」，之後稱為「京城日本人世話會」。[74]戰後，世話會未來的領袖聚集會商，指定京城電器株式會社董事長與前殖民地官員穗積真六郎出任世話會會長。他們概述組織的任務：促進日本平民與新政府當局之間的溝通，保護在韓日本平民生命財產的安全。有些成員不知道遣返具有強制性，還主張世話會的任務是幫助日本人繼續住在韓國。在八月二十五日的演說中，穗積會長表示世話會不僅會幫助想返回日本的人，也會支持想留在韓國的人。當世話會在朝鮮半島各地成立分會時，它們吸引了與韓國有著最深刻連結的日本人加入，這些人相信，由於自己的加入，世話會將成為日本居民在後殖民時期韓國的核心組織。[75]

面對戰敗，在韓日本平民做出各種不同的回應。有些人準備立刻離開韓國，他們將銀行存款提領一空，把疏散到鄉間的孩子領回來，並且變賣家產。然後他們前往釜山或其他港口，商量是否有開往日本的船可搭。一名地方長官，位於韓國東南部的慶尚南道知事信原聖，他預料日本居民可能無法待在韓國，戰爭一結束，他就指示民眾離開居住地前往港口城市，並且命令日本警察從旁協助。長期居住在釜山的日本居民卻不聽從他的指示，他們不僅無意返回日本，還認為信原聖過於軟弱。這些日本居民堅持信原聖應該設立領事館，將日本人重新組織起來，為未來的日本人社群子女設立學校。信原聖回應時表示，他們對於新地緣政治局勢有著不切實際的認知，他們應該收拾行李盡早離開韓國。[76]聽從信原聖勸告在遣返程序啟動前離開的人，比日後的返國者處境好得多，因為提早返國的人可攜帶的現金與財物不受限制。

軍政府遣返日本軍事人員的行動一上路，便開始遣返日本平民。一九四五年九月二十三日，軍政府根據世話會建立的程序設立遣返系統，然後透過世話會進行遣返。軍政府指示日本民眾到世話會各地分會登記，然後指示世話會將民眾組織起來讓他們返鄉。一九四六年三月八日，駐韓軍政府指示除了政府指定人員外，所有日本人必須盡快離開韓國。四月一日，軍政府又表示，不離開者將遭到懲罰。[77]

九月底十月初，日本開始建立遣返者接收體系，伴隨而來的是對返國日本人攜帶物品設限。一九四五年九月二十七日，駐日盟軍總司令部得知日本帝國海軍打算支付退伍津貼給海外軍事人員，於是發布公告，限制返國者攜帶的現金數量：軍官五百日圓、士官與徵召入伍士兵二百日圓、平民一千日圓。[78]在十月十三日的公告中，日本大藏省通知在韓日本人上述限制，並且告訴他們只能在抵達日本後，在地區遣返中心將殖民地貨幣兌換成日圓。[79]在一些例子裡，日本平民的損失成了美軍的收益。長期居住在韓國的日本人很難相信，自己從此無法返回與使用在韓國的家園與物品，於是他們打包、做好標示，然後將物品存放在倉庫裡，等有朝一日回來使用。但美國人卻任意處分這些物品，他們把日本人仔細標示的物品當成「拋棄物」，然後將這些物品與韓國人以物易物或交換勞務，或當成紀念品賣掉。[80]

儘管有這些問題，但因為世話會這個組織完善的團體的存在，在韓日本平民得以快速而有效率地遣返。如果沒有民間團體的協助，美國軍政府恐怕很難井然有序地將數十萬民眾運送回日。與其他人口遷徙相比，強大的美國軍政府與有知識的民間團體合作，使人口遷徙變得相對平和。

完成遣返管轄區域內的日本人之後，美軍便開始加緊遣返亞洲其他地區的日本人，並且將注意力放在中華民國管轄地區的日本人身上。根據戰時盟軍協議，蔣介石的國民黨政府負責滿洲以南的中國，包括香港、台灣、以及北緯十六度以北的法屬印度支那的日軍受降事宜與日本人遣返工作。[81]這些地區有兩百萬名日本人，大約占了戰爭結束時海外日本人人口的三成。[82]

日軍在中國大陸發動血腥殘酷的戰爭，戰後處於國民黨政府轄區的日本軍民也因為戰敗而遭受羞辱。然而，比較蘇聯軍隊在滿洲對日本人施加的暴力，國民黨政府轄區內的暴力絕少發生。[83]蔣介石在他廣為流傳的演說中提到，「只認日本黷武的軍閥為敵，不以日本的人民為敵。」這或許是中國鮮少出現反日暴力的原因。[84]

毛澤東的共產黨在華北發動革命，加上中國戰後民生凋敝，國民黨政府為了處理這些問題而焦頭爛額，無暇顧及戰敗的日本軍民的安置工作。可能的話，國民黨政府甚至讓戰敗的日軍負責治安任務，及協助國民黨政府實行地緣政治目標。戰爭剛結束的時候，國民黨政府仰賴武裝日軍守衛上海與北京。[85]蔣介石可能與日軍達成協議，以保護戰敗日本人為條件，要求日軍協同對抗毛澤東的八路軍。[86]有時國民黨政府、日本與「傀儡政權」部隊（曾經服役於日本軍隊的中國人與其他人員）會一同對抗共產黨軍隊，偶爾還會獲得美軍協助（美國曾派遣五萬名以上的海軍陸戰隊到中國，協助保護交通設施與日軍復員）。[87]因此，即將來臨的國共內戰，反而弔詭地為留在國民黨政府轄區內的日軍創造了一個較不具敵意的環境。一九四五年十一月，中國大陸的日本國民開始從上海、香港與天津塘沽遣送回國。到了一九四六年七月，絕大多數日本國民已從中國大陸與北緯十六度線以北的中南半島被遣送回國。[88]

剛開始遣返時，美軍規定日軍的復員與遣返只能使用日本船隻——殘存的帝國海軍船艦與商船。當美軍更清楚地掌握問題的規模時，便投入更多自己的船運資源來運送東亞的日本人。美國先前已在自己控制的地區以自由輪（Liberty cargo ships）與戰車登陸艦載運日本人。[89]一九四六年三月，美國官方正式移交一百艘自由輪、八十五艘戰車登陸艦與六艘醫療船做為遣返日本人之用。[90]美國軍事人員在船上訓練日本人員，不久遣返船便交由日本人來行駛。

台灣也在中華民國的管轄範圍內。國民黨政府抵達台灣後，接受近三十三萬二千名軍事人員的投降，然後將他們遣返日本。國民黨政府也面臨近三十五萬日本平民的遣返問題。[91]由於戰後台灣相對平靜，日本與盟軍占領官員認為台灣的遣返工作不像其他地區那麼迫切。[92]但是一旦遣返作業開始，隨著一九四六年三月美國船隻湧入，整個遣返過程突然間全面展開。一九四六年三月十九日，負責遣送在台日本人的組織——日僑管理委員會——在《台灣新生報》刊登公告，通知在台日本人，除了近七千名日本技術人員及其家屬外，其餘日本人必須在四月底前遣返回日。[93]日僑管理委員會在報告中指出，從一九四六年三月二日到三月二十四日，共有四十五萬三九一三人，包括四十四萬七〇〇五名日本軍事人員與平民、四九六八名沖繩人與一九四〇名韓國人被遣送回國。[94]戰爭結束時，台灣以外的台灣軍人與平民發現自己在返鄉路上遭遇重重阻礙，而且經歷了突如其來的重新分類。盟國占領軍的資料顯示，七百七十名「福爾摩沙人」從菲律賓被運往日本，盟軍指示日本政府照顧這些人，因為「目前（一九四五年十一月）福爾摩沙人還無法返回他們的故土。」[95]

日本厚生省的出版品提到，從台灣遣返是最平和的遷徙，無論從影片或各種軼聞來看，都顯示從台灣遣返要比亞洲其他地區遣返來得好。[96]儘管如此，從台灣遣返並非全無問題。日本技術人員及其家屬留在台灣，有時並非出於自願，他們面臨的生活處境也十分艱困。還有另一種人留在台灣，他們是「殘餘日僑」，包括不遵守撤離命令祕密躲藏起來的人；與台灣人結婚的人；待在孤兒院、養老院與精神病院等福利機構的人；以及牢裡的犯人與嫌疑犯。[97]雖然這類人數量不多，但他們的存在，特別是這些未獲支持之人，卻讓當局在要求前殖民地每一個擁有殖民前特定國籍之人離開時，遭遇了一些困難。

國民黨政府對於台灣殖民者的認知與日本人不同，因此重新對每個人進行分類。本土日本人，也就是「內地人」，成了「日僑」（海外日本人），這種說法如同中國人把海外中國人稱為「華僑」。韓國人

（朝鮮人）成了「朝僑」（海外韓國人）。來自琉球群島的人在戰後台灣也被重新命名，遣返文件把他們稱為「琉僑」（海外琉球人），與「日僑」區別開來。[98]對待他們的方式也不同。沖繩人原本屬於日本正規軍，卻與其他日本兵區別開來，被分派到台灣各個城市擔任清潔工。第一批日本人從台灣遣返回國時，沖繩人被當成勞工，負責興建遣送營與搬運行李。資料顯示，沖繩人就這樣在背後協助本土日本人遣返，自己返鄉的時間反而被耽誤了。[99]

戰爭結束時，英國軍隊重新占領日本在戰時占領的東南亞領土。一九四三年劃定戰區之後，東南亞司令部（Southeast Asian Command, SEAC）最初涵蓋錫蘭、緬甸、暹羅、馬來半島、新加坡與今日中南半島的一部分。[100]一九四五年八月十五日，麥克阿瑟將東南亞其他部分委託給另一位盟軍最高統帥——海軍上將路易斯・蒙巴頓勳爵（Admiral Lord Louis Mountbatten），這些地區包括北緯十六度線以南的法屬印度支那、婆羅洲、汶萊、沙勞越、爪哇、西里伯斯與荷屬新幾內亞。[101]麥克阿瑟基於軍事理由將東南亞部分地區交由蒙巴頓管轄，但他也想從這些地方抽身，因為他不願直接面對法國與荷蘭覬覦重建印度支那與荷屬東印度殖民地的企圖。[102]蒙巴頓擔負著兩項任務：對日軍進行復員與遣返，對盟軍戰俘與拘留者進行遣返。擴大的東南亞司令部包括了近七十五萬名日本人，占了日本海外人口百分之十一。[103]

來自大企業或中小企業的日本員工早在戰前就已居住在東南亞，但是這個地區一直要到一九四二年後才被併入日本帝國。日本平民在東南亞的總數難以估計。自一九四五年十月起，有來自緬甸、泰國與越南將近五千五百名平民被拘留在西貢等候遣返。[104]番場恒夫返回日本的兩個星期之內就完成一份三十頁的報告，其中描述近三千五百名日本人在新加坡外一處稱為裕廊的遣返營裡的狀況。[105]英國人告訴他們，因為日本本土的狀況極為不佳，他們可能要在當地待上三年，於是這群遣返者便在營區興建學校與棒球場，還組織英語課與駕訓班。[106]但到了十一月十八日，英國人告訴他們遣返的日子到了，十一月二十一日，絕大多數遣返者擠上擁擠的貨輪，花了十四天抵達大竹的遣返中心。遣返營裡的平民，如番場與其他人，只要一有貨輪就馬上上船遣返回日。

由於英國的政策與船隻的缺乏，東南亞日軍遣返的時間要比美國或中國控制區的日軍來得晚。戰爭剛結束時，英國人讓日軍維持整個地區的秩序。然後英國人把前日本軍人重新分類，不把他們歸類為戰俘，因為這樣必須適用日內瓦公約（Geneva Conventions）的規定，而是將他們歸類為日本投降人員。[107]英國人於是將這些「日本投降人員」當成整個地區的備用勞力。[108]日軍管理戰俘營、維持治安，有時參與戰鬥，與英軍並肩作戰。[109]英國人面臨一連串急迫的問題，包括前英國殖民地風起雲湧的反殖民民族主義運動、盟國法國與荷蘭要求英國提供他們資源重建在東南亞的殖民統治。而美國起初也不願分享船隻給英國使用。基於這些原因，東南亞的前日本軍事人員一直未獲處理，有些人甚至在戰爭結束後滯留在當地數年之久。舉例來說，到了一九四六年四月，當美國與中國國民黨政府幾乎將轄區內日本軍民全數運回日本時，英國人卻只運了總數七十三萬八千人當中的四萬八千人。[110]

一九四六年四月，麥克阿瑟提供更多船隻給東南亞司令部，包括七十五艘自由輪、四艘戰車登陸艦與二十二艘日本船。遣返終於正式開始，一九四六年五月到六月，將近六十萬名日本人運回日本。[111]英國拘留近十萬名日本人（根據日本資料是十三萬二千人）[112]做為勞動力，期間最長達到二年四個月。[113]這些被編入工作小隊的日本人，在一九四八年三月到一九四九年一月間由東南亞司令部遣返回日。

一九四五年八月八日，也就是德國戰敗的三個月後，蘇聯依照史達林在雅爾達向羅斯福所做的承諾對日宣戰。午夜剛過，蘇聯軍隊便在東北亞數個地點同時對關東軍（日本在滿洲的駐軍）發動攻擊。八月十一日，蘇聯進攻庫頁島南半部，交戰持續到八月十九日為止。八月十八日，蘇聯攻擊千島群島並且向北海道推進。蘇聯軍隊攻下「北方領土」，也就是北海道岸外的四個小島，直到本世紀，北方四島依然是日俄之間的爭議領土。[114]根據蘇聯與日本持續七天戰爭的結果以及雅爾達締結的協議，由蘇聯占領並管理他們入侵的地區：滿洲、北緯三十八度線以北的韓國、庫頁島與千島群島。戰後落入蘇聯掌握的地區擁有數量最多的日本人——二百七十二萬人，占了日本海外人口的百分之四十一。[115]蘇聯占領區的日本人遭受極大的苦難，而這也影響了他們返回日本後所得到的待遇（詳見第三章）。

一九四六年春，蘇聯軍隊撤離滿洲，只留下少許人員屯駐北韓、大連、旅順與哈爾濱。蔣介石的國民黨政府占領滿洲幾座主要城市，但林彪的共產黨八路軍依然控制著廣大的鄉野地帶。美軍鼓吹國民黨政府將剩下所有日本平民遣送回國，並提供許多資源推動這項計畫。美國軍事人員在葫蘆島港附近建立遣送的集合地點，葫蘆島位於大連與青島之間，今日已成為中華人民共和國重要的海軍基地。美軍、國民黨政府、日本平民團體，有時還有滿洲各地的共產黨組織，四方合作組織運送日本人返回日本。[116]由於男性都被日軍徵召入伍或被蘇聯當成戰俘予以囚禁，因此剩下來的日本人，包括屯墾區的居民，裡面有很高比例是婦女、孩子與老人。[117]他們被送上貨運列車運往葫蘆島，然後在那裡登上美國船隻駛往日本各地的遣返中心。

在日本資料稱為「百萬人遣返」的事件中，從一九四六年五月到十月有將近一百零一萬人從滿洲遣返回日。另外還有四千三百人受困於共產黨控制區，或在長春與瀋陽為國民黨政府工作，他們在一九四六年十一月底離開滿洲。一九四七年夏，另一批為數三萬人的流浪者從滿洲遣送回日。由於國共內戰爆發，滿洲交通運輸中斷，遣返變得更加困難。一九四八年夏，國民黨政府利用空運補給被圍困在瀋陽的國民黨軍隊。回程時，他們用飛機載運日本遣送者並且讓他們在葫蘆島附近的錦州下機。這段時期約有三千到四千名日本人離開滿洲。[118]（下一次離開滿洲的機會必須要等到一九五三年。）從滿洲遣送的日本平民與從東南亞遣返的日軍，讓日本在一九四六年夏天平均每天要接納五千五百名難民。

一九四六年九月是遣返的高峰期，五十六艘船載運六萬七千名返國者回到日本。[119]抵達日本的一百萬日本人戰後曾在滿洲待了一年，他們的經歷有助於形塑戰後日本的遣返者形象。

一九四五年到一九四六年，盟軍分批從美軍控制的太平洋地區與菲律賓遣返海外日本軍民。一九四六年年底之前，中華民國也將管轄區內絕大多數日本人遣送回國。在台日本人的遣返集中在一九四六年春天。一九四六年五月到十月，一百萬名日本人，其中主要是平民，從滿洲返回日本，一九四八年則陸續有少量日本人返日。一九四七年，英國將他們控制的東南亞地區絕大多數日軍釋放回日。一九四六年夏天到一九五〇年夏天，蘇聯釋放囚禁的日本人，一九五六年，約有一千名被定罪或懷疑有罪的戰犯從蘇聯與中華人民共和國獲釋回日本。一九五三年到一九五八年，中華人民共和國釋放其餘絕大多數來自中國東北的平民，下一批獲釋的時間則是日本與中華人民共和國在一九七二年建交的時候。這反映了所有海外日本人遣返的程度、時點與環境，部分取決於盟軍對遣返工作所抱持的態度。

結語

戰敗後，局勢困住了殖民的日本人，並將他們推入新的管轄區，成為盟軍監管的對象。他們經歷了突如其來的身分轉變，從殖民地的宰制者淪為沒有國家保護的少數族群。他們不得不在新環境裡尋求妥協以獲得生存。

現代殖民計畫對族群進行分類，日本官員與知識分子懷抱熱忱推動這項計畫。在殖民時代，海外日本人在台灣與韓國曾被稱為「內地人」，在滿洲則被稱為「日系人」。當盟軍抵達東亞與東南亞時，他們終結了日本的殖民計畫，並將新的地緣政治安排加諸於前日本帝國之上。然後盟國在各自分配的管轄區內重新分類殖民地人民。在台灣、中國與滿洲，日本人被重新歸類為「日僑」；在南韓，美國人直接稱他們「日本人」；與此同時，日本政府在討論之後決定稱他們為「海外同胞」。在韓國、台灣與日本的韓國人，原本被歸類為帝國臣民或單純稱為「朝鮮人」，在滿洲則被稱為「鮮系」，之後在台灣被國民黨政府歸類為「朝僑」，在日本則被美國人稱為「第三國人」。這些新名稱顯示民眾在從殖民地人民過渡到國家公民的過程中出現的一連串分類。

本土日本人與海外日本人對於終戰有全然不同的體驗。戰時在日本本土，隨著戰敗逐漸迫近，一般民眾承受著政府的壓迫、糧食的缺乏、傳統炸彈與原子彈的轟炸。許多人受盡折磨，即使在戰爭結束之後，饑餓與無家可歸依然持續著。儘管如此，戰敗象徵新的開始。如道爾所提出的，民眾雖然無助與絕望，卻也萌生出重新再起的念頭。[120]他們害怕外國占領的狀況，但結果卻比他們想像來得溫和。對於本土日本人而言，戰敗是從悲慘中解脫。然而，對許多殖民地日本人而言，戰敗突如其來，有些人在過了一段時間之後才意識到，戰敗表示他們必須離開自己的家。[121]外國占領區，特別在滿洲，情況比他們料想的來得暴力，前「國家僱員」玉名勝夫驚訝地發現，與長春的蘇聯士兵相比，日本的美國士兵素行良好。[122]對許多殖民地日本人來說，戰敗標示著悲慘的開始。因此，一九四五年八月，在本土與殖民地日本人之間形成了一道經驗的分水嶺。

在本土，民眾表達對「海外同胞」的關切，但他們卻不願意承認海外日本人對終戰的經驗屬於國家的戰敗經驗，也不認為海外日本人的苦難可以與戰時與戰後本土日本人的苦難相提並論。雖然日本民眾一開始對於美軍占領充滿恐懼，但美軍實際占領之後，絕大多數人發現一切依然井然有序。但要就此得知在美國、中國、英國或蘇聯占領區內日本平民的處境，是不太可能的。我們可以稍微理解外國軍隊，但對於前殖民地人民在不同國家的占領下產生什麼樣的經歷，則難以掌握與接受。本土日本人因此傾向於對殖民地的故事與戰敗充耳不聞。[123]

從戰時帝國到戰後民族國家，本土日本人與海外日本人分別產生了不同的時空經驗。本土日本人戰敗之後依然待在相同的空間裡。就時間而言，時間不斷地往前推進，從戰時到占領，再到戰後時期。殖民地日本人卻生活在不斷轉換的空間之中，從日本宰制下的殖民地空間到外國占領的空間。就時間而言，由盟軍監管的這段不確定時期就像一間氣閘艙——在裡面可能待上幾天，也可能待上幾年——艙室另一端的出口則是遣返。殖民地日本人懸置在艙中的這段時期，完全被隔絕於日本的戰敗故事之外。

各種因素——對殖民地的不同理解、對戰敗空間與時間的不同經驗——的結合，在殖民地日本人抵達戰後與後帝國日本的海岸時開始發酵。對一些殖民地日本人來說，留在盟軍管轄區的日子相對好過，但對另一些人來說，他們的經驗卻充滿暴力，有時是致命的。這些經驗改變了殖民地日本人對自己的理解，也形塑了他們對戰敗日本的認識。戰爭結束時，海外日本人因為自身的經驗而產生了變化，但他們沒想到本土日本人對他們也抱持著曖昧的態度。遣返者認為自己是「海外同胞」，即將變成「同胞」。但絕大多數海外日本人都在猝不及防之下——首先被當成了遣返者（引揚者），然後被歸入（至少暫時是如此）與「一般日本人」略有區別的類別之中。

表一：第二次世界大戰結束時海外日本國民的估計人數

地點	平民	軍人
滿洲	一五五萬	陸軍 六十六萬四〇〇〇
中國（包括香港）	五〇萬四〇〇〇	陸軍 一〇五萬六〇〇〇　海軍 七萬一〇〇〇

地點	平民	軍人	
朝鮮半島	七二萬一〇〇〇	陸軍 二十九萬四〇〇〇	海軍 四萬二〇〇〇
台灣	三萬五〇〇〇	陸軍 十六萬九〇〇〇	海軍 六萬三〇〇〇
千島與樺太	三九萬	陸軍 八萬八〇〇〇	海軍 三〇〇〇
東南亞、西南亞與其他地區	（無資料）	陸軍 八十一萬四〇〇〇	海軍 二十七萬

資料來源：厚生省社會援護局，《援護五十年史》，頁一〇—一一、一七—一八、二九—三四。朝鮮半島（一九四五年九月）的平民估計人數引自駐朝鮮美國陸軍司令部軍政廳，頁七—九。

1 皆川考平，〈面對遣返者問題〉，附錄於玉名勝夫，《赤裸的六百萬人：滿洲遣返者手記》，東京：春光社，一九四八，頁一二八。

2 標題頁提到玉名勝夫是南滿洲鐵道會社的前員工。玉名勝夫則是自稱受僱於「滿洲某大會社」。玉名勝夫，《赤裸的六百萬人：滿洲遣返者手記》，頁一。出版商皆川考平指出，玉名勝夫大約從一九三五年開始為日滿商事工作，這大概是他結束南滿洲鐵道會社之後的事。皆川考平，〈面對遣返者問題〉，頁一二七。

3 加藤陽子，〈戰敗者歸國：從中國復員與遣返問題的展開〉，《國際政治》（一九九五年五月），頁一一〇。

4 口述歷史訪談，二〇〇〇年十一月十九日。

5 Stewart Lone, *Japan's First Modern War*. London: St. Martin's Press, 1994, 59–60.

6 Robert Eskildsen, "Of Civilization and Savages: The Mimetic Imperialism of Japan's 1874 Expedition to Taiwan." *American Historical Review* 107, no.2 (April 2002): 388–418.

7 大藏省管理局編，《日本人海外活動相關歷史調查》，共十二冊，一九八三〔一九四七〕。第一冊，頁二〇四—二〇五。關於這份資料的說明：戰後不久，日本大藏省負責編製一連串的調查與報告，稱為《日本人海外活動相關歷史調查》。占領日本的盟軍各單位需要統計遣返者的相關資料；日本政府則需要海外日本人與資產的資訊。由前殖民地官員負責編製的大藏省報告目的是為了滿足上述需求，部分報告還被譯成英文。雖然報告中的資訊，包括日本海外資產的價值評估，絕大多數應屬公共利益，但大藏省從未打算出版這份報告，早期即有人希望政府能公開這份報告，但卻被法院駁回。一九八五年，高麗書林在首爾出版了這份報告，共十二冊。二〇〇二年，ゆまに書房在歷史學家小林英夫主持下重印了這份報告，共二十四冊。一九八五年與二〇〇二年版的報告是一九四七年原版報告複本，因此內容完全一樣，但兩個版本的編排有些微差異。我引用的是一九八五年版，因此在一些引用二〇〇二年版的內容上會另外加上報告的標題。

8 大藏省管理局編，《日本人海外活動相關歷史調查》，第一冊，頁二〇五。

9 東洋經濟新報社編，《完結昭和國勢總覧》，東京：東洋經濟新報社，一九九一，第三冊，頁三〇二。

10 厚生省社會援護局，《援護五十年史》，東京：ぎょうせい，一九九七，第一〇一一、一七一一八，頁二九一三四。

11 大藏省管理局編，《日本人海外活動相關歷史調查》，第一冊，頁二〇八。

12 Harry J Lamley, "Taiwan Under Japanese Rule, 1895–1945: The Vicissitudes of Colonialism." In *Taiwan: A New History*, ed. Murray A. Rubinstein, Armonk, NY: M. E. Sharpe, 1999, 208.

13 這些數字不包括原住民人口（被表列為生蕃人）。根據大藏省報告，原住民人口從一八八六年中國估計的十四萬八千人驟減到一九二〇年的低點四萬六千三百人，到了一九四一年又增加到十五萬五千七百人左右。參見大藏省管理局編，《日本人海外活動相關歷史調查》，第一冊，頁二〇四—二〇五。

14 Steven E. Phillips, *Between Assimilation and Independence: The Taiwanese Encounter Nationalist China, 1945–1950*. Stanford, CA: Stanford University Press, 2003, 29.

15 Lamley, "Taiwan Under Japanese Rule," 223–31.

16 Barbara Brooks, *Japan's Imperial Diplomacy: Consuls, Treaty Ports, and War in China, 1895–1938*. Honolulu, HI: University of Hawai'i Press, 2000, 106. 對殖民地公民身分與遷徙的深入分析，亦可見 Barbara Brooks, "Japanese Colonial Citizenshipin Treaty-Port China: The Location of Koreans and Taiwanese in the Imperial Order." In *New Frontiers: Imperialism's New Communities in East Asia, 1843–1953*, ed. Robert Bickers and ChristianHenriot, 109–24. Manchester, UK and New York: Manchester University Press, 2000"; "Peopling the Japanese Empire: The Koreans in Manchuria and the Rhetoric of Inclusion." In *Japan's Competing Modernities*, ed. Sharon Minichiello, 24–44. Honolulu, HI: University of Hawai'i Press, 1998.

17 厚生省社會援護局，《援護五十年史》，頁一三：Chen Yingzhen, "Imperial Army Betrayed."In *Perilous Memories: The Asia-Pacific War(s)*, ed. T. Fujitani, Geoffrey M. White, and Lisa Yoneyama, 181–98. Durham, NC: Duke University Press, 2001.

18 厚生省援護局，《引揚與援護三十年史》（*A thirty-year history of repatriation and aid*），東京：厚生省，一九七七，頁一五一。

19 "Transforming *Eisei* in Meiji Japan," in Ruth Rogaski, *Hygienic Modernity: Meanings of Health and Disease in Treaty-Port China*. Berkeley and Los Angeles, CA: University of California Press, 2004.

20 這份專門報告並未標出作者姓名，但從導論可以看出這份報告是由對殖民地有深入了解的人撰寫的。台灣台北帝國大學的北山富久二郎教授與台灣銀行的金子滋男是這項計畫的編輯。

21 Leo T. S. Ching, *Becoming "Japanese": Colonial Taiwan and the Politics of Identity Formation.* Berkeley, CA: University of California Press, 2001.

22 Mark Ravina, *The Last Samurai: The Life and Battles of Saigō Takamori.* Hoboken, NJ: John Wiley & Sons, 2003, 184.

23 Kim Key-Hiuk, *The Last Phase of the East Asian World Order: Korea, Japan, and the Chinese Empire, 1860–1882.* Berkeley and Los Angeles, CA: University of California Press, 1980.

24 Jun Uchida, "Brokers of Empire: Japanese and Korean Business Elites in Colonial Korea." In *Settler Colonialism in the Twentieth Century: Projects, Practices, Legacies,* ed. Caroline Elkins and Susan Pedersen, 153–71. New York and London:Routledge, 2005." 153.

25 史都華・隆恩認為這場戰爭「就像觀光一樣」。Stewart Lone, *Japan's FirstModern War,* 58.

26 在韓日本人的數量出自森田芳夫，《朝鮮終戰紀錄：美蘇兩軍進駐與日本人的遣返》，東京：巖南堂書店，一九六七，頁一。

27 一九四五年九月的平民估計值，見駐朝鮮美國陸軍司令部軍政廳，頁七—九。厚生省估計在戰爭結束時，全朝鮮半島上有二十九萬四千名陸軍人員與四萬二千名海軍人員。厚生省社會援護局，《援護五十年史》，頁一一、一七。森田芳夫估計戰爭結束時南韓有六十萬名日本軍民（森田芳夫，《朝鮮終戰紀錄：美蘇兩軍進駐與日本人的遣返》，頁三二八）。

28 七百九十這個數字出現在 Changsoo Leeand George De Vos. *Koreans in Japan: Ethnic Conflict and Accommodation.* Berkeley and Los Angeles, CA: University of California Press, 1981, 32. 福岡安則認為這個數字太低。Yasunori Fukuoka, *Lives of Young Koreans in Japan* Trans. Tom Gill. Melbourne: Trans Pacific Press, 2000, 3.

29 Richard Mitchell, *The Korean Minority in Japan.* Berkeley and Los Angeles, CA: University of California Press, 1967, 29.

30 關於戰爭結束時在日韓國人估計數量的討論，見本書第二章註九十三。

31 大藏省管理局編，《日本人海外活動相關歷史調查》，第一冊，頁二二三—二二六。

32 「接客業」顯然是一種委婉說法。同上，頁二二六。

33 Brooks, "Peopling the Empire," 31.

34 Alvin D. Coox, *Nomonhan: Japan against Russia, 1939.* Stanford, CA: StanfordUniversity Press, 1986, 8–9.

35 山川曉，《消失的滿洲分村：秩父中川村開拓團始末》，東京：草思社，一九九五，頁四〇—四二。

36 Gregory Guelcher, "Dreams of Empire: The Japanese Agricultural Colonization of Manchuria (1931–1945) in History and Memory." Ph.D. diss., University of Illinois at Urbana-Champaign, 1999,2–17，討論早期政府在殖民滿洲上的失敗。關於夏目漱石的旅行，見 Natsume Sōseki, "Travels in

"Manchuriaand Korea" In *Rediscovering Natsume Sō-seki,* Trans. Inger Sigrun Brodey and Sammy Tsunematsu. Kent, UK: Global Books, 2000"；關於與謝野晶子的旅行，見 Akiko Yosano, *Travels in Manchuria and Mongolia* Trans. Joshua Fogel. New York: Columbia University Press, 2001；關於滿洲的觀光，見 Louise Young, *Japan's Total Empire: Manchuria and the Culture of Wartime Imperialism.* Berkeley and Los Angeles, CA: University of California Press, 1998, 259–68, and Barak Kushner, *The Thought War: Japanese Imperial Propaganda.* Honolulu, HI: University of Hawai'i Press, 2006, 45。

37 Louise Young, *Japan's Total Empire,* 尤其是第四部分 "The New Social Imperialismand the Farm Colonization Program, 1932–1945". 與上笙一郎，《滿蒙開拓青少年義勇軍》，東京：中公新書，一九七三，頁三九。

38 一九四五年五月底，開拓地可用的男性都被徵召入伍，滿洲國進行的人口普查（滿洲國政府國勢調查）顯示七四三個聚落有一九萬六七三九名開拓民。滿蒙同胞援護會編，《滿蒙終戰史》（*The end of the war in Manchuria and Mongolia*），東京：河出書房，一九六二，頁四四三—四四四。

39 長野縣開拓自興會滿州開拓史刊行會編，《長野縣滿州開拓史》，第二冊，頁三二六—三三六。

40 塚田淺江，〈敗戰前後尖山更級鄉開拓團避難情況的紀錄〉。「在長野縣上山醫院寫的日記」，一九四六年十一月，頁三三二。

41 *The Makioka Sisters,* Trans. Edward G. Seidensticker. NewYork: Vintage, 1995, 467–71.在日文原文中，使用的詞是 *Manshūochi*（滿州落ち：字義上的意思是「流落到滿洲」），用來引申當一個人沒有別的機會時，他只好去滿洲。（谷崎潤一郎，《細雪》，東京：旺文社，一九六九年，頁二五二）谷崎在一九四〇年代中期寫了這部小說。小說涵蓋的時間是從一九三六年十一月到一九四一年。故事中，商量把阿啟送去滿洲的時間是在一九四〇年十月。四姊妹的老三雪子斥責么妹妙子，「妳能利用〔阿啟〕時就盡可能利用，然後妳說妳知道有個讓沒用的年輕男子待著的好地方，並且打算把他送到滿洲去。」（谷崎潤一郎，《細雪》，頁四七〇）

42 谷崎潤一郎，《細雪》頁四七〇。

43 同前註，頁四六七。

44 東洋經濟新報社編，《完結昭和國勢總覽》，頁五五一。

45 滿蒙同胞援護會編，《滿蒙終戰史》，頁一七八。

46 一九四三年有四五三二萬三〇〇〇人，這個數字來自東洋經濟新報社編，《完結昭和国勢總覧》，頁三〇二。

47 Mariko Tamanoi, "Knowledge, Power, and Racial Classification: The 'Japanese' in 'Manchuria.'" *Journal of Asian Studies* 59, no.2 (May 2000): 248–76.

48 東洋經濟新報社編，《完結昭和國勢總覽》，頁五五一。

49 電影評論家石子順的父親，他發現即使到了滿洲，也無法擺脫「內地」的概念，而他的故事正可說明「內地」這種具可塑性的性質。在滿洲長大的石子順，一九三〇年代發現父親寫的未出版小說，小說的主人翁在前往滿洲的路上體驗到解放的感受。但當擔任新聞記者的父親抵達滿洲時，他發現當地的日本社會就和日本本土一樣壓迫與褊狹。中國遣返漫畫家協會編，《我的滿洲：漫畫家們的戰敗經驗》，東京：亜紀書房，一九九五，頁二三七—二三九。

50 Akira Iriye, *The Cold War in Asia: A Historical Introduction*. Englewood Cliffs, NJ: Prentice Hall, 1974; Bruce Cumings, *The Origins of the Korean War: Liberation and the Emergence of Separate Regimes, 1945–1947*. Princeton, NJ: Princeton University Press, 1981; Michael Schaller, *The American Occupation of Japan: The Origins of the Cold War in Asia*. New York: Oxford University Press, 1985; Marc S. Gallicchio, *The Cold War Begins in Asia: American East Asian Policy and the Fall of the Japanese Empire*. New York: Columbia University Press, 1988.

51 美國參議院外交委員會開羅宣言，*The United States and the Korean Problem*, 1.

52 FRUS, *The Conferences at Malta and Yalta 1945*, xii.

53 Gallicchio, *The Cold War Begins in Asia*, 13.

54 Ibid.,46.

55 Ibid.,46–49; FRUS, *Conference of Berlin (Potsdam)*, 1945, 1474–76.

56 一般命令第一號複本見竹前榮治編，《GHQ指令總集成》，第二冊，頁一—七，此處引自頁三：「日本帝國大本營遵奉日本天皇之指示，下令所有日本軍隊向盟軍最高統帥投降。茲令所有日本國內外之司令官，使在其指揮之下之日本軍隊以及日本管制之軍隊，立刻停止戰鬥行為、放下武器、駐在其現時所在之地點，並向代表美國、中華民國、英國、蘇聯之司令官，如下列指定或如盟軍最高統帥所追加指定者，無條件投降。」

57 Gallicchio, *The Cold War Begins in Asia*, 72.

58 Ibid., 75–92.

59 Gallicchio, *The Cold War Begins in Asia*, 90.

60 若槻泰雄，《戰後遣返紀錄》，東京：時事通信社，一九九一，頁五〇—五一。厚生省援護局，《引揚與援護三十年史》，頁四八。

61 厚生省援護局，《引揚與援護三十年史》，頁五七。

62 加藤陽子，〈戰敗者歸來：由中國復員返國與遣返問題的展開〉，頁一一三。

63 厚生省社會援護局，《援護五十年史》，頁一八—一九。

64 同前註，頁一四。

65 森田芳夫，《朝鮮終戰紀錄：美蘇兩軍進駐與日本人的遣返》，頁二七四—二七五。

66 同上，頁三三八—三四九。森田芳夫記錄從朝鮮半島遣返的歷史，他本人則是在一九四六年三月從韓國遣返回日。

67 William J. Gane, "Foreign Affairs of South Korea, August 1945 to August 1950." Ph.D. diss., Northwestern University, 1951," 57.

68 Wayne C. McWilliams, *Homeward Bound: Repatriation of Japanese from Korea*. Hong Kong: Asian Research Service, 1988, 9.

69 D. Clayton James, *The Years of MacArthur*. Boston, MA: Houghton Mifflin, 1985, vol. 3, 90.

70 Cumings, *The Origins of the Korean War*, 128; 森田芳夫，《朝鮮終戰紀錄：美蘇兩軍進駐與日本人的遣返》，頁二八九—二九一。

71 Cumings, *The Origins of the Korean War*, 140–43

72 關於韓國的連絡事務局，見森田芳夫，《朝鮮終戰紀錄：美蘇兩軍進駐與日本人的遣返》，頁一四八—一五〇；關於日本的連絡中央事務局，見 Takemae Eiji（竹前榮治），*Inside GHQ: The Allied Occupation of Japan and Its Legacy*. Trans. Andadapted by Robert Rickets and Sebastian Swann. New York: Continuum, 2002,113–14。

73 Gane, "Foreign Affairs of South Korea," 101.

74 戰後，該組織除了星期日，每日都會發行一千五百份會報。《京城日本人世話會會報》重印本見平和祈念事業特別基金，《京城日本人世話會會報》。

75 森田芳夫，《朝鮮終戰紀錄：美蘇兩軍進駐與日本人的遣返》，頁一三二—一四六。

76 同上，頁一二四—一二五。

77 厚生省社會援護局，《援護五十年史》，頁三五。

78 "Funds that may be Brought into Japan by Repatriated Japanese." *SCAPIN* 67, September 27, 1945. 見竹前榮治編，《GHQ指令總集成》，共十五冊，東京：MT出版，一九九三，第二冊，頁一〇七。

79 森田芳夫，《朝鮮終戰紀錄：美蘇兩軍進駐與日本人的遣返》，頁三三七—三三八。

80 McWilliams, *Homeward Bound*, 58–59.

81 美國官員把遷徙日本國民的工作稱為「遣返」（repatriation），也就是讓日本人返回他們原來的國家。日文資料使用的詞是「引揚げる」（hikiageru, to repatriate）。中國官員，無論國民黨或共產黨，都把遷徙日本人口稱為「遣送」（deportation），也就是把日本人送出中國領土之外，而他們使用的詞是「遣送」（to deport）。

82 若槻泰雄，《戰後遣返紀錄》，頁五〇—五一。

83 厚生省社會援護局，《援護五十年史》，頁三一。

84 同上，《援護五十年史》，頁五八。

85 Suzanne Pepper, *Civil War in China: The Political Struggle, 1945–1949*. Berkeley and Los Angeles, CA: University of California Press, 1978, 10–11; Koichi Okamoto, "Imaginary Settings: Sino-Japanese-U.S. Relations during the Occupation Years." Ph.D. diss., Columbia University, 2001.

86 David Gillin and Charles Etter, "Staying On: Japanese Soldiers and Civilians in China, 1945–1949." *Journal of Asian Studies* 52, no.3（May 1983）, 499.

87 John HunterBoyle, *China and Japan at War,1937–1945: The Politics of Collaboration*. Stanford, CA: Stanford University Press, 1972, 328.

88 厚生省社會援護局，《援護五十年史》，頁一四。

89 加藤陽子，〈戰敗者歸來：由中國復員返國與遣返問題的展開〉，頁一一六。

90 厚生省援護局，《引揚與援護三十年史》，頁五五。

91 厚生省社會援護局，《援護五十年史》，頁三一。

92 厚生省援護局，《引揚與援護三十年史》，頁八九。

93 見大藏省管理局編，《日本人海外活動相關歷史調查》，第六冊，頁五二。

94 〈遣送人員〉，收錄於大藏省管理局編，《日本人海外活動相關歷史調查》，第六冊，頁五四。「kensō」一詞是中文「遣送」的日本讀音，中國官員用這個詞來表示將轄區內的日本國民送回日本（日文裡更常用的詞是「送還」）。關於「遣送」一詞的討論，見滿蒙同胞援護會編，《滿蒙終戰史》，頁五六一。

95 "Formosans Shipped to Japan from the Philippine Islands." *SCAPIN* 274, November13, 1945. 見竹前榮治編，《GHQ指令總集成》，第二冊，頁四三〇。

96 厚生省社會援護局，《援護五十年史》，頁三七。RG 342 USAF（11026–11028）影片。〈日本遣返者，大竹〉。

97 河原功，《台灣遣返與滯留紀錄》，共十冊，東京：人文主義書房，一九九七—九八，第一冊，頁四—七。

98 見大藏省管理局編，《日本人海外活動相關歷史調查》，第六冊，頁五四。

99 河原功，《台灣遣返留用紀錄》，頁七。

100 東南亞戰區這個名稱首次將「東南亞」當成特定的政治實體來表達。C. A. Bayly and Tim Harper, *Forgotten Wars: The End of Britain's Asian Empire*. London and New York: Allen Lane, 2007, 12.

101 Dennis, *Troubled Days of Peace*, 5.

102 Ibid.,78.

103 Bayly and Harper提出的數字是六十三萬名武裝的日本人與十萬名平民，但日本厚生省的數字顯示，在大城市如新加坡、西貢與仰光這些孤立地區只有數千名日本平民。Bayly and Harper, *Forgotten Wars*, 5; 厚生省社會援護局，《援護五十年史》，頁三〇。

104 厚生省社會援護局，《援護五十年史》，頁三〇。

105 番場恒夫，〈馬來半島遣返報告書〉，一九四五，見加藤聖文編，《海外引揚關係史料集成》，第三三冊，東京：人文主義書房，二〇〇二。

106 同前註，頁一四。

107 Bayly and Harper, *Forgotten War*, 7.

108 Ibid.,146.

109 Peter Dennis, *Troubled Days of Peace: Mountbatten and South East Asia Command,1945–1946*. New York: St. Martin's, 1987, 21, 57.

110 Ibid., 223.

111 Ibid., 223–24.

112 厚生省社會援護局，《援護五十年史》，頁一三。

113 同前註，頁一四。

114 William F. Nimmo, *Behind a Curtain of Silence: Japanese in Soviet Custody, 1945–1956*. Westport, CT: Greenwood Press, 1988, 12–13.

115 若槻泰雄，《戰後遣返紀錄》，頁五〇—五一。

116 厚生省社會援護局，《援護五十年史》，頁三八；滿蒙同胞援護會編，《滿蒙終戰史》，頁五五九—六九〇；平島敏夫，《從天堂到地獄：滿洲國終結與百萬同胞遣返實錄》，東京：講談社，一九七二，頁一九八—二一八。

117 滿蒙同胞援護會編，《滿蒙終戰史》，頁四四六。

118 厚生省援護局，《引揚與援護三十年史》，頁九二—九三。

119 〈北滿遣返婦女集體人工流產始末記：未生下紅色士兵子女的原因〉，《Sunday每日》（一九五三年三月二十九日），頁五。

120 John Dower, *Embracing Defeat: Japan in the Wake of World War II*. New York: W.W. Norton, 1999, 特別是第一章。

121 Joshua A. Fogel, "Integrating in to Chinese Society: A Comparison of the Japanese Communities of Shanghai and Harbin." In *Japan's Competing Modernities: Issues in Culture and Democracy, 1900–1930*, ed. Sharon Minichiello, 45–69. Honolulu, HI: University of Hawai'i Press, 1998; Kazuko Kuramoto, *Manchurian Legacy: Memoirs of a Japanese Colonist*. East Lansing, MI: Michigan State University Press, 1999.

122 玉名勝夫，《赤裸的六百萬人：滿洲遣返者手記》，頁一一五。

123 有個例子提到，一名遣返者覺得她的本土日本人鄰居不認為她在戰後受的苦可與本土日本人受的苦相提並論，相關討論見Guelcher, "Dreams of Empire," 220.

第二章
遺返者的共同製造，一九四五到四九年

一九九〇年代，倉本和子回憶自己一九四七年從滿洲返回日本時首次的「引揚者」（日文的遣返者）遭遇：

（我的堂哥）太郎總是叫我們「遣返者」，彷彿我們是另一個種族，不是「真正的」日本人。我第一次聽到「引揚者」（遣返者）是我們抵達日本佐世保港的時候。歡迎我們的人說，「歡迎回家，我的遣返者同胞。」他沒有說，「歡迎回家，我的日本同胞。」[1]

這段話具體而微反映了許多返國者剛回到日本的經驗。本土日本人在戰後用「引揚者」（遣返者）這個新詞來稱呼他們，認為他們不同於「日本同胞」，而且某種程度上質疑他們是否真能算是「純正的」日本國民。

引き揚げる（hikiageru）是「遣返」的動詞，字面上的意思是抬起來放到地上，就像把貨物搬到碼頭上一樣，這是個普遍的慣用語。但引揚者（hikiagesha）是遣返的名詞，在動詞語尾加上sha或mono（「人」）之後，就只能用在戰敗後從前殖民地遣返的日本人身上。「引揚者」與其他語言的「殖民地返國者」與「遣返者」意思不完全相同。「黑腳」這個用來稱呼法裔阿爾及利亞人的輕蔑語，在殖民時代普遍使用，但根據史家班傑明．斯托拉（BenjaminStora）的說法，「阿爾及利亞的法國人直到一九六二年回到宗主國之後才聽到這種稱呼。」[2]英文的遣返「repatriate」含有字根「patria」（指祖國），蘊含返國者與故國之間的關係。與此相對，日文的遣返特別強調返國這個行為，忽略返國者的殖民者身分或返國者與國家之間的紐帶關係。許多殖民地日本人寧可回憶殖民地的生活，有時還帶有鄉愁的情感，但他們戰後被貼上的標籤，卻是根據他們戰後返回祖國那一刻所做的分類。他們就像琥珀裡的蒼蠅，永遠凍結在戰後時刻。他們被標記成帝國與戰時日本終結的一部分，讓其他人得以在戰敗後重獲新生。就像日本對於殘存的帝國有各種委婉說法，「引揚者」一詞同樣不會讓人產生帝國的聯想。

倉本提到自己是在返回日本時首次聽到「引揚者」一詞，但資料顯示前殖民地日本人與這個詞彙之間的相遇幾乎是出於偶然。一九四六年八月三十日出刊的《東北導報》——戰後滿洲發行的日文報紙——一名投稿人寫道：「日本本土似乎有一種傾向，把『遣返者』看成某種特定族群。」[3]從這句話隱約可以看出，面對這項未來分類的殖民地日本人，對於即將貼在自己身上的標籤感到迷惘不安。凡是居住國外的日本國民，國內的日本人一律稱他們「海外同胞」。從字面上的意義來理解《東北導報》的說法，從語言上來說，本土與殖民地日本人依然是「同腹一心」。但當殖民地人民返回日本時，他們卻被當成不同於日本人的「特定族群」。

在先前的段落裡，倉本提到「彷彿我們是另一個種族」，她的說法引發了一項爭議，那就是本土日本人質疑返國者的種族構成。絕大多數狀況下，日本人不會懷疑遣返者體內流著日本人的血液。（事實上，引揚者最終成為只有擁有日本血統的人才能適用的類別。）不過有時候，人們會對日本血統與遣返者日本血統做出區別。本書第四章討論了一九四六年一部短篇小說，其中一個場景是，一名剛從滿洲返國的婦人急需輸血。本土日本人都不願伸手幫助，只有其他返國者自願捐血，暗示只有遣返者的血才適合輸入另一名遣返者的體內。[4]一般而言不會以質疑種族成分的方式公然討論返國者的身分，反而是發生在日本民族性的框架內。殖民地的教養方式標誌了殖民地的出生世代：他們說標準日語，特別是殖民地女孩向來有著思想與行為比本土女孩來得獨立的名聲。不帶有地方口音，與日本故鄉的連結較弱，或根本不存在，再加上明顯的行為差異，這些都使殖民地居民不符合純正日本民族性的標準。[5]

返國者很快就發現自己被貼上標籤，對此也有不同的反應。當本土日本人試圖為返國者貼上標籤時，返國者會對此做出回應，這兩者之間的互動形成官方與社會普遍對「引揚者」的分類。本章詳述「引揚者」的共同製造情形，揭示這個為遣返者貼標籤的過程如何促使日本走出帝國計畫。此外也討論遣返者如何對標籤做出回應，以及如何反過來利用這個標籤。

日本從帝國脫離還牽涉其他族群的轉變。正如海外日本人轉變成「引揚者」，日本的前帝國臣民，包括韓國人、台灣人、中國人與東南亞人，都需要重新歸類。雖然前殖民地的帝國臣民幾乎未獲得重新考量——不像阿爾及利亞的法國人，日本人從未對與他們合作的當地民眾做出安排——但生活在日本的前殖民地人民卻無法被忽視。他們從「帝國臣民」轉變成「在日的外國人」，這段過程剛好與「引揚者」的製造同時發生，兩者也息息相關。

我們不難分辨日本本土社會是基於哪些明顯原因而醜化殖民地返國者。首先是返國普遍會產生的問題。在許多社會裡，離鄉者往往很難重返，對日本尤其如此，返國所造成的磨擦，可以透過將返國者轉變成「他者」的過程來抒解。[6]在戰勝以外的狀況下返國，例如一九四五年後的戰敗士兵與前殖民地居民讓事態變得更糟糕。

有些情況則使特定的殖民地日本人返國時不會遭遇太多麻煩。戰爭結束時，海外有三百二十萬名日本平民，其中大約半數具有官方或半官方色彩。在官方或社會容許下離開原居地返回日本的人，例如殖民地官員、具有政府色彩的公司僱員以及他們的家人，通常比較容易重新融入日本社會。返國者如果國內有家人願意接納他們，同樣也比較容易融入戰後日本。小說家藤原てい（Fujiwara Tei）在小說式的回憶錄提到，自己於一九四五年到一九四六年在滿洲與北韓過著艱苦的日子，但由於上述條件，她返回日本後一切變得平順許多。藤原的丈夫是日本人，在滿洲有半官方的身分。一九四六年，藤原與孩子抵達日本返回父母家中時，家人莫不表示歡迎。[7]擁有資源的人，可以順利與戰後社會協商。一個有趣的例子是後來的總理大臣田中角榮。日本即將戰敗之際，由於日本城市遭受燃燒彈轟炸，日本領導人決定把武器製造移往殖民地。從事建築業的田中獲得了合約與一大筆貸款，他開始在殖民地韓國設立軍火工廠。一九四五年八月，田中聽到戰爭結束的傳聞，立即攜帶資金返日。貸款一筆勾消，田中陡然而富。[8]田中是在官方遣返程序對返國者攜帶金額設限前回到日本。

在不具有官方身分的狀況下前往殖民地，這樣的人在返回日本時往往遭遇許多困難，無論是取得住所還是安頓生活都很不容易。在某些狀況下，離開日本前往殖民地解決了在國內所面臨的問題。這對日本各地的貧困村落來說確實如此，這些村民移民到滿洲可以解決日本國內農民過多與土地不足的窘境。有些家庭試圖擺脫惹麻煩的家庭成員，因此將他們送往殖民地，他們的返國表示原本的問題又要浮上檯面。戰敗之前殖民地日本人的名聲決定了他們返國後可能遭受的待遇。在戰前與戰時本土日本人對這些殖民地離鄉背井的女性與冒險者存有偏見，戰後，本土日本人以「引揚者」來概括殖民地民眾，並且輕易地將過往的偏見移轉到他們身上。被懷疑受到改造或汙染並可能對國內社會帶來威脅的返國者，在返國後因此必須面臨特殊的問題。關於這些問題，我們留待第三章再做討論。

返國者的貧困也形成民眾對他們的觀點。海外日本人被迫放棄海外的家園、產業與個人財產，他們回到日本時已是孑然一身，身上只能攜帶盟軍限制的一千日圓，比一九四六年平均每個家庭一個月的伙食費還少。[9]國內的日本人，在傳統轟炸與原爆摧殘下絕大多數活在饑餓邊緣，他們看到這群難民時，心中混雜著憐憫與輕視的情緒。最好的情況，這些殖民地返國者看起來只是另一張需要餵飽的嘴，最壞的情況，這群人是潛在的威脅。舉例來說，一名地方領袖抱怨政府計畫讓遣返者在他們村子外圍定居。[10]他們反對遣返者的理由與帝國無關，純粹只是因為他們是陌生人。他們認為，如果必須分享資源，那麼村民將無法餵飽自己的家人。他們把遣返者當成外來者的說詞是新的，但反對眼前的外來者並創造出新的排他性分類，卻是原本就有的做法。

值得一提的是，雖然為數甚多的遣返者遭到醜化，但許多——雖然不是絕大多數——海外日本人還是能順利重新融入戰後日本社會。有些遣返者願意在口述歷史訪談中談論他們的經驗，但有些遣返者拒絕，有時是因為他們不願回憶過去，有時則是因為他們堅持這段經驗對他們並未構成特別的影響。還有一些遣返者認為成為「引揚者」只是暫時的，就像生了一場病。在一部短篇小說中，父親充滿感情地對兒子開玩笑，說他克服了「遣返病」。兒子同意父親的說法，並且認為那像是一種「精神官能症」。[11]

儘管如此，存在於醜化返國者背後的這些可輕易辨識的理由——返國普遍產生的問題、早期出國者形成的既有名聲以及返國者的貧困——無法充分解釋「引揚者」形貌的出現和不斷地遭到複述、引揚者的長期存在及其所滿足的目的。為了掌握「引揚者」的特殊性，首先我們必須了解遣返者是如何在官方論述中被標示出來。

日本與美國對戰後遷徙的反應

日本向盟軍投降時，並未對海外六百九十萬名日本國民與國內二百萬名殖民地人民做好周詳的安置計畫。相反地，直到戰爭結束前，日本政府仍源源不斷地將軍事人員與平民送往海外，並且持續引進殖民地勞工與其他民眾來日本。[12]直到投降後幾個星期，殘存的日本政府才開始關切海外日本人的命運。在這段時期，日本政府努力重新恢復運作，並且開始處理手邊的緊急事務，包括在無條件投降下如何保存君主制度；如何因應日本史無前例即將發生的外國占領；如何重建廣島、長崎與其他被燃燒彈毀滅的六十七座城市；以及如何處理一部分人口可能面臨的饑荒。

八月底美軍抵達日本之後，隨即開始實施盟軍占領所需要的組織與政策，盟軍占領的正式起始日是一九四五年十月二日。[13]在投降與盟軍正式占領的這六個星期內，一些日本政府官員仍試圖以獨立自主的地位統治日本。歷史學者加藤陽子在通盤考察整個過渡政府時期以及政府對海外日本人議題所做的回應後，提出了深刻的見解。加藤大致說明了戰後政府立即重整的過程（一九四五年八月十六日到十月二月），並且顯示三級政府——處理會議、連絡會與幹事會——如何開始計畫遣返海外日本人。[14]

一九四五年八月二十二日，由日本政府最高軍事與文官領袖所組成的最高戰爭指導會議[15]正式廢除。這個會議是由總理大臣小磯國昭（任期從一九四四年七月二十二日到一九四五年四月六日）內閣設立，並在總理大臣鈴木貫太郎（任期從一九四五年四月七日到八月十六日）任內，該會議接受了波茨坦宣言，也就是向盟軍投降。八月，就在指導會議廢除的同一天，處理會議正式成立，仍由指導會議絕大多數成員組成。處理會議取代最高戰爭指導會議討論與戰爭結束最迫切相關的議題。

直屬於處理會議的新組織「連絡會」正式成立。連絡會由各部會大臣組成，負責處理戰爭結束的相關細節。各部會首長極為忙碌，無法經常開會，因此日常事務的決定完全交由幹事會來處理。從投降到盟軍正式占領的這六個星期期間，由這三級單位來管理政府。從一九四五年八月十七日到十月八日，這五十四天吃力不討好的總理大臣職位則由親王東久邇宮擔任。

一九四五年八月三十一日，也就是投降後兩個星期，處理會議首次發布了政府的遣返政策：鑑於日本國內狀況不佳與缺乏運輸船隻，海外日本國民無論身處何地，應該「現地定著」（留在原地）。[16]五天後，九月五日，處理會議發布另一項指令，提出三項重點：徵用一切可用的日本船隻進行復員與遣返；滿洲、韓國與中國——在這些地區，由於蘇聯入侵與當地人的報復，致使日本國民有人身危險——的日本國民應該比其他地區的平民優先遣返；日本應向盟軍借用船隻載運人員返國。九月七日，內閣同意這項指令，顯示日本政府已經放棄讓日本民眾現地定著的計畫。但到了九月十一日，幹事會發布海外日本國民的第三項指令，指示海外各地軍民必須「現地定著」，他們的生命財產必須獲得保護，需要返國者必須盡快提供他們返國所需的運輸工具。九月二十四日，各部會同意這項計畫。加藤認為，這項指令表面上廢除了九月五日的遣返決定，但實際上只是不在近期內進行遣返，遣返行動依然要加速進行。然而，八月三十一日的「現地定著」指令與九月二十四日指令的重申，使海外日本人有了指控日本政府遺棄他們的根據。[17]這不僅成為憎恨的根源，也在戰後成為無數法律爭訟的核心。

九月二十九日，日本政府向盟軍占領官員提交遣返備忘錄。[18]這份備忘錄知會美國，日本政府計畫先遣返老人、孩子與病人，然後派船接回處境艱困的人，首先從菲律賓開始，當地的日軍因為缺糧而有餓死的危險。駐日盟軍總司令部針對備忘錄發了一紙簡短回應，其中提到：「日本國民的遣返必須根據本司令部提出的政策，至於政策部分將於數天後宣布。」遣返將「基於軍事必要」進行。[19]這終止了日本中央政府指揮遣返的可能。十月十六日，駐日盟軍總司令部首次針對海外日本人遣返發布一系列命令，反映出總司令部把復員當成首要目標，並清楚表示總司令部將主導協商海外日本人的遣返問題，因為日本將被剝奪處理外交關係的權力。[20]於是，一九四五年十月二十五日，駐日盟軍總司令部命令日本停止一切外交活動。[21]在占領後的前幾個月，總司令部持續簽發與遣返相關的特別命令，到了一九四六年三月十六日，總司令部將所有發布給日本政府的個別遣返命令匯整成單一的備忘錄。[22]五月七日，總司令部修改三月十六日備忘錄，然後重新發布廣泛的遣返命令，做為盟軍占領日本期間的遣返基本指導方針。[23]

戰爭剛結束，日本中央政府確實考量到海外日本人的困境，但這無法緩解戰後海外日本人的感受，他們認為自己是日本政府的「棄民」。雖然日本政府處理遣返的方式與駐日盟軍總司令部不同，或許甚至願意優先處理已在滿洲獨立求生一年的日本平民，但總司令部接管遣返過程之後，日本政府就不再擁有決策權。總司令部握有資源與發言權，提供船隻、訓練與監督人口轉移時所需的支援。與此同時，海外日本人已踏上返國之路。

引揚援護局

當日本政府與駐日盟軍總司令部在高層制訂政策時，龐大的遷徙已經早一步展開。一九四五年夏秋，在日韓國人與在韓日本人開始在日本西南部博多一帶與韓國釜山港之間自發地進行遷徙。這是一場紊亂的行動，韓國漁船在海上橫衝直撞，不斷來回載運旅客。一名口述歷史受訪者，遣返當時才十四歲，她回憶從釜山到博多的三天航行期間，她的父母將她緊緊捆在小船的船側。[24]在戰爭末期，從北方被蘇聯軍隊占領的樺太與千島到北海道，也出現了類似但規模較小的遷徙。早在盟軍或日本政府制訂出政策之前，已有數十萬名民眾試圖返鄉。

為了因應港口城市的混亂情況，中央政府起初要求由地方政府處理這些試圖進入與離開日本的人士。然後到了一九四五年十月十八日，政府決定由厚生省做為中央統籌機關，負責整個遣返過程。[25]厚生省設立於一九三八年，原本負責動員人力物力以遂行戰爭。戰敗後，厚生省的職務起了變化，轉而負責照顧戰爭的犧牲者。[26]

厚生省轄下負責監督遣返遣送的機構，經常為了因應遣返過程的變遷而重新組織與更改名稱。簡略追溯遣返機構的歷史，可以讓我們探索這些海外日本人（包括軍人與平民）如何成為厚生省的管理對象。一九四五年十月二十七日，厚生省進行內部改組並且設立了社會局。[27]同一天，厚生省也將衛生局臨時檢疫課改組為臨時防疫局，下轄檢疫課與防疫課。一九四五年十一月二十二日，社會局新設引揚援護課。這個機構將擴充與縮減海外遣返作業。

一九四六年一月，美軍為了加速遣返過程，提供日本政府近二百艘船隻，主要是戰車登陸艦與自由輪。一九四六年三月十三日，一方面為了管理新船舶資源，政府把引揚援護課擴充為獨立機構引揚援護院。引揚援護院下轄先前設立的引揚援護課、檢疫課以及所有的地方引揚援護局（也就是在日本各港口設立營區收容返國者）。

厚生省建立遣返機構的同時，占領當局則廢除了日本帝國陸海軍組織。一九四五年十一月三十日，陸軍、海軍兩省遭到廢除。第二天，兩省分別改組為第一與第二復員省。一九四六年六月十五日，第一與第二復員省合併為復員廳，但陸海軍復員工作仍分屬第一與第二復員局管轄。復員廳接續先前第一與第二復員省的職務：軍隊復員、尋找失蹤軍事人員、回應駐日盟軍總司令部的要求提供日本的軍事情報。與海軍相關的第二復員局還要協助總司令部，進行水雷清除作業與其他海運事務。

引揚援護院與復員廳在人員組織上有所重疊，雙方均派遣人員在地方引揚援護局復員部工作。[28]這些人員除了具有引揚援護課與引揚援護院的身分與職責，還要回應改組中的軍事部會的需求，因此使他們的地位具有雙重性質。一九四七年十月十五日，復員廳被廢除，第一復員局負責的事務，也就是與前陸軍相關的事務，移交給厚生省。第二復員局負責的事務，也就是與前海軍相關的事務，轉而直屬總理府。幾個月後，一九四八年一月，與復員相關的官署再度改組成立復員局，隸屬於厚生省。遣返與復員的機構同時並存，但到了一九四八年五月三十一日，引揚援護院進行改組，厚生省的復員事務也移交引揚援護院負責，改組後稱為引揚援護廳。透過這一連串的改組，厚生省吸收了日本帝國陸海軍的殘存官員。

厚生省預期盟軍的占領即將結束，於是開始關注過去駐日盟軍總司令部所反對的軍人年金發放問題，以及戰爭犧牲者援助問題，並且設立機構來處理這些事務。[29]一九五四年四月一日，引揚援護廳改回原先的引揚援護局，而且再度併入厚生省，結束八年來其獨立機構的地位。一九六一年，引揚援護局的「引揚」從名稱中剔除——從一九四六年以來，「引揚」一直是機構的名稱——從此改稱為援護局。[30]一九八五年，援護局設立了新研究部門「中國孤兒等對策室」，負責處理「中國殘留孤兒」及其家人的安置問題。一九九三年，社會局與援護局合併為社會援護局，負責舉行戰歿者悼念儀式，協助最近一批從中國返國者定居與獨立生活，以及維持昭和館的營運。二〇〇一年，厚生省與勞動省合併為厚生勞動省，但引揚援護局——如今偽裝在社會援護局的名稱之下——仍留存下來，充分顯示遣返問題的長期未解以及遣返機構強韌的生命力。

部會局處的持續改組，詳細過程其實遠不如改組的結果來得重要。占領當局努力想讓日本非軍事化，除了廢除日本的軍事部會，也將絕大多數照顧退伍軍人的責任交給厚生省負責遣返的單位來執行。軍人可能因為自己成為福利單位的管理對象而感到惱怒。而令平民返國者感到憤怒的是，有些前軍事人員任職於遣返機構，這兩個團體的成員不見得認為同屬一個陣營。有些遣返者指責軍方制訂不負責任的政策，將平民遷往潛在衝突區域，包括蘇聯滿洲邊界，然後只顧自己與家人逃命，完全不管屯墾居民死活。[31]儘管如此，厚生省還是負起監督遣返者、退伍軍人、戰爭犧牲者與戰歿者遺族的相關事宜，並且透過機關程序將這些人串連起來。

把遣返者與退伍軍人歸於同一個行政機關處理，這種做法引發的第二項爭議在於，此舉將使殖民事務與戰時事務合併成「戰後處理」這個單一程序。從一九三七年起，日本軍方開始向亞洲鄰邦發動戰爭，殖民與軍事計畫也變得更加緊密。然而在此之前，海外日本人主要是受殖民機關管轄，屬於殖民時空的一部分。身為「引揚者」，他們被貼上殖民參與者的標籤，但他們被歸類為戰後而非後帝國時期現象，使他們與自身的殖民過往隔離開來，並且模糊了帝國時期與後帝國時期日本之間的連結。

其他部會，包括文部省、外務省與運輸省，以及一些組織，如住宅營團，都參與了接納與安置返國者的工作，但絕大多數事務都透過厚生省內部機構進行協調。雖然厚生省許多官員秉持善意接納與安置遣返者，而且在有限資源下盡了最大的努力，但對於返國者經由必要程序返國時被貼上「引揚者」標籤一事，他們確實要負最大的責任。

厚生省另一個形塑遣返者形象的方式是講述遣返者的歷史。厚生省保留了遣返過程的紀錄，而且在整個戰後時期努力不懈地編纂詳盡的遣返制度歷史，一共出版了五冊。各地方引揚援護局也出版了地方工作的歷史。[32]這些出版品是重要的史料來源，撰寫海外日本人返國的歷史若不引用這些資料，是很困難的事。此外還有另一個原因，使返國者與這些在他們進入戰後日本時塑造他們與為他們貼上標籤的官員產生深刻（雖然充滿了矛盾）的連結。

地方引揚援護局

在駐日盟軍總司令部發布命令與引揚援護局執行命令下，日本本土島嶼開始接受殖民地日本人。配置了前日本商船船員的美國船隻，前往帝國各地港口載運由盟軍與各地日本人團體集合處理的海外日本人。然後，這些船隻分別駛回十五處地方引揚援護局（見表二與地圖三）。

表二：日本地方引揚援護局，一九四五—一九五八

地點	遣返工作進行期間	返國者人數	遣送者人數
浦賀	1945.11.24–1947.05.01	約520,000	約12,000
舞鶴	1945.11.24–1958.11.15	664,531	32,997
吳	1945.11.24–1945.12.14	（無資料）	（無資料）
下關	1945.11.24–1946.10.01	0	0
博多	1945.11.24–1947.05.01	1,392,429	505,496
佐世保	1945.11.24–1950.05.05	1,391,646	193,981
鹿兒島	1945.11.24–1946.02.01	360,924	54,773
函館	1945.12.14–1950.01.01	311,452	0

大竹	1945.12.14–1947.02.21	410,783	1,127 沖繩人
宇品	1945.12.14–1947.12.31	169,026	41,075
田邊	1946.02.21–1946.10.01	220,332	0
唐津	1946.02.21–1946.10.01	0	0
別府	1946.02.21–1946.03.26	（無資料）	（無資料）
名古屋	1946.03.26–1947.02.01	259,589	28,241
仙崎	1946.10.01–1946.12.16	413,961	339,548

註：引揚援護局以設立年代順序排列。

資料來源：厚生省社會援護局，《援護五十年史》，頁一四七—一五八；厚生省援護局，《引揚與援護三十年史》，頁三二

占領當局與日本政府有正當的理由關切海外日本人返國，對日本民眾可能帶來的健康威脅。駐日盟軍總司令部以「醫療與衛生程序」闡明，為了防止境外疾病傳入而制訂的政策。總司令部列出了檢查清單給日本官員，當中的第一項是「身體檢查，察看是否有虱子寄生，是否出現應隔離疾病（霍亂、鼠疫、天花、藉由虱子傳播的斑疹傷寒、黃熱病、痲瘋病與炭疽病）的病例與疑似病例，是否染上傳染病，可能在隨後的接觸中影響他人健康。」[33]然後總司令部要求對來自有虱子傳布斑疹傷寒疫區的日本人使用ＤＤＴ除虱，戰後幾乎每個地方的日本人都被噴撒這種藥劑。美國人對所有離開與進入日本的遣返者，以及船上的船員，進行天花、斑疹傷寒與霍亂的預防接種。他們下令要對船上的老鼠進行屍體解剖，並在地方引揚援護局搜索任何可能傳播鼠疫的齧齒類動物。[34]

日本當局想防止疾病從海外傳入國內，這點當然可以理解，但強制執行隔離檢疫與衛生相關措施卻

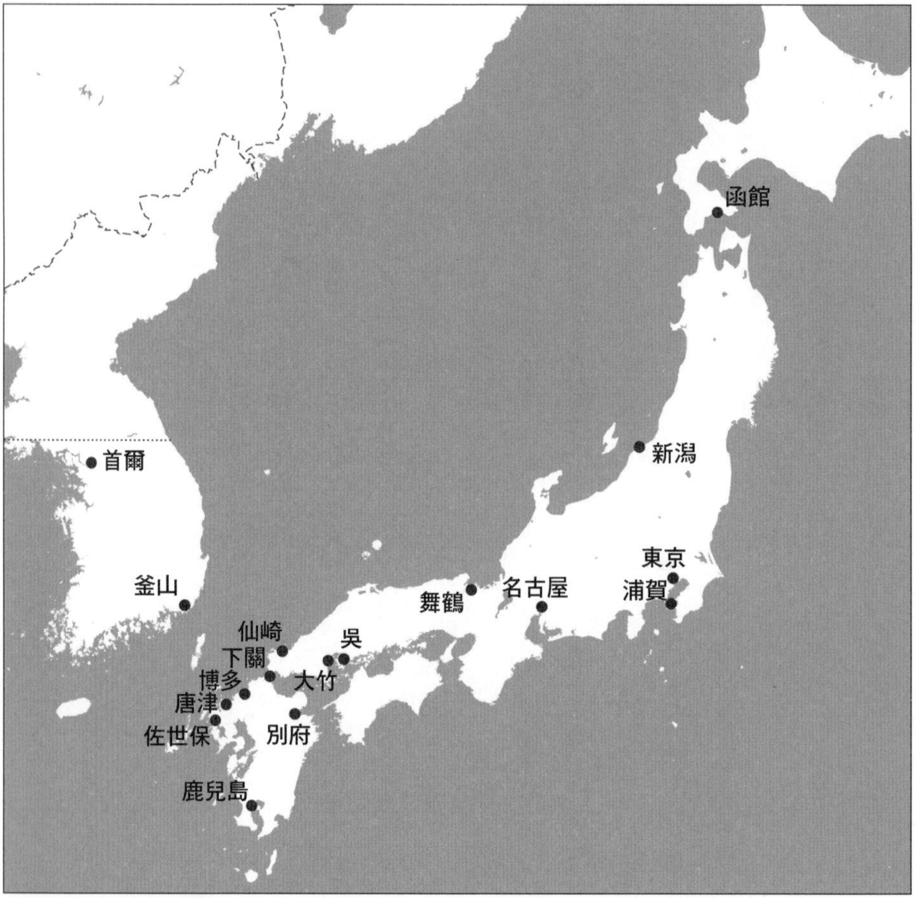

地圖三　日本的地方引揚援護局，1945-1958

對返國者產生衝擊。船上的旅客若被懷疑或確診染上霍亂，船隻將禁止靠岸，只能在岸外下錨停船。有一回，檢疫官員在來自東南亞的遣返船上發現霍亂病例。二十艘載運八萬名遣返者的船隻因此必須在浦賀港外停留數天，運補食物、飲水與醫藥給這些人成了一項艱鉅任務。[35]我們往下將會讀到，小說家安部公房與長野縣老師塚田淺江都曾因為霍亂檢疫的緣故滯留船上，這個經歷影響了他們的一生。

戰後日本，無論遣返者還是非遣返者，用DDT「殺蟲」的做法對他們來說一直是個重大且具象徵性的羞辱。占領時期，竹前榮治還是個孩子，他提到：

> 美國人對衛生環境的執念，傳達給日本人一項訊息，那就是日本人是骯髒的而且身上帶有疾病。對於一個向來以重視身體清潔與外表合宜的民族來說，這是戰敗創傷外又一侮辱。孩子特別討厭噴嘴伸進他們的衣領與袖子裡，把DDT噴得他們整個衣服與頭髮都是，看起來就像磨坊裡的小學徒，讓他們感到屈辱。[36]

對遣返者來說，他們返國後感受到各種令人寒心的對待，這便是其中之一。美軍拍攝的影片顯示，日本引揚援護局官員收容來自台灣的遣返者，這些人的高尚穿著與舉止予人一種上層中產階級的印象。[37]官員命令他們排隊，然後引領他們穿過DDT噴灑站，穿制服的護士站在幾英尺的高處粗略地對他們噴灑DDT。一名身穿和服的柔弱婦女傾身向前，讓衛生人員抓住袖子朝裡面噴灑粉末，然後衛生人員又朝她梳理整齊的頭髮額外噴了幾下。檢疫程序與DDT使人產生一種感覺，政府似乎想把這些殖民地的汙染物阻擋在國境之外。

在地方引揚援護局裡，官員處理返國者的相關工作，為他們做預防接種、讓他們去洗澡、檢查他們的財物與消毒他們的衣物。[38]經過最初這段程序之後，官員開始處理文書工作，發給每個返國者「引揚證明書」。遣返者收到證明書的同時，也就表示他們獲得遣返者的「資格」。[39]有資料提到，政府設計了一本手冊協助返國者適應戰後日本的生活，手冊中特別叮嚀返國者妥善保管證明文件，因為他們要出示證件才能領取糧食配給、申請轉學與登記投票。[40]厚生省資料提到偽造證明書的問題，顯示這類文件確實有重製的價值——從獲得額外的配給來看。[41]

起初在集結地、船上以及日本的遣返營裡，這些程序毫無章法，但在六個月左右的時間內，一切變得井然有序。一開始，遣返營試圖遵照駐日盟軍總司令部的指示，讓遣返者在二十四小時內進入與離開引揚援護局，但後來處理的時間逐漸拉長。到了一九四八年，返國者會在引揚援護局待上三天三夜；一九四九年，增加到四天四夜。[42]在時間與資源允許的狀況下，引揚援護局仍可提供其他服務，此時典型的營區已不再只是檢役、報關與入境的過渡地區，而是像一個小型的日本城鎮，附近設立了銀行、郵局、社區中心、理髮院與黑市。許多遣返者最關心的是來自日本家人與故鄉的消息。在某些營區，引揚援護局人員建立了訊息中心，張貼地圖，顯示日本哪些地區遭受戰火破壞。[43]他們也收取與整理親人寄給營區裡的人的信件。諮詢中心也為可能面臨特殊困難或向當局提出問題的人提供建言：「沒有親人的人」（無緣故者）、獨立撫養孩子經濟困難的寡婦、可能沒有日本公民身分的人（非日本人）、前滿洲國官員、開拓民與其他人。

其他部會也前往各地的引揚援護局執行勤務。文部省官員講解當前日本國內狀況，發放報紙與雜誌，放映電影與播送廣播節目。[44]經過一段時間之後，盟軍官員與日本政府開始關切返國者的意識形態。在駐日盟軍總司令部指示下，文部省在地方引揚援護局設立分支單位，教育與娛樂返國者，調查他們是否有共產主義的傾向。由於對共產主義的關切，促使占領當局制訂了遣返者再教育計畫，由文部省負責執行。從一九四七年到一九五一年，文部省官員試圖對遣返者進行教育，然而此舉有時會與厚生省及大藏省產生衝突。[45]起初的目標是要讓遣返者盡快完成整個教育流程，最後則由運輸省協同日本國有鐵道發給返鄉車票並安排旅途飲食——可能是模烤麵包或糧票。從照片可以清楚看見火車上標示著「遣返者專用列車」（引揚者用），這又是一種（也許不是出於故意）區別遣返者與日本「一般」民眾的方式。[46]

許多遣返者回想當初登上返鄉船隻時，其實都有鬆了一口氣的感覺，當時他們只想把那塊時而對他們充滿敵意的異國之地拋諸腦後。作家澤地久枝從滿洲遣返時才十四歲，她回憶自己當時只有一個念頭，就是搭上遣返船。她病弱的父母只有在那個時候才重拾父母的權威，讓澤地恢復成小孩的模樣。[47]倉本和子回想抵達地方引揚援護局之後的事，她想起噴DDT時那種遭到冒犯的感受，她在作品中凸顯出從蘇聯／中國共產黨占領區回到盟軍（主要是美軍）占領的日本時，所遭遇的一連串格外複雜的狀況：

> 在為遣返者設立的營區入口處，我們看見一群穿著白色外衣的衛生人員。他們拉開我們的衣領，把管子伸進去，朝裡面噴灑刺鼻的白色粉末，也就是DDT。
>
> 「這是占領軍的命令，」他們對我們說道，絲毫不管我們微弱的抗議聲。占領軍！當然，你忘了嗎？日本被美國占領了。所以，何不把我們這群從共產黨占領的滿洲丟出來沒人要的貨物浸在DDT裡？歡迎回家，你們這些可悲的蛆！歡迎回到日出之地！刺鼻的白色粉末發出嘶嘶聲，讓我背脊發涼。[48]

倉本在一九九〇年代開始書寫的回憶錄裡，提到自己戰後那段時間的領悟。雖然初抵當時，對於遣返者抵達地方引揚援護局的描述總是強調著救濟與希望。[49]殖民地日本人在旅程之初是「海外同胞」，來到地方引揚援護局卻成了「遣返者」，並且發給引揚證明書，彷彿他們被標示為遣返者之後才能進入戰後的日本。返國者離開地方引揚援護局之後，厚生省提供交通工具讓他們回到原本在日本本土登記的住所，政府希望返國者能融入他們原先生活的社群。有些人歡迎返國者返鄉，有些人原本高興他們能夠離家，現在對於他們的歸來便少了幾分興奮之情。政府嘗試透過福利政策解決這些問題，在住房、就業、小企業貸款與農業安置上提供援助。一切的措施前面都冠上「遣返者」的修飾語，強化了遣返者的特殊性。[50]為了協助遣返者，政府把他們置於一般國民這個分類的外緣。

表三顯示返國者人數與他們返國的年份，也見證了帝國的傾頹破敗。

表三：各年度遣返者人數

年度	遣返者人數	累計人數	累計百分比
至1946為止	5,096,323	5,096,323	77
1947年	743,757	5,840,080	88
1948年	303,624	6,143,704	93
1949年	97,844	6,241,548	95
1950年	8,360	6,249,908	95
1951–1995年	45,588	6,295,496	95

註：本表列出的數字是指抵達港口後完成遣返文書作業的人員數量。戰爭結束時，海外日本國民人數的估計值：三二一萬名平民與三六七萬名軍事人員，總計六八八萬人。一九四五年日本人口估計值：七千二百萬人。海外人口占的百分比：百分之九。

資料來源：厚生省社會援護局，《援護五十年史》，頁七二九—七三〇；荒敬編，《日本占領外交關係資料集》，頁三〇四；厚生省五十年史編集委員會編，《厚生省五十年史資料篇》，頁六一八。

遣返者社群的回應

遣返者離開遣返營搭上遣返列車朝故鄉出發，有些遣返者則是前往遣返者住宅、遣返者孤兒院、遣返者養老院，或甚至非官方的遣返者妓院。[51]在日本沒有家人或財產的人陷入貧困。根據勞動省的一份報告，一九四六年七月，日本平均每戶每月支出一千七百二十日圓，其中百分之七十七是飲食費。[52]一九四六年夏天返回日本的遣返者，就算他們攜帶的現金達到限額上限一千日圓，也不及日本家庭平均每月預算的一半。一九四七年，東京出租公寓一間一日附三餐的房間（假定我們可以在歷經轟炸、許多居民無家可歸的城市找到住處），每月租金是一千五百日圓，比遣返者可攜帶返國的現金多了一半。[53]除了尋找謀生管道，返國者也很積極表明他們是誰、他們代表什麼。

新聞輿論與其他消息來源從遣返者抵達日本那一刻起就開始討論他們的困境，有時表現出對他們的同情，有時關切他們帶來的可見威脅，但幾乎都會強調他們與「本土」日本人的差異。一九四六年十一月二十六日，《朝日新聞》刊出藤井醫生的投書，警告讀者滿洲傳來的斑疹傷寒。他對這種疾病做了詳細介紹，然後在流行病學分析中夾帶著社會層面的弦外之音，一般人不難看出他的暗示。

最近許多人從滿洲返國，而更多人還在返國途中。這些從滿洲返國的人對滿洲斑疹傷寒免疫，因此不會發病——他們只會帶著傳播病菌的跳蚤返國。這是斑疹傷寒傳染給「內地」民眾的原因。過去，

> 滿洲斑疹傷寒未被當成傳染病，但顯然它對我們的社會帶來嚴重的社會問題。民眾在住家、澡堂、火車與電影院沾染跳蚤與虱子。我們必須立刻想出對策。[54]

藤井醫生對於遣返者帶來的傳染威脅感到焦慮。他的投書刊出時，已是一九四六年五月到十月間從滿洲遣返一百萬名民眾之後的事，顯示「內地」居民與返國者首次相遇所產生的不安。

一九四九年五月，《日本週報》刊出一篇文章，標題是〈我被遣返了，但是……〉，文中作者試圖表達遣返者遭遇的麻煩。[55]文章開頭指出，遣返者失去個人物品、財物與住房，是這場戰爭最悲慘的受害者。報導者繼續描述遣返者是自利、多疑、習慣生活於汙穢之處而且淫亂。他指出，因為遣返者無法與人相處，因此總是無法與人分工合作。遣返過程中在國外所遭遇的創傷經驗，使他們喪失了道德感，有些人甚至「喪失了做人的資格」（人間失格），這個詞或許借用了當時出版不到一年、太宰治暢銷小說的書名。[56]他又說，讓他們繼續活下去的是原始的生命力，求生的力量，他猜測，只要這股求生意志不斷燃燒，他們將一直被稱為遣返者。[57]這篇文章顯示報章雜誌的矛盾心態，一方面同情返國者，另一方面又醜化他們。還有一個例子，一九四八年七月二十八日，《朝日新聞》一篇社論認為政府為戰爭犧牲者尤其是遣返者做得還不夠。通篇社論都在討論「引揚者」與「一般國民」，而且主張必須拉近兩者的距離。此外，作者指出全體國民必須反省自己對遣返者的冷漠態度。[58]一九四八年十月三十日，《朝日新聞》一篇文章猜測，返國者肯定很高興有這個機會能返回「內地」，但他們或許會對國內對待「引揚者」的冷淡態度感到吃驚。[59]

被貼上遣返者標籤的人敏銳地感受到這些圍繞在他們周圍的說法，他們隨即提出挑戰、更正，某方面來說也接受了「遣返者」這個分類。官方對遣返者的分類、報章雜誌製造的遣返者社會分類、遣返者自身做出的回應，三者之間的互動所產生的遣返者分類持續了整個戰後時期，而三者都是基於自己的目的來運用這項分類。

戰爭剛結束時，遣返者必須與本土日本人爭搶糧食、衣物與庇護處所。遣返者一方面努力滿足基本需求，另一方面也尋找工作與建立社群紐帶以穩定自己的生活。返國者組成自助團體與政治組織，開始遊說補償他們損失的海外資產。一開始，遣返者也試圖理解──無論是理智上還是精神上──自己在殖民地的生活、自己飽經羞辱返國的過程、以及他們有時口中所說「內地的寒風」、或本土日本人對他們言不由衷的態度。他們如此認真理解自己與自己的社群，卻很少投入資源為自己的社群創立報紙、雜誌與時事通訊。

一九四六年初，日本各地的遣返者開始運用某些出版品做為彼此聯繫的工具。多半是地方遣返者組織的時事通訊，有些是前殖民地學校的校友雜誌，少數則是滿懷熱情的個人作品。[60]有些為期不長，如只發行兩期的報紙《戰爭犧牲者》。[61]發行最穩定的報紙通常是半官方遣返組織的時事通訊，如《恩賜財團同胞援護會報》（前身是《同胞援護》），這是由皇室支持的遣返組織恩賜財團同胞援護會發行的時事通訊。[62]絕大多數報紙的出版紀錄已不可得，但岐阜縣的《引揚同胞新聞》這份具代表性的時事通訊，發行量曾經高達五千份。[63]

遣返者新聞記者與戰後日本所有的寫作者一樣，都要面臨盟軍檢查的挑戰。從戰時日本軍方的檢查解放，戰後日本出版業得面對新當局另一套新的規定限制。[64]由隸屬於駐日盟軍總司令部民間情報教育局的民間檢閱支隊，負責進行檢查的工作。[65]從一九四五年九月到一九四七年秋，所有的報紙、雜誌、書籍與小冊子在出版前都必須接受檢查。民間檢閱支隊還要求出版商每次出版時都要繳交兩冊出版品。檢查人員檢查內容，把需要刪除或查禁的部分標出來，並持續追蹤其他違規的部分，例如內容直接提到盟軍的檢查制度，或以象徵描述來取代應被刪除的文字。民間檢閱支隊都會保留一份出版品，將另一份出版品退還給出版商。[66]一九四七年秋，民間檢閱支隊對絕大多數的作品改採出版後檢查，只對已經出版的作品檢查是否違規。然而，他們仍對二十六家左傾與兩家國家主義雜誌進行出版前檢查，直到一九四九年十月廢除整個檢查體制為止。[67]

盟軍檢查制度起初的目標是防止部隊調動的資訊外洩與刪除宣傳作品，但很快地，檢查人員開始以媒體監視做為工具，對日本民眾進行再教育，並且灌輸駐日盟軍總司令部宣揚的自由與客觀的新聞報導。[68]檢查人員對抗軍國主義、擴張主義與超國家主義的宣傳，任何提及這些思想的內容都予以刪除，另外也查禁所有批評盟軍的作品。占領官員對於他們認為不可接受的寫作主題有一定的認識，而查禁的內容也會隨時間而更動。他們把禁忌主題清單保存在機密的「關鍵檔案」裡，其中的內容已經獲得學者證實。[69]檢查人員不會把詳情告知日本出版商與寫作者。他們只會提供模糊的出版規範，告誡寫作者「恪守真實」，不要出版可能「妨害公眾安寧」的作品。[70]編輯繳交出版品給檢查人員，歸還時上面密密麻麻都是刪改與查禁的記號，而理由不一定是不證自明。如道爾指出的，這迫使寫作者猜測並透過反覆修正而得知哪些內容可能會遭到刪除。[71]

檢查人員禁止揭露的資訊以及與遣返相關議題兩者之間重疊的部分極大，這讓遣返者出版商遭遇特殊的難題。這不是說盟軍檢查人員特別針對返國者的討論進行查禁，而是遣返議題牽涉到海外日本國民進入由盟軍占領的剛解放的領土，這個議題的性質很容易引起檢查人員的疑慮。一九四六年六月，也就是海外日本人從滿洲返國的高峰期，關鍵檔案所列出的三十一項禁忌主題，幾乎每一項都適用於遣返的討論上。其中有九項特別相關，包括批評俄羅斯、批評韓國（與韓國人）、批評中國、批評其他盟國、批評日本在滿洲的活動、從事「大東亞共榮圈」宣傳、描寫黑市活動、誇大饑荒的規模與煽動暴力或不安。遣返者出版有關戰後經驗的描述時，很難不違反這些禁忌主題；我們也無從得知，如果沒有檢查制度，媒體會如何報導遣返。然而，觀察討論遣返的文章遭受的檢查，可以看出相關的討論受到什麼樣的限制。

如木本至分析的例子，以下這段話出自一九四六年左傾月刊《真相》一篇題為〈我們的同胞在蘇聯統治下過著什麼樣的生活？〉的文章草稿：「許多〔來自蘇聯統治下的北韓〕遣返者提到戰後那段混亂歲月裡的不愉快經驗，例如手錶與筆遭到偷竊，被趕出自己的家，缺乏食物，逼迫他們吃蘇聯人的剩飯剩菜。」民間檢閱支隊命令刪除這段話，因為它批評了盟國。[72]一九四六年，這種對蘇聯統治的「不愉快」經驗相對溫和的描述，都會遭到刪除；至於那些對暴力或強制勞動的生動描寫，更不可能過關。

古川純分析了另一個遣返議題遭檢查人員下令刪除的例子，這則故事出自一九四七年一月的《改造》雜誌。[73]里見弴小說〈驚人的醜聞〉主角是一名滿洲遣返者。檢查人員要求雜誌刪除以下這句話，「外國人的檢查、侮辱與掠奪」，他們認為這是在「批評中國人」。此外要求刪除的還有「令人驚恐的夜晚，就連高級軍官的女兒們也被整車載走」，他們認為這是在「批評中國人或俄國人」。「沿途搶掠」被認為是批評中國人；描述藏匿手錶避免遭到偷竊則被認為是「批評中國人對遣返者的行為」。「日本軍人的忠誠」這種話被視為「軍國主義」，必須刪除。雖然檢查制度在一九四七年已開始放寬，一九四九年完全廢除，但直到一九五二年為止，遣返一直是占領當局關切的重心，對遣返的報導也多少受到盟軍的控制。最晚到了一九四九年三月，占領當局持續對報導遣返的新聞記者頒布禁令。[74]

儘管如此，返國者依然堅持發表他們的觀點。回顧戰爭剛結束時新聲音的出現，一連串遣返問題的討論，提供了遣返者如何成功返回戰後社會的政治觀點與建議。有些寫作的描述反映了當時的論述，但總是特別凸顯遣返者。報紙《戰爭犧牲者》試圖聯合所有（日本）戰爭犧牲者，從遺孀到戰歿者遺族、轟炸犧牲者與遣返者。該報第一期未遭刪改，卻莫名其妙地結合兩個主題：一個是激烈的反政府、反占領當局的馬克思主義說詞，另一個是對靖國神社英靈的尊崇——靖國神社是個具爭議性的地點，這裡供奉所有戰死的日本人亡魂。第二期的草稿經民間檢閱支隊檢查後，標示了「查禁」與「刪除」的字眼。檢查人員並未回應反政府或馬克思主義說詞，但對靖國神社的出現表達深刻的關切。《戰爭犧牲者》的出版者努力製作的第二期讓檢查人員感到滿意，但第三期並未出刊。[75]其他報紙也遵循類似的出版模式。[76]

遣返者的討論與當時陷於白熱化的馬克思主義與民主論戰交錯在一起。在〈海外引揚者的控訴〉一文中，德田恒夫對亞洲終戰提出一項新詮釋，他認為戰爭結束迫使「海外勞動群眾」失去工作，剝奪了他們最終的財產，也就是他們的勞動力量。[77]根據德田的說法，解決的方式是推翻當前的政府，因為它只代表資本家與地主的利益，然後建立真正的人民政府。德田指出，遣返者或許是戰爭終極的犧牲者，但只有「遣返的勞動者」（引揚勤勞者）才最值得同情。他們在違背意願下被強制遣返日本，而一旦回到日本，他們找不到工作，政府又不幫助他們。

一年後，一名較穩健的作者向讀者解釋遣返者與無產者的不同。一九四七年十一月十日，《勵志新聞》的社長川口忠德發表社論，反對遣返者團體與工會之間的連結益趨緊密。[78]雖然川口不反對工會，但他相信遣返者團體與工會越接近，越容易忽略自己的使命，那就是讓遣返者社群重新融入社會。此外，川口堅信無產者與貧窮的遣返者之間存在著根本差異。無產者與支持他們主張權利的工會，其實是階級體系的一部分。從精神與實際狀況來說，戰前在海外過著安定生活的遣返者根本不在階級體系之內。因此，遣返者當前的困境不是源自階級，而是源自戰敗的結果。[79]

熊本縣一份報紙顯示，有人努力想將遣返者的關切與政治代表連結起來。《引揚民報》是熊本遣返者自助組織（熊本縣外地引揚互助會）發行的時事通訊。這份手寫的小報——一個姓濱田的人憑著熱忱從事這份工作——試圖教育與激勵當地遣返者社群。濱田不只是發表社論要求政府要像對待國內民眾的資產一樣對海外日本人的資產負起責任，他還試圖將遊說補償海外資產與政治代表連結起來。在一九四六年四月一日當天的報紙，濱田通知讀者，遣返回國時間最晚到三月二十日為止，擁有固定住址的人，有資格在一九四六年四月國內戰後首次大選投票。[80]（之後，遣返者必須在同一地址居住滿三個月才能擁有投票資格。）然後報紙推薦了三名遣返者候選人，其中一人是南條章，他曾是首爾的政治人物、律師與殖民地政府代表。

《引揚民報》的濱田想藉由投票將遣返者與潛在的政治力量連結起來，然而不光是他有這種想法。一九四七年三月十九日，《朝日新聞》一篇文章強調遣返者組織投票的潛在力量，作者指出五百三十萬名遣返者數量遠超過其他團體，包括四百四十二萬工會成員與一百三十萬農民協會成員。文章坦承遣返者尚無政治組織，但做為自成一體的「社會層」，他們還是擁有相同的政治利益。文章憂心共產主義意識形態可能在遣返者的投票模式中扮演一定角色。[81]

雖然濱田試圖為遣返者候選人助選來獲取政治權力，但他的努力終歸徒勞。在他鼓勵遣返者出來投票的一年後，在一九四七年四月出刊的報紙上，濱田坦承失敗，因為在他的選區，遣返者連一個候選人都無法送進國會。他哀嘆說，遣返者缺乏政治決心。他指出，遣返者來自不同階級與派系，但類似的利益使他們結合起來，包括尋求海外資產的補償。因此，選出代表參加關鍵委員會，包括經濟復原委員會，對協助他們振作極為重要。[82]

雖然遣返者辦的報紙分散各地——北起北海道的小樽，南到九州的鹿兒島——但呈現出來日本各地遣返者心聲卻是類似的。[83]無論地理位置或政治傾向，這些報紙都不約而同提出三項主張：他們鼓吹政府更加把勁，讓其餘海外日本人早日返國；他們不斷要求政府提供資源，讓他們能自力更生；他們要求保證，自己的海外資產能獲得保護或者獲得一定程度的補償。此外，幾乎所有遣返者報紙都涵蓋返國者特別需要的實用資訊，如職業再訓練與再婚介紹。

遣返者經常提到本土民眾對他們的輕視。有時候他們尋求憐憫，但在其他一些例子裡，怨言卻逐漸演變成對遣返經驗的積極詮釋。一名記者提到他與當地社區居民的衝突，對方吼道：「遣返者，遣返者，大家都這麼說，難道你們不是發動戰爭的幫兇嗎？如果你們不去殖民地，怎麼會有戰爭？」[84]第二個人提到一件事，一名缺乏同情心的本土日本人利用新的一套民主說詞來哄騙返鄉的遣返者。根據他的描述，事情發生在一九四六年夏天，鹿兒島渡輪站正在賣票給種子島的居民。排隊的二百人當中，只有七十人能買到船票。船票比平日來得少，因為剛從海外遣返的人可以優先拿到船票。有個無知的傢伙說道：「我認為民主是指我們與遣返者都同樣是國民。這麼做不民主。」[85]（這段話也具有啟發性，至少可以從他口中聽到一般民眾強調「我們」與「遣返者」之間的區別。）第三個人哀嘆遣返者被烙上「帝國主義侵略走狗」的印記，但他也對遣返者的經驗提出另一種詮釋。遣返者對外國的認識是遣返者的優勢。遣返者在海外長達數年乃至於數十年的商業經驗，使他們很有機會成為日本未來國際貿易的領導者。他們已經學到教訓，不會只把亞洲當成大量廉價勞工的來源。相反地，他們更有文化涵養，能以尊重和理解與其他國家互動。[86]這種觀點對遣返者未來的角色抱持全然樂觀的態度，完全反映在刊登這篇文章的刊物《國際人》上——這是靜岡縣外地引揚者互助會發行的時事通訊。該報同日刊登的另一篇評論表示，返國者必須盡快擺脫「遣返者」標籤。[87]文章還認為，「國際人」才是恰當的替代詞。一九四七年六月的《島根縣外地引揚民報》提到有個「海外事情懇話會」的組織，計畫在日本重獲主權後以遣返者為中心開展國際貿易。他們的目標是重建和平的日本。[88]雜誌《港》則將自身定位為「大陸人文化雜誌」，同樣展現出對「海外經驗」的正面態度，主張遣返者應該改稱為大陸人，並且直接將大陸人與文化連結在一起。[89]

除了為自己提出新的名稱與概念，早期遣返者社群也重新講述負面故事或重要的正面故事，以平衡某些報章雜誌的負面報導。其中一個例子是重新講述復員的日本男人拋棄從滿洲遣返的妻子的故事。這篇故事出現在報導風格向來輕鬆的《海外引揚新聞》上。這篇針對當時議題所做的封面報導，講述了一則「美麗的滿洲遣返故事」：

擁抱哭泣的妻子，堅貞的愛情永不消逝，
一段美麗的滿洲遣返故事；
戰爭下的女性犧牲者需要幫助。

許多復員的男子返回日本後才知道自己的妻子尚未遣返。他們等了一段時間，然後再婚。他們厭倦等待，或許兩人之間愛情的維繫不是那麼牢靠。前妻終於回到日本時，對任何人來說都是一場悲劇。但讓我們告訴你一個美麗而堅貞的愛情故事。X先生是南滿洲鐵道會社的員工，戰爭末期徵召入伍。戰爭結束後，他復員遣返回到日本，但與妻子失去連繫，他最後一次見到她是在一九四四年的奉天。朋友勸他死了這條心。即使她真能返回日本，也不是原來他娶的那個女人了。但年輕人不願放棄。當他得知妻子已經回到娘家九州宮崎時，他從茨城一路趕去接她。

一見到丈夫，「伊藤」簌地流下眼淚，說道：「原諒我與我的殘破身子。」她的父母說道，「我們以為你已經再娶了。」年輕人搖搖頭，然後帶著妻子回茨城療養。現在，他們過著幸福的務農生活。「我是她的丈夫，」他說道，「如果我不照顧她，誰照顧她？」[90]

這則故事讚揚X先生，但背後隱含的意義，或許是其他男人未對從滿洲遣返的妻子如此有情有義。而那句不祥的話，「不是原來他娶的那個女人了」，則說中了一般人內心的恐懼，戰後滿洲的日本女性可能遭受的性暴力。之所以要講述一則「美麗的滿洲遣返故事」，正可顯示現實絕非如此美好。

遣返者自助團體因為麻煩製造者這個議題而陷入分裂。一方面，他們了解貧困、失去與本土民眾的冷眼對待，可能會讓人走上犯罪與賣淫。而另一方面，他們也知道這些正是一般民眾看不起遣返者的原因。遣返者報紙報導了兩起事件，顯示地方社群內部對遣返者的曖昧立場。《引揚同胞新聞》報導了一則由滿洲遣返者公然群居形成貧民窟，占用了岐阜火車站站前廣場的故事。[91]一九四六年，一群滿洲返國者拿到返回家鄉岐阜縣的車票，由於他們沒有其他地方可去，只能暫時在岐阜市安身。有個具領導魅力的遣返者領袖高井勇，他在站前廣場搭起了棚子，歡迎遣返者返鄉。他們待在這裡建立社群，之後逐漸被稱為「哈爾濱鎮」。

哈爾濱鎮擴大成足以容納數百人的露天攤位與臨時住宅。一九四八年十二月，哈爾濱鎮的民眾自信滿滿地宣稱他們是最佳的假日市場。然而，危機逐步逼近，高井勇被指控在黑市販賣配給物品，而黑市裡的人幾乎全來自他的遣返者社群。他也捲入了遣返者住房醜聞：他收了錢，承諾興建能容納三千人的住房，但最後只蓋了五百間屋子。此外，岐阜民眾也希望廣場恢復舊觀。市政府與縣政府對於是否強力取締遣返者社群舉棋不定，因此只能施壓遣返者自行撤離。到了一九四九年，超過一百戶人家住在廣場並且在那裡經營黑市。與縣市當局的紛爭終於發展成必須攤牌的地步，甚至鬧上全國新聞版面。為遣返者發聲的組織時事通訊要求占用廣場的民眾，盡可能平和而快速地解決這場紛爭，以免對其他遣返者社群造成負面影響。

另一個例子，有份報紙針對一起發生在遣返者社群的悲劇進行調查，試圖了解遣返者對這件事的看法。一名女性與六名子女從滿洲返回日本，卻發現日本的狀況與滿洲一樣悲慘。這名絕望的女子最後選擇與孩子一起自殺（先殺害孩子再自殺）。[92]遣返者的看法出現分歧。一派認為這反映了整個社會，特別是遣返者社群的失敗；另一派則認為，這名婦女能夠活著返國已屬萬幸，她理應堅持下去。

最終，從實踐的層面來說，遣返者在第一與第三個目標上幾乎毫無進展，也就是鼓吹政府遣返其餘的海外日本人，以及保障遣返者的海外資產。我們之前提過，駐日盟軍總司令部接管了日本的外交關係，包括協商遣返海外日本人，這種狀況一直要持續到一九五二年占領時期結束為止。至於海外資產，隨著日本戰敗，幾乎沒有任何可能或同情可讓人取回在韓國或台灣的殖民地財物或資產。一九四六年到一九四九年，中國大陸內戰方殷，而隨著中華人民共和國成立，民眾也放棄了從中國取回資產的念頭。一九五〇年朝鮮半島戰爭所造成的混亂，終止了一切拿回資產的嘗試。遣返者確實成功取得政府的更生貸款與其他援助，故原本努力確保海外資產的動力，轉而投入更全面地爭取日本政府的補償。

一九四六到一九四九年，遣返者主動針對本土社會——先是厚生省的遣返營，之後是流行的報章雜誌——對他們的描繪做出回應，遣返者試圖將遣返議題放入當時的論述中，並且分析自己所面臨的困境與指控，最後則是宣傳另一種版本的「遣返」意義。有些人認為應該盡快擺脫遣返者的標籤，另一些人則認為，應該以遣返者的身分在戰後日本展開新生活。還有一些人，尤其是年紀輕輕就從滿洲遣返回國的人，傾向於抓住遣返者這個標籤，或至少保留與遣返者連繫在一起此一特立獨行的特質。早期的「引揚者」就是透過這些管道——在戰爭剛結束那段時間，藉由大幅印刷品與手寫的時事通訊，在日本各地的遣返者社群散發，並對共同製造出來的主流報章雜誌做出回應。

從帝國臣民成為外國人：盟軍從日本遣送「第三國人」

一九四五年與一九四六年，占領當局與日本政府官員忙著處理另一批流離失所的民眾——日本的前殖民地人民。戰爭結束時，日本境內大約有二百萬名韓國人、五萬六千名中國大陸人與三萬五千名台灣人。[93]占領當局與日本政府以為所有的前殖民地人民都會離開日本。在駐日盟軍總司令部的指示下，日本政府在占領期間處理這些人的方式，成為戰後日本前殖民地人民未來命運的基調。

戰爭的最後幾個月與日本投降後的最初幾個月，韓國人絡繹不絕地前往本州南部與九州，運用任何可能的方式返回韓國。在這段毫無管制的遷徙時期，韓國人可以攜帶金錢與財產返國。[94]從一九四五年三月到一九四五年十一月底，大約有九十五萬韓國人經由非官方管道返回韓國。[95]

一九四五年底，在幾項因素共同的影響下，使剩餘的七十七萬五千名在日韓國人的遣返步調慢了下來。雖然駐日盟軍總司令部急於擺脫這群在他們眼中「為美國占領軍帶來許多惱人麻煩」[96]與「不受歡迎的額外行政負擔」[97]的人，但總司令部頒布的貨幣禁令與其他限制卻延宕了韓國人從日本返國的速度。總司令部制定了嚴格的檢疫程序，以及韓國人可以帶回國的現金與財產數額的限制。現金限制訂在每人一千日圓加上隨身可攜帶的財物，與戰敗遣返的日本國民受的限制一樣。有些韓國人想到，要拋下在日本的一切，返回韓國之後得從頭開始，於是決定繼續留在日本，至少短時間來說是如此。此外，從韓國傳來的消息顯示，當地的經濟狀況惡化、洪水氾濫、對返國者的態度冷漠，在日韓國人因此對遣返更加興趣缺缺。[98]

駐日盟軍總司令部指示厚生省負責前殖民地人民的遣送工作。根據厚生省的說法，他們為韓國人與其他亞洲國家人民提供了住宿、飲食，其所受到的待遇與日本遣返者相同。[99]就這個意義來看，地方引揚援護局成了帝國從社會層面解體的雙向閥。然而，一名參與者提到，「日本政府在遣返計畫行動裡，屢次違反駐日盟軍總司令部的指示，不僅精神上如此，甚至連白紙黑字的規定也不遵守。總司令部在指令中不斷提到地方引揚援護局與遣返船上令人不滿的狀況，並且要求改正。」[100]他又表示，日本人把補給品保留給返國的日本人，而將返國的韓國人財產沒收充公。日本官員最惡劣的地方在於，他們故意不告訴韓國人遣返時應遵守的法令、規則與選擇，例如資產限制的鬆綁或法律上可以選擇留在日本。[101]戰爭結束後日本境內約有兩百萬名韓國人，到了一九四九年，只有六十萬人留在日本。（遣送者人數見表四）

占領時期前殖民地人民的遣送，與留在日本的前殖民地人民所受到的待遇，是「帝國臣民」在戰後轉變成「第三國人」與「在日外國人」的關鍵因素。從一九一〇年日韓合併到戰爭結束，韓國人一直被歸類為「朝鮮裔日本人」。他們未獲得完整的日本公民權利，但某方面來說卻被視為日本國民。[102]身為帝國臣民，有些居住在宗主國日本的台灣與韓國男性擁有投票權，也擁有參選公職的權利。在戰前，有十一人參選公職，兩人當選。[103]

盟軍官員抵達日本時，他們對每個人進行分類：聯合國成員國人民、中立國人民與敵國人民，但這些分類都未涵蓋在日韓國人。[104]最後，駐日盟軍總司令部把韓國歸類為「特殊地位國家」，但韓國人卻未獲得好處（例如特殊外國人配給），反而要承受在日外國人的一切負擔（例如賦稅）。[105]在這個過程

表四：一九五〇年十二月三十一日，從日本遣送回國的民眾人數

國家	遣送人數	強制遣送人數
韓國人	1,014,541	37,215
中國人	43,736	66
台灣人	24,406	103
大琉球（南西諸島民）	180,016	249
德國人	1,968	0
義大利人	158	0
其他國家	266	0
總數	1,265,091	37,633

資料來源：厚生省援護局，《引揚與援護三十年史》，頁一五二

中，占領當局開始把前殖民地人民稱為「third country nationals」。這個詞翻譯成日文是「第三國人」或「三國人」（字面的意思是指「來自第三國的人」），並且很快就成為日本本土的語彙。一九四五年到一九五二年的日本遣返資料出現了三種分類：日本人（邦人）、外國人與非日本人（有時稱為第三國人）。「外國人與其他」指的是「外國人、被扣留的漁夫、戰後的旅行者、短期的返國者等」。「非日本人」被註解為「韓國人、台灣人與大琉球人」，也就是前日本殖民地人民與沖繩人。[106]「第三國人」成為技術上正確但實際上貶抑前殖民地人民的詞彙。平島敏夫在回憶錄中提到自己曾經負責遣返滿洲民眾回國，他對於一九四七年秋自己在佐世保進行遣返時遇見粗暴而傲慢的「第三國人」大表不滿，他認為

這些人出現在戰後的日本令人無法忍受。[107]無庸置疑，他指的一定是韓國人。與占領官員一樣，日本政府也忙著對前帝國臣民——留在日本的六十萬名韓國人，數千名台灣人與中國人——進行分類。一九四五年十二月，選舉法修法，女性獲得投票權。同時也增修了施行細則，規定合乎戶籍法的人才有選舉權與被選舉權。由於韓國人與台灣人尚未獲准將戶籍從殖民地遷到「內地」，因此絕大多數人未符合戶籍法規定而喪失投票權，只有少數人因為婚姻與收養而獲得日本戶籍，因此擁有投票權。內務大臣崛切善次郎對這項決定提出說明時表示，韓國人與台灣人因為日本接受波茨坦宣言而喪失日本國籍，因此他們擁有投票權是不適切的。技術上來說，直到和約生效之前，他們仍保有日本國籍，因此他們的投票權並未遭到「禁止」，而是遭到「停止」。[108]

前殖民地人民的地位接下來的變化是新法規定外國人必須登錄。一九四七年，在新憲法生效的前一天，日本頒布最後一道敕令，宣布即日起韓國人與台灣人為外國人，必須依法進行外國人登錄。雖然韓國人與台灣人被視為外國人，但一九四八年韓國兒童仍須依規定進入日本學校念書，而且被視為日本國民。[109]

另一項變化發生在一九五二年舊金山和約生效之時。雖然和約未明確說明前殖民地人民國籍的變化，但一九五二年四月十九日，日本法務府仍發布通知，說明前殖民地人民的地位。其中包括四個重點：

（一）韓國人與台灣人，包括在日本本土居住者，喪失日本國籍。

（二）在和約生效前經婚姻或收養取得日本戶籍者，仍保有日本國籍。

（三）在和約生效前已除去日本戶籍者，喪失日本國籍。

（四）韓國人或台灣人與其他外國人一樣，須經由歸化手續取得日本國籍。韓國人或台灣人歸化手續不適用於「過去曾是日本國民」或「已經喪失日本公民身分」之規定。[110] 此時，七年來一直處於「第三國人」或「非日本人」的灰色地帶的前殖民地人民，終於被明確歸類為「外國人」，但這些用來描述他們的編碼語彙仍繼續存在。[111]

結語

如前所述，在殖民時期，本土與殖民地彼此支撐也彼此定義。本土日本人與殖民地日本人也是由地理定義出來的類別，兩者呈現某種緊張關係。隨著殖民地的喪失，維繫本土與殖民地、本土日本人與殖民地日本人這些定義建構物的緊張關係也隨之鬆弛。戰爭結束後的幾年間，用來描述日本本土島嶼的「內地」一詞逐漸失去意義且變得過時——至少在官方論述是如此。重新塑造本土島嶼，使其從帝國的宗主國變成擁有清楚民族疆界的民族國家，這種做法相對直接，不過日本遲遲未能與前殖民地建立新的關係，這使得二十世紀晚期的東亞關係蒙上陰影。

將本土人民與殖民地人民之間的關係，轉變成某種得以合理存在於後帝國時期日本的事物的過程，是更為複雜的。用來維繫這種二元對立的緊張關係，依然持續並取得新的形式。前殖民地日本人成為有用的陪襯，重塑了前本土日本人，使其成為戰後民族國家日本愛好和平的公民。把自己定義成本土日本人，與殖民地人民相對，藉此意謂自己的戰時歲月是在本土度過——這麼做可以容許人們鑽研新的論述，讓戰爭剛結束那段時期的日本人有理由認定，自己是二次世界大戰的犧牲者而非發動者。這些理由包括強調日本人民因為傳統炸彈與原子彈的轟炸而受害，而且是海外的日本領導人與士兵犯下惡行，本土的一般民眾應該受到較小的責難。[112] 把自己定義成本土日本人而非遣返者，可以在自己與帝國計畫之間設下一道緩衝。

至於殖民地日本人，只要他們繼續待在國外，與本土日本人維持適當的緊張關係，他們的同胞就會對他們的福利表達關切。然而，一旦殖民地日本人返回日本，進入地方引揚援護局，他們將拿到一份文件，給予他們「遣返者」這個新官方身分。戰後不久，由於日本不再是帝國，「本土日本人」一詞逐漸失去與殖民地日本人對比的意義，本土日本人於是成為「一般日本人」。返國者則被貼上「遣返者」（引揚者）的標籤，被排除於一般日本人之外。帝國的緊張關係因此以不同的形式取得新的生命，而遭外國經驗汙染的遣返者則在戰後日本的緊張關係中，以新的面目繼續被邊緣化。

---

1 Kuramoto, *Manchurian Legacy*, 118.

2 Benjamin Stora, *Algeria, 1830–2000*, 8.

3 《東北導報》，瀋陽版，第一三一期，一九四六年八月三十日。

4 今井修二，〈紫丁香盛開的五月到來〉，《港》（一九四七年六月），頁二〇—三〇。

5 在回憶錄裡，倉本提到在滿洲大連長大的女孩，部分由於成長於都市的緣故，行為舉止比她在護理學校遇見的本土女孩來得坦率而不退縮。日本本土的女孩指控她「傲慢自大」與「目無尊長」。Kuramoto, *Manchurian Legacy*, 9–10.

6 有些歸國子女，也就是返回日本的駐外日商的子女，他們體驗到這種他者化的過程。

7 藤原貞，《紅潮餘生》，東京：日比谷出版社，一九四九。

8 Jacob M. Schlesinger, *Shadow Shoguns: The Rise and Fall of Japan's Postwar Political Machine*. New York: Simon & Schuster, 1997, 19–20, 27–30.

9 岩崎爾郎，《百年物價社會史》，東京：讀賣新聞社，一九八二，頁一四四。

10 見「關於遣返開拓民再安置問題答辯書」。

11 Sensuke Kawachi, "Sazanka," in *Ukiyo: Stories of Postwar Japan*, ed. Jay Gluck, 195–202. New York: Grosset's Universal Library, 1964, 199. 這段對話如下：「你的遣返病已經好了，不是嗎？」孝介這麼取笑他。「遣返病嗎？我想我沒辦法輕易擺脫這種病，」他露出羞怯的笑容，「不

過我猜這大概是一種精神官能症。」

12 最晚到了一九四五年五月，仍有移民被送往滿洲。Louise Young, *Japan's Total Empire: Manchuria and the Culture of Wartime Imperialism*, 407–8.

13 Eiji Takemae, *Inside GHQ*, 66; 關於美軍抵達的討論，見頁三一八、五三。

14 加藤陽子，〈戰敗者歸來：由中國復員返國與遣返問題的展開〉，頁一一二。這三個組織的全名分別是終戰處理會議（簡稱處理會議）；終戰事務連絡委員會（簡稱連絡會），不過這個組織與同有「連絡」二字的另一個機構終戰連絡中央事務局不同，後者是日本政府與盟軍官員的中介機關；以及終戰事務連絡委員會幹事會（簡稱幹事會）。

15 更多關於最高戰爭指導會議的討論，見 Alvin D. Coox, "The Pacific War," In *The Cambridge History of Japan: Volume 6: The Twentieth Century*, ed. Peter Duus, 315–82. Cambridge, UK: Cambridge University Press, 1988, 369n45。

16 加藤陽子，〈戰敗者歸來：由中國復員返國與遣返問題的展開〉，頁一一〇。

17 「現地定著」政策的另一種解釋，見江藤淳編，《占領史錄》（*Historical records of the Occupation*），東京：講談社，一九八二，第二冊，頁一六八。關於「現地定著」的說法也出現在其他與遣返相關的資料上，如群馬県県民生活部世話課編，《群馬縣復員援護史》，群馬：群馬縣，一九七四，頁一〇九；若槻泰雄，《戰後遣返紀錄》，頁五〇—五二；厚生省援護局，《引揚與援護三十年史》，頁四八。

18 加藤陽子，〈戰敗者歸來：由中國復員返國與遣返問題的展開〉，頁一一四—一一五。

19 "Repatriation of Japanese Nationals," SCAPIN 89, October 2, 1945，見竹前榮治編，《GHQ指令總集成》，第二冊，頁一三八。我使用「SCAP」來表示占領機構，不過在其他資料中，「SCAP」除了表示占領機構外，也可以用來表示麥克阿瑟將軍。

20 "Policies Governing Repatriation of Japanese Nationals in Conquered Territories," SCAPIN 148, October 16, 1945.見竹前榮治編，《GHQ指令總集成》，第二冊，頁二三三—二三四。

21 "Transfer of Custody of Diplomatic and Consular Property and Archives," SCAPIN 189, October 25, 1945; 見竹前榮治編，《GHQ指令總集成》，第二冊，頁二九六—二九七。

22 "Repatriation," SCAPIN 822, March 16, 1946，見竹前榮治編，《GHQ指令總集成》，第四冊，頁一二九三—一三三〇。

23 "Repatriation," SCAPIN 927, May 7, 1946，見竹前榮治編，《GHQ指令總集成》，第四冊，頁一五三七—一六八三。

24 口述歷史訪談，二〇〇〇年五月二十九日。

25 厚生省社會援護局，《援護五十年史》，頁一四四。

26 厚生省援護局，《引揚與援護三十年史》，頁一九。

27 厚生省社會援護局，《援護五十年史》，頁一四四—一四六。

28 厚生省社會援護局，《援護五十年史》，頁一四五。

29 關於軍人年金歷史，見木村卓滋，〈戰傷病者戰歿者遺族等援護法之制定與軍人年金的恢復：以對退伍軍人團體的影響為中心〉，《人民的歷史學》（一九九七），頁一—一〇。關於「戰歿者遺族」與年金恢復的討論，見Seraphim, *War Memory and Social Politics in Japan*, 60–85。

30 厚生省社會援護局，《援護五十年史》，頁六九八—七〇〇。

31 飯山達雄，一位關切一九四六年從滿洲遣返的日本孤兒的攝影師，在一九八六年一篇雜誌文章中描述平民對軍方的憎恨，這種情緒從文章標題可見一斑，〈殘留在中國的孤兒中，沒有任何人是關東軍的親人〉。飯山達雄，〈為戰敗與遣返慟哭〉，《遙遠中國大陸寫真集》，第三冊，東京：國書刊行會，一九七九，頁八八—九二。

32 厚生省出版了五冊遣返史，本書對各冊均有引用：引揚援護廳，《引揚援護紀錄》，東京：厚生省（一九五〇）；厚生省引揚援護廳，《引揚援護紀錄（續）》，東京：厚生省（一九五五）；厚生省引揚援護廳，《引揚援護紀錄（三）》，東京：厚生省（一九六三）；厚生省援護局，《引揚與援護三十年史》（一九七七）；厚生省社會援護局，《援護五十年史》（一九九七）。重要的地方史包括：博多引揚援護局（厚生省引揚援護院），《局史》，福岡：博多引揚援護局（一九四七年八月）；佐世保引揚援護局情報課，《佐世保引揚援護局史》，佐世保引揚援護局，第一—二冊（一九四九）；舞鶴地方引揚援護局，《舞鶴地方引揚援護局史》，東京：厚生省引揚援護局（一九六一）；厚生省仙崎引揚援護局，《仙崎引揚援護局史》，仙崎：厚生省仙崎引揚援護局（一九四六）。地方史可參考加藤編，《海外引揚關係史料集成》，這是一系列與遣返相關的文獻資料。

33 "Medical and Sanitary Procedures," SCAPIN 822, Annex V, March 16, 1946. 見竹前榮治編，《GHQ指令總集成》，第四冊，頁一三〇九—一三一二；引述內容在頁一三〇九。一九四五年十月二十日公布的一份早期的衛生程序備忘錄提出類似的指示，不過當中未提到DDT。"Medical and Sanitary Procedures for Debarkation and Port Sanitation in Repatriation," SCAPIN 67, October 20, 1945. 見竹前榮治編，《GHQ指令總集成》，第二冊，頁二五三—二五六。

34 "Medical and Sanitary Procedures," SCAPIN 822, Annex V, March 16, 1946. 見竹前榮治編，《GHQ指令總集成》，第四冊，頁一三一一。

35 引揚援護廳，《引揚援護紀錄》（*A record of repatriation and aid*），東京：厚生省，一九五〇，頁一四。

36 Takemae, *Inside GHQ*, 410. 更多關於DDT對戰後日本的衝擊，見 Igarashi, *Bodies of Memory: Narratives of War in Postwar Japanese Culture, 1945–1970*. Princeton, NJ: Princeton University Press, 2000.

37 United States Air Force. *Japanese Repatriates*, Ōtake (film footage). RG 342, Frames 11026–28, April 1946.

38 這段關於遣返者處理工作的描述，是根據引揚援護廳的舞鶴與宇品引揚援護局的紀錄，《引揚援護紀錄》，頁三五—四二。

39 引揚援護廳，《引揚援護紀錄》，頁三八。

40 東京都，《返國的各位，歡迎回家》，東京，一九五三。

41 引揚援護廳，《引揚援護紀錄》，頁四一。

42 同前註，頁三五。

43 同前註，頁四〇。

44 同前註，頁五二。

45 遠藤由美，〈J.M.尼爾遜與遣返者教育事業的展開及其特質〉（J.M. Nelson and the development and particularities of repatriate education），《月刊社會教育》三十一，第一期（一九八七）：六八—七七。

46 舞鶴地方引揚援護局，《舞鶴地方引揚援護局史》，xxx。

47 沢地久枝，《另一個滿洲》，頁二四—二七。

48 Kuramoto, *Manchurian Legacy*, 114.

49 番場恒夫，〈馬來半島遣返報告書〉，一九四五，收錄於加藤聖文編，《海外引揚關係史料集成》，頁一四。

50 另一個說明政府區別「遣返者」與「一般國民」的例子是一九四六年四月頒定的協助返國者返鄉計畫。第九條規定，「除了教育、撫慰與鼓勵遣返者，我們也將提出增進一般國民對遣返者認識的政策。」見厚生省社會援護局，《援護五十年史》，頁四九二。

51 〈我被遣返了，但……〉，《真相》（一九五〇年一月），頁五六。

52 岩崎爾郎，《百年物價社會史》，頁一四四。

53 週刊朝日編，《物價史年表：明治、大正與昭和》，東京：朝日新聞社，一九八八，頁六二。

54 〈快想出除蚤的對策〉，《朝日新聞》，一九四六年十一月二十六日。

55 〈報導文學：我被遣返了，但……〉，《日本週報》，頁八—一三。

56 小說《人間失格》於一九五八年由Donald Keene翻譯為*No Longer Human*，最初在《展望》雜誌分兩期刊出，時間就在一九四八年六月太宰治自殺前後。太宰治，《斜陽．人間失格》（*The Setting Sun*and *No Longer Human*），東京：新潮現代文學，一九七九，頁三九〇。

57 〈報導文學：我被遣返了，但……〉，《日本週報》，頁一三。

58 〈社論：積極處理引揚者問題〉，《朝日新聞》，一九四八年七月二十八日。
59 〈連配給也無法領取：引揚者遭受冷遇，「冬2」〉，《朝日新聞》，一九四八年十月三十日。
60 《互助會報》與《島根縣外地引揚民報》是地方上的時事通訊；《紺碧》是首爾帝國大學的校友雜誌；而《引揚者之聲》被盟軍檢查人員歸類為既不偏左也不偏右，而是「單純的激進」，這個刊物由個人出版。
61 《戰爭犧牲者》的兩期分別發行於一九四六年六月與八月。
62 《恩賜財團援護會報》在一九四五年到一九四九年間發行（一九四九年後可能也有出刊）。全連（引揚者團體全國連合會）據說從一九四六年起曾出版一份名叫《新建設》的時事通訊，而從一九五六年起則發行另一份刊物《引揚全連通信》。
63 "Newspaper Report,"《引揚同胞新聞》，一九四八—一九四九。
64 Dower, *Embracing Defeat*, especially "Censored Democracy: Policing the New Taboos," 405–40.
65 Marlene Mayo, "The War of Words Continues: American Radio Guidance in Occupied Japan." In *The Occupation of Japan: Arts and Culture*, ed. Thomas W. Burkman, 45–83. Norfolk, VA: General Douglas MacArthur Foundation, 1988, 52.
66 民間檢閱支隊保留了通過檢查的絕大多數書籍、雜誌、報紙與其他出版品，包括一九四五年與一九四六年出版的絕大多數作品。這些作品於一九五〇年運往馬里蘭大學，成為現在的戈登・普蘭格文庫。
67 Eizaburō Okuizumi, ed. *User's Guide to the Microfilm Edition of Censored Periodicals: Microfilm Edition of Censored Periodicals, 1945–1949*, Tokyo: Yūshōdōshoten, 1982, 512–25.
68 William J. Coughlin, *Conquered Press: The MacArthur Era in Japanese Journalism*. Palo Alto, CA: Pacific Books, 1952, 30.
69 Dower, *Embracing Defeat*, 411; 古川純，〈研究資料〉，頁一三六—一三七。
70 出版規範見 Coughlin, *Conquered Press*, 149–50.
71 Dower, *Embracing Defeat*, 410.
72 木本至，《讀雜誌了解戰後史》，東京：新潮選書，一九八五，頁四〇。
73 古川純，〈研究資料〉，頁一五〇—一五三。
74 舞鶴地方引揚援護局，《舞鶴地方引揚援護局史》，頁二七二—二七六。
75 《戰爭犧牲者》，一九四六年八月。
76 《同胞更生新聞》。兩期發行於一九四六年十一月與十二月。
77 見德田恒夫，〈海外引揚者的控訴〉，《民衆的旗》（一九四六年十一月）：三八—四一。

78 《勵志新聞》，一九四七年十一月十九日。

79 四十八歲的川口顯然充分利用了惡劣的局勢。從共產黨控制的滿洲遣返日本的這段期間，他在前往博多的旅途上與其他遣返者建立了聯繫網絡。他與其他遣送者約定，要致力讓遣返者重返社會，並且重建嶄新而和平的日本。返抵日本之後，遣返者紛紛返回自己的故鄉，為川口成立的海外引揚者自助團體建立全國性的網絡。

80 《互助會報》，一九四六年四月一日，頁二。

81 〈對內地現狀的不滿——愛、確信與期望〉，《朝日新聞》，一九四七年三月十九日。

82 《引揚民報》，一九四七年四月一日。

83 《戰災者時報》，小樽；《引揚同胞》，鹿兒島。

84 《引揚民報》，一九四六年十月十日，頁二。

85 《引揚同胞》，一九四六年九月十六日。

86 山田誠二，〈遣送用語〉，《國際人》，一九四七年九月十日。

87 河原巖，〈真誠提攜〉，《國際人》，一九四七年九月十日。

88 《島根縣外地引揚民報》，一九四七年六月一日，頁二。

89 《港》，第二冊第二號，一九四七年二月。從這期開始出現副標題〈大陸人文化雜誌〉。

90 《海外引揚新聞》，一九四六年九月八日。

91 《引揚同胞新聞》第四十六期，一九四八年十二月二十二日，頁二；第五十一期，一九四九年五月五日，頁一；第五十五期，一九四九年九月五日，頁二。

92 《引揚同胞》（鹿兒島），一九四六年九月十六日。

93 戰爭結束時日本境內的韓國人、中國人、其他亞洲國家民眾與沖繩人的數量估計差異很大。厚生省估計，一九四四年年底，在日韓國人的數量是一九三萬六八四三人，但這也許不包括戰爭最後一年運送到日本進行強制勞動的數萬名韓國人。厚生省引揚援護局，《引揚援護紀錄（三）》，頁271。愛德華．華格納（Edward Wagner）引用美軍數據，估計一九四五年三月時，在日韓國人有二百四十萬人，但有四十萬人在戰爭結束前離開日本，因此到了一九四五年八月，在日韓國人大約是二百萬人（Edward D. Wagner, *The Korean Minority in Japan, 1904–1950*. New York: Institute of Pacific Relations, 1951, 96）。小代有希子同意這個數字（Yukiko Koshiro, *Trans-Pacific Racismsand the U.S. Occupation of Japan*. New York: Columbia University Press, 1999, 113）。竹前榮治認為戰敗時在日韓國人的數量是二百四十萬人。他也提出二〇〇〇年日本外務省的數據，一九四五年十月，估計日本有二一一六萬名韓國人

（Takemae, *Inside GHQ*, 447）。厚生省對戰爭結束時在日韓國人數量的估計相當低，只有一五六萬一三五八人，但這個數字是以戰爭結束到一九四六年二月十八日官方遣送的韓國人數量，加上一九四六年二月十八日針對已登記準備遣送的韓國人數量得到的結果。換言之，這個數字不包括經由非官方管道返國的韓國人以及二月十八日調查時漏未登記的韓國人（厚生省援護局，《引揚與援護三十年史》，頁一五一）。為了討論方便，我使用的數字是戰爭結束時在日韓國人有二百萬人，其中六十萬人決定永久居留日本。一些二手史料認為戰爭結束時在日的中國人與台灣人有三萬人。厚生省的紀錄顯示這個數字太少。根據厚生省的數據，同樣是官方遣送人數加上二月十八日調查的人數，戰爭結束時，中國大陸人有五萬六〇五一人，台灣人有三萬四三六八人（厚生省引揚援護局，《引揚援護紀錄（三）》）。當中有數千人未接受遣送。到一九四六年二月十八日為止，估計的遣送人數如下：韓國人，九十一萬四三五二人；中國人，四萬一一一〇人；台灣人，一萬八四六二人；大琉球人（南西諸島民），一萬三六七五人。厚生省援護局，《引揚與援護三十年史》，頁一五一—一五二。

94 Wagner, *The Korean Minority in Japan*, 41–46.

95 Ibid.

96 這段話出自 Edwin O. Reischauer, "Foreword" in Wagner, *The Korean Minority in Japan*, i.（對於 Reischauer〈前言〉的深入分析，見 T. Fujitani, "The Reischauer Memo: Mr. Moto, Hirohito, and Japanese American Soldiers." *Critical Asian Studies* 33, no. 3 (2001): 379–402."）這段話頗具啟發性，我把相關的段落引用如下：「戰後日本的韓國人為美國占領軍帶來許多惱人麻煩，他們在日本是一群無法同化的少數族群，這是個無解的難題，日後就算不會在日韓兩國政府之間，也必將在日本與韓國人民之間引發憤恨與痛苦……在此同時，在日韓國人將使日本人對在日美國團體感到憤怒，使在日美國團體陷入困窘，而同樣的狀況也會延燒到駐韓的聯合國部隊上。

97 Wagner, *The Koran Minority in Japan*, 2.

98 Ibid., 43–46.

99 厚生省援護局，《引揚與援護三十年史》，頁一四九—一六八。

100 Wagner, *The Korean Minority in Japan*, 49.

101 Ibid., 60.

102 Wagner, *The Korean Minority in Japan*, 9.

103 田中宏，〈在日外國人：法律高牆與心理鴻溝〉，東京：岩波新書，一九九五，頁六三—六四。

104 Wagner, *The Korean Minority in Japan*, 58; "Definition of 'United Nations,' 'Neutral Nations,' and 'Enemy Nations.' " SCAPIN 217, October 31, 1945. 見竹前榮治編，《GHQ指令總集成》，第二冊頁三三一—三三三。

105 Wagner, *The Korean Minority in Japan*, 58; "Rations for United Nations' Nationals, Neutral Nationals and Stateless Persons." SCAPIN 1094, July 30, 1946. 見竹前榮治編，《GHQ指令總集成》，第五冊，頁二一五三—二一五四；"Definition of United, Neutral, Enemy, Special Status and Undetermined Status Nations." SCAPIN 1912, June 21, 1948 (later rescinded by SCAPIN 1951 and 2136). 見竹前榮治編，《GHQ指令總集成》，第十三冊，頁六一二八—六一二九。

106 舞鶴地方引揚援護局，《舞鶴地方引揚援護局史》，頁五四一；「第三國人」的討論見Wagner, *The Korean Minority in Japan*, 61.

107 平島敏夫，《從天堂到地獄：滿洲國終結與百萬同胞遣返實錄》，頁二八八。

108 田中宏，〈在日外國人：法律高牆與心理鴻溝〉，頁六四—六五。

109 同前註，頁六六。

110 同前註，頁六六—六七。

111 在《出走到北韓》（*Exodus to North Korea*）中，莫里斯—鈴木（Morris-Suzuki）提供了在日韓國人如何從帝國臣民轉變成外國人的概觀，然後他繼續說明在日韓國人的外國人地位如何使他們深受一九五〇年代晚期遷徙到朝鮮民主主義人民共和國（北韓）的計畫所影響，總計將近十萬名朝鮮裔日本人遷往北韓。TessaMorris-Suzuki, *Exodus to North Korea: Shadows from Japan's Cold War*, Lanham, MD: Rowman and Littlefield, 2007.

112 Dower, *Embracing Defeat*, 486–96.

第三章 「日本種族的未來」與「好辯者」

滿洲歸來的女性與西伯利亞歸來的男性

在羽仁進一九六三年的電影《她與他》中，主角直子幼年時從滿洲遣返回國，她與「一般人」英一結婚後住在中產階級社區裡，兩人感情並不融洽。[1]直子與鄰居不同的地方不在於階級或種族，而在於她是滿洲遣返者，即使她返國時還只是個孩子。雖然遣返者的過去並非夫妻失和的主因，但導演賦予直子滿洲遣返者的身分，已足以構成她與其他角色的差異。在山崎豐子一九七六年的小說《不毛地帶》中，一對夫婦出於善意，想為從滿洲遣返的女子與曾拘留在蘇聯的退伍軍人撮合婚事。[2]這對媒人猜想，遣返者與拘留者的戰後滿洲經驗很可能讓兩人情投意合。其理由的可能解釋是，適合滿洲歸來的女性遣返者的對象，也應該要有遣返經驗，或許曾拘留在西伯利亞的人是恰當人選。在一般人的想像中，為什麼會認為遣返者彼此是最適合的對象，而非一般日本人？檢視了產生這些人的歷史環境，及隨後對女性滿洲遣返者與蘇聯拘留者的表示方式——兩者都被稱為「引揚者」——便可進一步闡明戰後過渡時期「引揚者」的用途與意義。

如第二章討論的，戰後之初，本土日本人與返國者共同製造了「引揚者」這個分類。對許多遣返者，特別是想要且有能力擺脫這個標籤的遣返者來說，「引揚者」從未隨時間生根，但也未因此消褪。戰後滿洲的女性與拘留在蘇聯的男性面臨特別艱困的處境，並引起國內關注。身為有用的陪襯，他們讓自己蒙上難以洗刷的汙名。這個汙名化的過程不斷受到強調與鞏固，首先是官方論述，然後是報章雜誌，最後出現在小說、電影與社會批評裡，這種情況一直持續到二十一世紀。本章將說明「引揚者」一詞如何取得（通常是產生）多層次的意義，而且這些意義具體而微地反映了戰後焦慮，並且顯示這個詞彙如何隨時間產生變遷，從最初做為重新詮釋帝國終結的工具，然後成為對共產主義焦慮的避雷針。

「為了日本種族的未來」：從滿洲歸來的女性遣返者

在日本，遣返者最深入人心的形象是從滿洲歸來、衣衫襤褸的女性，有時後面還拖著孩子，背上揹著帆布包。遣返者形象的早期表現方式，如本書封面所示，是一九四五年藝術家山名文夫為資生堂公司製作的遣返者救濟海報，鼓勵民眾捐贈衣物給遣返者，特別是婦女與孩子，如海報顯示的，她們是受害最深的一群。（「引揚者」特別明顯，出現在海報正中央，以粗體字表示。）赤塚不二夫的卡通則是另一種表現方式。[3]赤塚的畫出版於一九九〇年代，畫中他的母親揹著帆布包，抿著嘴露出堅毅的神情，帶著四個小孩前往奉天等待遣返。[4]雖然這個描述反映出遣返者的形象隨著時代變遷而不斷增益，但戰後初期女性遣返者形象的表現手法，包括本書封面的海報，依然清晰可見。

1945 年，山名文夫為資生堂公司繪製的遣返者救濟海報。
海報文字說明：「捐贈衣物給貧困的遣返者。婦女與孩子急需。」
（資生堂企業資料館提供）

四格漫畫《海螺小姐》（Sazae，經常拿來與美國漫畫《白朗黛》（Blondie）相比，《海螺小姐》或許是受到《白朗黛》的啟發）有幾則提到遣返，其中一則提供了滿洲女性的形象，但稍微做了扭曲。一九四六年夏，在福岡報紙《夕刊福日》刊載了一則漫畫，主角海螺小姐擔任接待員站在桌子後面，桌子前貼了一張告示，上面寫著「滿洲遣返者接待中心」（滿洲引揚接待係），負責接待滿洲遣返者家庭並且提供茶水。[5]父親穿著破爛的軍服，打著領帶。母親穿著絕大多數戰時婦女穿的衣服，簡單的褲子（monpei）與日式短衫。她的沉重背包與身旁帶著的孩子，清楚顯示她是滿洲遣返者。這裡引人發笑的地方在於，父母的穿著調換過來——打領帶的其實是母親。「因為危險」，所以她理了光頭，穿著像個男子。也就是說，她試圖改變裝扮，讓別人看不出她是女人以避免性侵害。父親穿上女人的衣服，因為他沒有其他衣服可穿。讀者必須熟悉戰後日本的遣返者形象，看到漫畫才能會心一笑。在另一則漫畫中，海螺小姐拿玩具與衣物給一名從滿洲遣返的女性，這些都是要送給她的孩子，但她發現這些「孩子」其實是中年男子，他們無所事事，與一堆物品擠在狹窄的房間裡。[6]這些描繪顯示本土日本人對遣返者的看法：遣返者不一定符合日本本土的社會規範，特別是在性別與生命週期上。滿洲女性遣返者的身影總是浮現在滿洲遣返者的經驗，與伴隨這些經驗所產生的故事之間。

戰前與戰時本土日本人對海外日本女性的看法，造成戰後他們對滿洲歸來的女性抱持著曖昧態度。他們對海外日本女性，特別是對前往日本官方在海外管轄地區以外的地方的女性心存懷疑，已有很長的歷史。最早前往海外的女性，當中有些人是「唐行小姐」（からゆきさん，karayuki-san），也就是二十世紀上半葉前往亞洲與亞太地區賣淫的女性。與軍隊一起前往海外的護士，也被懷疑她們已經不合乎國內的貞潔標準。殖民地出現許多妓院，裡面有日本人也有當地婦女，賣淫在當地就和日本本土一樣是合法的。[7]日本商人與女性到殖民地的旅館、飯館和旅舍住宿，而這些地方有時也兼作賣淫生意。本土民眾不難將海外女性，尤其滿洲女性，與性行為放蕩聯想在一起，因為這些地方的社會規範比本土寬鬆許多。

蘇聯入侵與占領東北亞，為日本國民帶來了暴力的環境。一九四五年八月八日，蘇聯對日本宣戰，午夜剛過，蘇聯軍隊對接鄰的日本領土發動攻擊。在某些地區，關東軍與蘇聯軍隊交戰，但絕大部分的關東軍卻不戰而潰。軍方已經預先將軍事人員及其家屬撤離長春、瀋陽與其他城市。滿洲國政府與半官方性質公司的僱員，有些也提前撤離，但鄉間的日本民眾與城裡絕大多數的日本平民全遭遺棄。[8]開拓民指出，關東軍撤退時摧毀了橋梁與其他運輸設施，使得民眾更難抵達安全的處所。[9]滿洲各地的民眾，特別是屯墾地的民眾，完全暴露在蘇聯的攻擊之下。

在滿洲的日本開拓移民最後幾日的故事，是由一連串惡夢拼貼而成的——結合了逃亡、饑餓、恐怖、疾病與死亡。尖山更科鄉開拓地居民（第一章已討論）的描述使他們的故事成為眾人的焦點。塚田淺江在一九四一年前往滿洲擔任小學老師，她致力於保存開拓地結束的歷史。[10]一九四四年，日軍只向村子徵召幾名男子，但到了一九四五年夏天，日軍卻違背他們前來滿洲時對他們的承諾，幾乎將所有身體健全的男子徵召入伍，到了戰爭結束時，往蘇聯領土突出、對外孤立的尖山區僅剩四〇七名婦女、孩子與老人（見頁三十七，地圖一）。[11]

一九四五年八月九日，在關東軍下達最後撤離命令之後，村民動身前往鄰近的寶清鎮。他們以為日軍會在那裡保護他們，結果除了生病與受傷的士兵，其餘日軍早已撤離。尖山的開拓民流浪數日之後，加入其他日本民眾的逃亡行列。接近八月底時，殘餘的村民、脫隊的滿蒙開拓青少年義勇軍以及其他四散的日本民眾，集合起來將近千人，一群人暫時落腳於已遭遺棄的澤渡農業開拓地。他們迷失方向，沒有食物或飲水，很容易成為報復的對象。各團體領袖聚集商議行動方針，但無法達成共識。

八月二十七日，蘇聯軍隊進攻開拓地。有些團體決定自殺——大人殺死小孩然後自殺。根據塚田的說法，尖山村民決定一戰，絕大多數人，包括十二歲以上的孩子，都拿起棍棒與石頭向蘇聯軍隊衝鋒。其他人包括老師崛田淺江，則服毒自盡。蘇聯軍隊發動反擊，尖山村民來到澤渡的有三百八十七人，其中三百三十七人死亡。

塚田失去意識，隨後被倖存的學生救醒。一枚蘇聯手榴彈把她的一隻眼睛炸瞎了，她的一隻耳朵也喪失聽力。婦女和孩子向中國村民乞食，然後一路前進，在一九四五年九月一日抵達伯力。在那裡，塚田用她僅存的一隻眼睛，在日本投降十五天後，首次看到傳單上寫著日本投降的消息。[12]婦女與孩子從一個營區遷移到另一個營區。在其中一個營區，塚田與來自她的開拓地的二十名孩子再次團聚，他們從八月底的戰鬥中奇蹟似地存活下來。此時，從尖山逃出的最初的四百零七人中，有六十七人仍然活著。

這些難民被安排住進中國農民家中，在此度過一九四五年到一九四六年的冬天。有些人因病或因傷而死，少數人表示遭到寄宿的中國家庭毒打，有些人因此自殺。塚田則表示，她受到的待遇與家中其他人相同，獲得食物的品質與數量也與家中其他人相同。

一九四六年四月，遣返的傳聞傳到了伯力。熬過冬季的四十八名尖山村村民被送入遣返營，整個營有五百人。三名日本孤兒仍留在中國人家中。遣返營從伯力遷移到哈爾濱等候指示，並且將營區設在一所前日本學校裡，這所花園國民學校，現已成為中華人民共和國的軍事訓練場所。難民在五月時尚能維持良好的健康狀況，但在蘇聯人關押下因為疾病、饑餓或營養不良，開始有人死亡。到了八月底準備遣返時，忍受煎熬抵達哈爾濱的四十八名尖山村村民，只剩七名小孩與一個大人（即塚田）。在這些人當中，一名孩子病了，其他兩名孩子留在當地。一九四六年八月二十三日，塚田與四名七歲的女孩隨遣返營離開哈爾濱。一名孩子死在途中；第二個孩子林部理繪則是在船隻因進行霍亂檢疫停泊在日本外海時去世。塚田與其他兩個孩子於九月抵達博多。[13] 澤渡戰役之前與團體分離的其他十九人最後都成功返回日本，戰後初期澤渡的六十七名倖存者只有三名成功返國。

開拓民暴露在最慘烈的蘇聯暴力與其他艱困的情況下，但滿洲的日本城市居民面對的苦難也同樣艱困。當時的資料讓我們看到住在瀋陽與長春這些大城市的日本居民所面臨的難題。這些大城市充當難民處理中心，並且在遣送過程中做為重要的運輸樞紐。一九四六年春，蔣介石的國民黨政府取代撤離的蘇聯軍隊，成為滿洲絕大多數城市的統治當局。國民黨政府與中國境內的美軍合作，倚重日本民間團體的協助，設立了日僑俘管理所，開始將剩餘的一百萬日本平民遣送回國。[14] 國民黨政府贊助發行的日文報紙《東北導報》，除了為國民黨宣傳，另一方面也為日本人社群提供遣送資訊。這份報紙的名稱是個雙關語：在日語中，「導報」與「同胞」同音，而「同胞」一詞經常用來形容海外的日本國民。因此從發音來看，《東北導報》其實指的就是「東北同胞」。[15]《東北導報》由前《滿洲日日新聞》與其他殖民地日文報紙的日本記者撰稿，在瀋陽是一九四六年五月出刊，直到一九四七年九月為止，長春則是從一九四六年七月出刊，直到一九四七年四月為止。[16] 每一期是小報形式的單張雙面報紙，但這份日報卻生動地呈現戰後滿洲日本人失根的生活與前日本城市轉變成中國城市的過程。

證明並保持一個人的國民身分、讓家人不致離散、及日本人社群的崩解，這是滿洲日本人面臨的三個問題。戰後滿洲最引人矚目的人物是「無國籍者」（無籍者）。日本統治滿洲期間，「無國籍者」通常指的是來自前革命時期俄國的難民，但在日本政府喪失統治力之後，「無國籍者」愈來愈常用來指日本人。在某些狀況下，「無國籍者」只用來指稱喪失日本國籍的外國人組織；而在另一些狀況下，嫁給外國人的日本女性，戶籍遭到移除，因此喪失了日本公民身分。這種狀況使這些人更難返回日本。《東北導報》長春版的地方新聞欄廣泛報導了戰後長春這種「無國籍者」的現象。

從（一九四六年）九月四日到七日，日本人遣送諮詢處收到二百八十三名「無國籍者」（無籍者）申請進入遣送團體。其中六成原本住在舊城區，卻漏未登記；兩成在中國餐館與酒館工作；一成原本在遣送團體裡，卻因為生病遭到排除而成為無國籍者；百分之五是嫁給中國人而離開長春的女性；百分之三沒有錢參加遣送而留在當地；百分之二，信不信由你，這當中包括在遣送前到處向認識的人道別而錯過火車的人。[17]

這篇報導顯示在前滿洲國首都有各種日本居民，他們因為各種原因無法參與遣返。日本人社群似乎毫不懷疑這些「無國籍者」就是日本人。儘管如此，這些人未能登記參與遣返，因此無法取得必要文件，以致喪失了官方身分。

報導顯示還有另一種狀況可能讓人喪失國籍：與遣送團體失散。就算沒有文件，在絕大多數的狀況下，日本人還是可能登記參與遣送，然而一旦被分派到某個遣送部隊（部隊，一種以軍事用語描述單位的做法），這就成為獲得官方身分的主要途徑。證明自己是日本人是取得返鄉車票的必要條件，一旦成為遣送團體的一員，與遣送團體失散就表示喪失身分。一則關於這類不幸之人的報導刊登在《東北導報》瀋陽版的地方新聞欄：

（一九四六年九月）本月十二日，我們送走九列火車共計一萬五千人之後，遣送文書作業也處理完畢，此時一名奇怪的男子現身，他四處張望，似乎在找什麼東西。問他「有什麼事？」他回答說，「我應該搭的火車不在這裡。」他出去找東西吃，而就在他離開時，火車已經開走了。他不知道自己屬於哪個遣送部隊，只知道他來自通化方向。更糟的是，他的兩個孩子已經上了火車。[18]

這名男子同時失去了身分與孩子。之後，人們探討戰後滿洲日本人的存在危機，但與此同時，能證明一個人的國民身分其實是更迫切的問題。

另一種狀況，作家澤地久枝回憶自己十四歲時逃難，從長春經瀋陽前往錦州，途中她看見一些與遣送團體失散的例子。

一九四六年八月，我們家從戰敗後就淪為難民。我們從吉林一路南下，最後抵達一處難民營，這個地方名叫「錦縣」。我們搭乘貨運列車，但車廂兩側沒有圍欄，我們與車輪之間只隔著一道木板。途中，有個孩子掉出車外。遣返列車倒退尋找這個孩子。孩子沒事。之後，一名站在車廂連接處的年輕人摔了出去，他們卻決定不管他。[19]

有時為了與分派的遣送團體一起出發，家中必須做好放棄某個家庭成員的打算，如《東北導報》兩則民眾刊登的啟事顯示的：

協尋孩子：

橋本孝太郎（哥哥，十一歲）

橋本睦美（妹妹，九歲）

兄妹兩人可能走失了。他們本月三日（啟事刊登於一九四六年六月十一日）離開家門，之後就沒有他們的消息。我們出發的日子快到了。如果有這兩個孩子的消息，請與我們聯絡。

鐵西區雲谷十五號，滿洲漆器公司

員工宿舍

橋本道繼（父親）[20]

妙子：我出發了，我把東西留在劉先生家。——俊夫。[21]

一九四六年十月十日，瀋陽版《東北導報》發布全版告示，警告所有留在當地的日本人盡快登記遣返，否則將永遠失去返回日本的機會。[22] 這些證據與中國殘留孤兒的片段記憶吻合。一九八〇年，一名婦女回憶她的父母把她與財產交給一名中國鄰居後就走了。此後她再也沒見到她的父母。[23]

《東北導報》提供了一些證據，顯示日本人社群內部的衝突。一則關於錦縣難民營的新故事提到一個營是富有的遣送者居住，他們用額外的錢買啤酒喝，還能聽爵士樂唱片，相較之下另一個營的遣送者一日兩餐，而且吃的是高粱。[24] 負責監督遣返的盟軍把日本人當成單一的群體，但這篇報導顯示滿洲殖民地的階級分化仍持續反映在遣返過程中。

我們不清楚在長春、瀋陽、錦州與葫蘆島有多少日本人讀過《東北導報》。有紀錄片提到《東北導報》在難民營裡流通。[25]《東北導報》是極少數提供遣送資訊與日本國內狀況的日文消息來源，據說能拿到報紙的人總會逐字仔細閱讀。少數幾篇報導顯示，從滿洲返國的人早已在日本有著壞名聲，現在回到他們過去曾經居住的「故土」，顯然將會遭遇意想不到的問題。其中一篇提到遣返船的工作人員說起在京都發生的一件事。有個京都人看到遣返者大排長龍想返回日本，於是說道：「愈來愈多可能身懷武器的盜匪回來了。」對這些評論進行調查之後，傳到市長耳裡，說這句話的人只能道歉了事。[26]另一篇報導警告未來的返國者，抵達日本之後，幾乎所有人都必須到露天攤販工作——也就是黑市——才能夠生存下去。[27]還有一篇報導提到遣返者的住房計畫被形容成「罪犯的巢穴」。[28]早在遣送者被遣返之前，這些報導就已刊登在滿洲的報紙上。在感受到身為滿洲日本人地位的變化之後，報導也預示了他們即將經歷另一場變化：本土日本人如何看待滿洲遣返者。

大連出生的倉本和子在回憶錄裡清楚提到家人在普蘭店遭到羞辱的事，她的父親在當地擔任官員，戰爭結束時村子被中國共產黨游擊隊控制，他們眼睜睜看著青少年義勇軍的成員遭中國人屠殺。[29]倉本的敘述顯示，在擁有資產與知識的狀況下，她的家人在戰後大連過著相對安全且舒適的日子，與其他移民相較時尤其是如此。然而，倉本也提到因為害怕蘇聯人的攻擊而不敢四處走動，而且傳聞大連醫院為遭到性侵害而懷孕的女性進行墮胎手術。[30]

藤原てい、五木寬之與其他作家描述了家人在戰後滿洲與北韓（也被蘇聯占領）遭遇的困境。藤原提到八月初從滿洲撤離，帶著六歲、三歲與一個月大的孩子。他們越過邊界進入北韓，然後住在難民營裡，當蘇聯占領當地時，他們面臨了問題。[31]二〇〇三年，多產的著名隨筆作家五木寬之出版了回憶家人於戰後在平壤遭遇困難的作品，當時他的父親在當地擔任教師。當蘇聯人來到學校員工宿舍的家時，他的父親正在洗澡。她的母親六個月前生孩子，正生病躺在鋪在地板上的布團裡。士兵衝進來，抓住全身赤裸的父親與十三歲的五木，用槍抵著將他們按在牆上。然後一名士兵走到他的母親身旁。他拉開棉被，扯開她的和服。他一邊笑著，一邊用靴子踩住母親的胸口。此時，鮮血開始從她的口中湧出。五木不知道流血是因為她的病，還是因為她朝自己嘴裡咬了一口。士兵發現她生病了。他們抓住布團的兩端，彷彿她是一包水泥，然後從玄關將她丟進院子裡。蘇聯人將家裡搶掠一空然後離開，五木與父親將母親抬回屋內。幾天後，蘇聯人過來徵用他們的房子，把全家人趕到街上。幾天後，一九四五年九月二十日，她的母親就過世了。[32]

在這些回憶作品中，作家未直接提及蘇聯士兵強姦日本女人的事，不過五木提到，要不是他的母親生病吐血，恐怕將發生「更可怕的事」。[33]其他作品的描述則較為直接。蘇聯人對日本女性施加性暴力最嚴重的時期是蘇聯宣戰後前幾個星期，士兵被形容成一群無法無天的「囚犯軍隊」，在混亂中恣意強姦。只需舉一份報告為例，根據《滿蒙終戰史》的說法，一九四五年八月二十二日，蘇聯軍隊占領吉林省敦化日滿造紙工廠。三百名以上的蘇聯士兵把所有日本男性趕出公司宿舍，扣留剩餘的一百七十名日本女性與她們的孩子，然後利用這些女性來發洩性欲。其他資料與當時的報導都強調首批蘇軍抵達亞洲時的殘暴不仁。[34]直到蘇聯軍方建立占領機構之後，性暴力才逐漸平息下來，但在蘇聯占領期間，女性依然很容易受到侵害。有些婦女想出各種辦法保護自己與自己的子女。有個特別鮮明的例子，出自史家葛雷格．古爾徹（Greg Guelcher）對桐原貞子進行的訪談。桐原是農業開拓民，戰爭結束時有孕在身，她最後來到中國國民黨政府的難民營，但蘇聯士兵夜裡會來這裡搜捕日本婦女。當一名中國男子向她求婚時，桐原猜想對自己與肚子裡未出生的孩子來說，與中國家庭同住會比在難民營裡更有機會生存，於是她嫁給這名男子。[35]山本德子回憶她在戰後大連找了一份舞女工作，與中國人和韓國人跳舞賺取小費，一方面為了生存，另一方面也為了存錢將襁褓中的女兒從中國人寄養家庭接回來——當初她是為了讓孩子有個安全地方才寄人籬下。[36]這些情況造成戰後滿洲數千名婦女與孩子陷入困境，而產生所謂的「中國殘留婦人孤兒」。

戰爭結束時遭受攻擊的日本女性數量難以估計。一九八四年，武田繁太郎醫師估計戰敗後在蘇聯控制地區約有三萬到四萬名日本女性遭到性侵，但他估算的數字是在小說式的描述脈絡下得出的。[37]無論數量多少，這些女性在返回日本後都遭遇格外的挑戰。

在本土受到的對待

一百萬名海外日本人在盟軍控制區度過一年的時間，當他們在一九四六年夏天踏上日本土地時，引發了各種反應，有人表示同情，也有人感到焦慮。《朝日新聞》的文章捕捉到這種一方面對婦女表示關切，另一方面又藉機挑起其他議題的傾向。這篇文章出現在一九四六年四月二十四日，就在首批從滿洲遣返的民眾於五月十四日抵達日本前的幾個星期。

除了採取措施加速遣返，我們還要針對婦女提出人道政策，如此方能因應戰敗後產生的混血兒問題……戰爭與性病有著無法切斷的關係。為了日本種族的未來，必須採取一些措施。根據逃出滿洲的人的說法，當地有四成女性懷有混血的子嗣。[38]

這篇文章顯示國內人士對滿洲女性的嚴重關切。作者支持採取積極而實際的作法：加速遣返與照顧女性。文章也透露關切婦女的真正原因，婦女帶來的性病與混血兒可能威脅到「日本種族的未來」。[39]

實際上，在一九四五年八月與九月性侵最嚴重的時期懷孕的女性，到了一九四六年夏天準備遣返的時候應該已經懷孕九個月。這些女性要不是接受墮胎，就是在抵達日本之前已經生下孩子。根據傳聞，可能在遣返前於滿洲進行墮胎，或者在返國的遣返船上進行。返日的懷孕女性也可能不是因為蘇軍性侵而懷了孩子。儘管如此，當時的討論表現出對可能出現的混血兒與「外國」性病的關切。[40]前面引用的文章並未明確指出犯罪者（蘇聯士兵與其他對日本女性進行性暴力的人），或許是為了避免引起檢查人員的注意，而文章的內容預示了照顧這類婦女的制度的出現，以及將滿洲日本婦女與身體汙染連結在一起的做法。

雖然有些人純粹基於關心滿洲女性的福祉而關注滿洲女性議題，但返國者確實感受到，國內民眾對戰爭結束後的性侵故事存有近乎色情的喜好。藤原てい在小說化的回憶錄裡提起自己從滿洲與北韓艱苦返國的過程，她回想自己與孩子在返鄉列車上經歷的一件事。火車上一名男子拿梨子給她的孩子吃，之後卻不斷質問藤原，窮追不捨地追問日本婦女遭受性侵的細節。[41]另一個例子包括一九四七年短篇小說〈紫丁香盛開的五月來到〉裡的關鍵場景。一名好色的本土日本男子鼓勵兩名女性回想在滿洲遭受性侵的過程，藉此指控她們淫蕩。[42]檢查單位禁止露骨地描述性侵故事，但這麼做反而助長人們對這段歷史的好奇。對海外日本女性遭受外國軍隊欺凌的命運感興趣，這種令人不悅的心態或許反映出日本國內對於如何面對占領軍的關切，從而助長了人們對性侵故事的持續關注。

厚生省與地方民間團體合作，為滿洲遣返者的到來做準備。性侵懷孕的問題特別讓政府感到憂心。戰前與戰時，日本政府提出一連串鼓勵生育的政策，而且把墮胎手術列為犯罪行為。直到一九四八年優生保護法通過後，才扭轉了墮胎的非法地位。[43]一九四六年春，厚生省官員發現他們必須做出選擇，如果不願違反現行法提供墮胎手術，就要面對違反母親意願懷孕生下數百名混血兒的結果。最後決定分成兩組醫療人員負責照顧從滿洲遣返的婦女。首爾小組，由前京城（首爾）帝國大學醫療人員、活動分子與攝影師飯山達雄組成，他們以民間人士身分負責照顧返國者。九州大學小組，則是由前軍醫組成，負責治療女性遣返者。

遣返婦女在舞鶴、佐世保與博多這些港口接受治療的證據參差不齊而且零碎。墮胎紀錄也許存在，但到目前為止，所有墮胎故事仍建立在地方引揚援護局官方紀錄的曖昧說詞、醫療人員的證言、根據醫療人員證言拍攝的紀錄片、報紙報導以及少數其他證據上。在舞鶴，需要墮胎的婦女會被送到新潟國立醫院進行手術。[44]

婦女在佐世保接受治療留下的紀錄較多，佐世保是九州港市，離長崎不遠。引揚援護院長官齋藤惣一曾在一九五三年報紙文章中公開概述治療懷孕返國者的制度。[45]這篇文章表示，友之會——與雜誌《婦女之友》聯合的婦女服務組織——與佐世保引揚援護局人員合作，對所有抵達佐世保的婦女進行篩檢。志工會問三個問題：妳曾經遭受暴力嗎？妳感到不適嗎？妳的經期不正常嗎？對這些問題回答是的女性要接受進一步的檢查。需要治療的婦女送到針尾的專門醫療單位，前海軍軍醫島原万浩指示下由醫療人員進行墮胎與治療。[46]

一九四九年出版的佐世保引揚援護局官方紀錄並未明確討論墮胎，而是以委婉的方式提及這個問題。從官方文件可以看出，有六萬二一九二九名女性使用了婦女諮詢辦公室，其中有二千四百名患者在當地治療，一一四八名女性轉送其他機構。有六十六名婦女原本已經返鄉，卻再度回到機構尋求治療，顯然是來此進行他處無法進行的墮胎手術。圖表顯示，一九四六年五月到一九四七年四月，從北韓與滿洲歸來的懷孕婦女有四七三名。還有一張表列出有二一四名婦女「需要進行人工流產」。[47]

博多引揚援護局對女性返國者的治療過程記載最為詳盡。早在她們抵達日本之前，首爾小組就已展開工作，他們在韓國建立醫療救助單位，[48]在返國的遣返船上提供資訊與治療，並且在日本建立婦女衛生機構做更進一步的治療與墮胎手術。他們也在聖福寺收容返國後無法獨立生活的滿洲孤兒。[49]從各方面來看，這些人只能憑藉自己的力量進行治療。有資料提到山本義武醫師之前的女學生的故事，山本義武是小兒科醫師，在聖福寺照顧遣返的孤兒。山本醫師曾在殖民地韓國的女子師範大學教書。戰後，他在地方引揚援護局工作時遇見以前的學生，這名學生十九歲，剛從北韓遣返。後來女學生的父母向山本醫師解釋，她被蘇聯士兵強姦，現在懷孕了。山本於是安排非法的墮胎手術，這名年輕女子在手術中死亡。女子死亡以及另一名懷孕遣返者自殺的故事，促使首爾小組有系統地處理這個問題。[50]

博多引揚援護局局史出版於一九四七年，這部作品與首爾小組的描述搭配在一起檢視，內容要比佐世保的紀錄詳盡許多。書中描述為婦女提供的治療，提到進行墮胎手術的特殊機構二日市保養所，而且提供更多的軼聞證據。博多的紀錄指出二日市保養所謹慎地在當地報紙刊登啟事，告知婦女該機構可以進行墮胎與治療性病。[51]啟事告知了設施的名稱與地點，而且列出贊助者的名稱：博多引揚援護局與在外同胞援護會。

占領期間，公開討論這些婦女是不可能的，部分是因為新聞檢查的關係。然而，一九五三年，也就是占領時期結束的一年後，日本三大報之一的《每日新聞》旗下的暢銷週刊刊登了一篇文章，提供滿洲遣返者進行醫療的機構名稱、數量與其他細節。不具名的女記者以副標題詮釋了事件的性質：〈紅色士兵未在日本出生的原因〉。文章描述篩檢與墮胎是解決戰爭暴力這個可怕而或許是不可避免的處境的人道方式。[52]

一九七〇年代中期，另一名進行調查的記者上坪隆無意間挖掘出這段故事。一九四六年，十一歲的上坪從滿洲遣返回國，他的報導對象其實正是自己無從擺脫的悲劇：「引揚孤兒」。上坪追蹤當時曾在博多聖福寺遣返者孤兒院接受照顧的孩子，發現這些孤兒與懷孕婦女有許多相同之處。他們接受相同的遣送過程，受同一批醫療人員——首爾小組——照顧。起初上坪只調查孤兒，但對話逐漸轉向婦女。在博多二日市保養所負責墮胎手術的醫師橋爪將接受上坪採訪時說道，自從二十多年前一名記者採訪他之後，他再也沒有提過這件事，他說的可能就是《每日新聞》的報導。[53]

上坪的研究催生了遣返福岡的婦女與孤兒的紀錄片與專論。[54]而且引發當地報紙大幅報導。[55]然而，一九五三年的報導聚焦在遭戰爭傷害的日本女性，而上坪在一九七八年的紀實報導，則嘗試將整個故事安放在軍隊對平民施加暴力的脈絡下。他的作品涵蓋了一些證據，顯示日本軍隊在一九三七年南京大屠殺的行徑，而這或許反映出一九七〇年代日本普遍討論的話題。[56]儘管上坪基於善意，試圖從日本受害以外的角度來思考這個議題，但他的研究還是引發意外的論戰——殺嬰的爭議。上坪的紀錄片與作品的主要根據是已經成年的孤兒以及當初照顧他們的人的證言，此外，他也參考了一九四六年由攝影師飯山達雄拍攝的照片。從韓國遣返回國後，飯山覺得應該為遺留在滿洲的人做點事。他冒充紅十字會工作人員，潛入滿洲拍攝被政府遺棄在當地的日本婦女與孩子。他把這些照片交給日本政府與占領當局。他的照片是否促成任何行動，我們不得而知，但在他送出照片之後，遣返行動確實加快了腳步。現存的滿洲遣返照片幾乎都是飯山拍攝的，包括那張經典照片：一個小女孩被剪成短髮，脖子上掛著骨灰匣。[57]他也拍攝了他的朋友照顧返國孤兒與婦女的照片。

飯山發表了許多與遣返有關的照片，但由於醫療中心與參與首爾小組的朋友必須保密，他從未發表與墮胎相關的照片。一九七〇年代晚期，飯山允許上坪使用醫生進行墮胎手術的照片。[58]照片顯示醫護人員長久以來知道的事實——有些女性處於懷孕初期，但有些已經懷孕六至八個月。工作人員進行催生，嬰兒出生後，他們會加以處理，不是任其死亡，就是注射藥劑。一位名叫「幾江」的護士表示，醫護人員會打電話叫管理員，管理員會將遺體埋在保養所的邊緣地帶。[59]一九四六年日本社會面臨嚴峻的戰後生活條件，沒有餘裕苦惱殺嬰的事。然而，到了一九七〇年代中期，日本成為富裕國家——哈佛大學社會學家傅高義（Ezra Vogel）從社會與經濟角度讚揚日本是「第一名」。在一九四六年或一九五三年未能引起人們注意的嬰兒乃至於婦女的命運，到了一九七七年卻成為民眾關切的焦點。絕大多數參與墮胎手術的醫護人員都在事業上卓有成就，但至少一名醫師在這段歷史公諸於世之後一直承受公眾的譴責。[60]

一九八〇年，報紙針對日本墮胎合法化的歷史進行系列報導，使這個議題再度浮上檯面。[61]報導指出日本背負蘇聯之後第一個墮胎合法化國家的曖昧遺產，並且探討這段歷史的各種可能解釋。報紙提到戰後日本的悲慘狀況——數百萬人從海外歸來，遭逢一九〇四年以來最嚴重的荒年，政府預測一千萬人會因為得不到糧食援助而餓死——並且表示，唯一確實存在的只有「煥然一新的民主制度、蔚藍的天空以及非法墮掉的胎兒」。[62]在婦女團體、厚生省或宗教團體未曾遊說鼓吹的狀況下，為什麼墮胎如此快速合法化，針對這個謎團，記者提出了幾個可能的解釋。或許盟軍占領官員支持墮胎合法化？這應該不是原因：雖然駐日盟軍總司令部希望日本人實施家庭計畫，但他們顯然避免觸及墮胎議題。[63]那麼，究竟是什麼原因促使墮胎快速合法化？從一九八〇年的報導可以看出，遣返是這個問題的答案。

報導討論了石濱淳美醫師的例子，他在一九七九年提到自己在為遣返者進行非法墮胎手術上扮演的角色。[64]石濱表示，早在一九四五年，他的資深同事木原行男，當時是九州帝國大學醫學部助教授，通知他厚生省命令他們治療女性遣返者的性病與「非法」懷孕。「為了日本種族的未來」，他說道，不能讓這些問題「延燒到國內」，這點非常重要。木原又說，墮胎是犯罪行為，但政府會負起所有責任。大約有一年的時間，女性遣返者持續送往福岡（古賀療養所）與佐賀（中原療養所）的國立醫院進行肺結核隔離治療。毫無經驗的醫師一邊看著教科書一邊進行墮胎手術。雖然不允許留下紀錄，但石濱估計，在他的管轄範圍內大約有一千例以上的墮胎手術。類似程序也出現在長崎與熊本的國立醫院。由於木原的態度十分堅決，因此石濱相信命令一定是來自政府。基於這項認知，石濱認為決定授權墮胎的不是駐日盟軍總司令部，而是日本政府裡的某個人士。

報導認為一九四八年墮胎合法化，是為了掩蓋一九四六年政府贊助非法墮胎，然而這項說法並不是那麼有說服力。雖然如此，這則報導卻首次將政府贊助九州大學小組施行墮胎的角色揭露在大眾面前。十年後，第二名醫生在醫學期刊上發表了類似的報告。[65]

沒有足夠的證據顯示對遣返者非法墮胎的明確數字。此外，官方紀錄的用語傾向於委婉的表達方式。然而，當時進行調查的記者與參與者對數量達成了共識：佐世保施行了一千二百到一千三百次墮胎手術，博多二日市保養所施行了四百到五百次手術。[66]

雖然記者在參與者與地方文史團體的協助下，試圖針對數千名海外日本婦女的命運進行討論，但這項議題始終未能在全國報章雜誌或政府獲得公眾的充分關注。一些人出面作證自己參與墮胎手術。一名匿名的女性留下訊息給試圖認定墮胎出於強迫的記者，她表示婦女們很慶幸能接受墮胎手術。[67]

每隔一段時間就會有人概略地訪查這些女性滿洲遣返者接受治療的歷史，而這些調查產生了一些解釋。研究首爾小組的歷史學家肯定這群充滿理想的年輕人所做的努力，他們為了照顧這些婦女不惜以身試法。而他們願意照顧其他人不聞不問的孤兒，讓整個故事更具可信度。九州大學小組與首爾小組不同，他們由退伍軍人組成，而且宣稱自己只是奉命行事。一名評論家把九州大學小組的沉默歸因於他們擔心自己的事業受影響，而且不希望民眾發現他們在戰時的事跡。九州大學醫學部飽受流言滋擾，他們遭指控曾在一九四五年春對盟軍戰俘進行活體實驗。[68]在回顧自身歷史時，兩個小組都說不知道對方的存在。兩個小組成員都宣稱昭和天皇的弟弟高松宮宣仁親王曾非公開地訪問他們，而他們把這項行為解讀成政府同意他們的行動。[69]雨宮和子（Kozy Kazuko Amemiya）在一九九三年的博士論文中分析這起事件以支持她的論點：國家無視於法律，以權宜的方式支持墮胎。[70]雖然這些解釋都言之成理，但滿洲歸來的婦女、強姦故事、她們在國內遭受的對待以及接下來在戰後的沉默，都值得從戰爭結束與日本帝國崩解的觀點進一步分析。麥可・莫拉斯基（Michael Molasky）提到，日本男性作家經常以日本女性遭到強姦來隱喻日本人戰後的受害：

日本本土與沖繩的男性作家提到戰敗與占領的屈辱經驗時，總是以女性遭受性侵做為比喻。男性作家偏好以強姦做為象徵，卻忽略了強姦帶有的暴力性質，著名的女作家河野多惠子忍不住嘲諷地說：「他們大概巴不得勝利者把每個日本女人都強姦了。」[71]

從滿洲歸來的女性呈現出勝利者強姦日本婦女的證據，對這個事件如何加以運用，引發了各界的爭論。

以蘇聯控制區的日本婦女來說，日本政府無力對強姦做出回應，因此一直保持沉默。畢竟一些日本軍人——統率他們的將領與後方的日本政府官員有時也知道這件事——也會在日軍控制區裡對平民女性施加性暴力。一九三七年南京大屠殺與所謂的慰安婦——一種軍妓制度，強徵殖民地（有些來自日本）婦女擔任日軍軍妓——是日軍支配領域內發生最惡名昭彰的性暴力例子。在這樣的歷史脈絡下，日本政府沒有任何道德權威可以指責其他國家的軍隊攻擊日本平民。此外，日本本身的政策，例如鼓勵民眾移民到危險的滿洲地區，也讓自己的民眾身陷險境。當危險來臨時，國家卻毫無能力保護民眾。一九九〇年代，總理官邸舉行活動，紀念戰後遣返者遭受的苦難，卻對性暴力隻字不提。日本並未藉著這項議題與蘇聯進行政治互動，因為若這麼做，日本政府就必須承認是自己讓滿洲婦女陷入危險。

雖然日本女性遭受性暴力的議題並未被政府政治化，但這項議題卻促使戰後的日本遣返者成為社會中的「他者」。國內資源原本已經相當寡少，滿洲遣返者的歸來讓負擔變得更重。傳統上，日本女性婚後要住進夫家，遣返的女性回到日本也應該回到夫家。然而，有許多例子是丈夫死亡或失蹤，或者因為得不到妻子的音訊而再娶。第二章「美麗的滿洲遣返故事」直接觸及這類問題，並且讚揚丈夫未拋棄他的遣返妻子。有些例子則是滿洲妻子與兒媳婦因為遭到玷汙而輕易地受到拋棄。

從隱喻的層次來說，懷疑受到玷汙的滿洲婦女成為端莊得體的日本女性——待在「內地」的女性，未與外國人有染，無論自願或非自願——的陪襯。藤原てい提到他們抵達博多引揚援護局時，她七歲的兒子藤原正彥的觀察使她有所領悟，身為滿洲遣返者，她處於「日本女性」的定義之外。藤原描述這段領悟的過程：

「媽，妳看，那裡有個日本女人。」一名穿著和服，腰帶繫得整整齊齊的女子走過。我和正彥一樣感到吃驚。我以為日本女人身為戰敗國的人民，看起來會和我們一樣悲慘。我是日本女人，隊伍裡排在我前頭，揹著帆布袋的年輕女子是日本女人，但和正彥看到的那個日本女人相比，身為骯髒遣返者的我們是完全不同的人。[72]

因此，從滿洲歸來的女人有助於重塑殖民計畫，讓殖民歷史在戰後獲得改寫。最初，日本帝國被描繪成男性，日本男人支配亞洲女人，充滿男子氣概的日本征服陰柔的亞洲。歷史學家史都華・隆恩注意到這種「充滿男子氣概的日本統一陰柔的中國」的傾向——從駐紮中國的日本士兵日記可以反映出這一點。[73]五十嵐惠邦與其他學者認為，日本在戰爭結束時經歷了一場性別變遷，從一個被描述成男性與軍隊的地方轉變成被美國大兵占領的女性化國家。[74]日本的外觀從馴服各地女人的日本兵形象（如電影《支那之夜》描繪的），轉變成努力討好美國大兵的日本平民。[75]透過類似的過程，帝國——特別是滿洲——被女性化、成為受害者而且與日本的「平民」失去關聯性。帝國是以男性與士兵的形象離開日本，然而當帝國於一九四六年回家時，它卻成了女性，遭受外國人的傷害與玷汙，而且希望這些事永遠被塵封，不再有人提起。這對女性本身幾乎起不了任何撫慰的作用，卻有助於日本與殖民地脫離關係，而且順利讓帝國歷史融入到戰後日本之中。

思考其他戰時對「一國女性」進行侵犯的分析以及對這類侵犯的回應，可以讓我們獲得一些啟發。崔貞茂（Chung-moo Choi）指出，顯示殖民時期韓國女性的苦境，固然可以讓韓國在後殖民時期力圖振作，然而「慰安婦」身體遭受侵犯的事實卻破壞了這個過程。崔貞茂解釋說，「由於慰安婦的身體經驗是遭受性侵的經驗，因此慰安婦議題直接打擊了韓民族的男性渴望，使他們無法克服日本殖民主義在韓國男性內心留下的象徵性閹割。」[76]只要慰安婦停留在隱喻的層次，只充當討論的話題，國家便不難振作起來，但這麼做等於迴避處理女性實際經驗的痛苦。崔貞茂思考慰安婦問題的本質，認為真正的問題不在於賠償或道歉，而在於如何療傷止痛。她認為，「我們也該讓女性走上舞台，藉由轉變她們的主體性來醫治她們的傷痛。」她還表示書中提到的一些慰安婦的確找到一些紓解的管道，她們有能力處理內心的創傷，能藉由話語或藝術表達內心的感受。[77]

其他國家的女性藉由私下與家人或在公開場合討論戰時強姦而獲得明顯紓解。阿提娜．格羅斯曼（Atina Grossmann）研究二次大戰結束時被蘇聯士兵強姦的德國婦女，她發現這些婦女會（儘管不一定是在公開場合）彼此討論自己遭到強姦的經驗。[78]在CNN一九九八年紀錄片《冷戰》中，柏林居民艾爾芙莉德・馮・阿瑟爾（Elfriede von Assel）冷靜地陳述一九四五年她在柏林遭蘇聯士兵強姦的經驗。[79]馮・阿瑟爾的證言引人矚目的地方在於她如實描述，對於自己以強姦受害者的身分公開露面絲毫不以為恥。珍・拉夫—歐亨（Jan Ruff-O'Herne）與家人住在荷屬東印度（印尼），日軍入侵時她淪為軍妓。身為戰爭下日軍強姦受害者，她的經驗無疑十分恐怖，但是透過私下談論，然後在紀錄片《沉默的五十年》（*50 Years of Silence*）公開發聲，她在某種程度上治療了自己的創傷。[80]一九九一年，幾名韓國慰安婦無視外界眼光，出面訴說自己戰時遭到侵犯的故事。

二次大戰結束後，在滿洲遭到蘇聯士兵性侵的女性，她們最令人印象深刻的是集體沉默。如上野千鶴子指出的，日本慰安婦雖然明顯也承受痛苦，但她們沒有出面討論自身經驗的空間。[81]在滿洲遭到性侵的女性似乎也是如此。從社會層面來看，承認遭到性侵對她們而言不僅毫無用處，還會有重大損失。雖然已有頗具說服力的論述主張日本人民也是二次大戰的受害者，但日本婦女在滿洲遭到強姦的故事卻不包含在內——日本境內的民眾不會指著被蘇聯人強姦的日本婦女說，「我們日本人也是戰爭的受害者」。任何具有政治意味的說法——「為國犧牲」，都盡可能避免。日本民眾不僅不認同這些女性，而且避之唯恐不及。就連原先支持日本殖民滿洲的人——事實上，絕大多數人都支持——此時卻毫不猶豫地別過頭去，與帝國計畫劃清界線。

「紅色遣返者」返國，一九四九年

一九四六夏，出現了滿洲歸來的女性遣返者身影。三年後的夏天，另一批返國者抵達，將「引揚者」的討論帶往全新的方向。

滿洲的戰鬥結束，蘇聯人接受日本士兵投降。然而蘇聯人卻沒有將日本士兵遣送回國，反而將他們每千人為一個單位送上火車，運到西伯利亞充當服勞役的戰俘。如果湊不到一千人組成隊伍，蘇聯人會搜捕任何他們找得到的人——日本平民、前韓國士兵與平民以及少數日本婦女——將他們安插到單位裡。蘇聯軍隊逼迫了大約五十七萬五千人，其中四十五萬人是軍事人員，十二萬五千人是平民，將他們運往勞改營，主要分布在西伯利亞，但最遠也來到西邊的哈薩克乃至莫斯科近郊。數千人死於旅途與第一年的囚禁，其他人在勞改營服勞役，時間一年到七年不等，被判定為戰犯的人服刑的時間更久。[82] 倖存者從一九四六年開始，被關押了十年後獲釋。根據日本政府記載的數字，遭蘇聯拘留的五十七萬五千人當中，最後返回日本的有四十七萬三千人。[83] 蘇聯人宣稱他們拘留的人數沒那麼多，而且否認有十萬人死亡或失蹤。

戰後的前兩年，遭蘇聯囚禁的這些人，勞動力被徹底剝削，他們充當伐木工人、農人與一般勞動者。所有的敘述顯示他們日子過得很苦，不論是身體上還是心理上。他們被迫在極寒冷的地方生活與工作，幾乎沒有東西吃，也鮮少獲得醫療。蘇聯衛兵根本不管他們的死活，只在意他們能不能工作。絕大多數日本人特別指出蘇聯民眾，尤其在一九四六年，過的日子與工作的狀況和他們一樣艱苦，幾乎沒有食物、暖氣或衣服，他們與日本人一樣受苦。到了一九四七年或一九四八年，蘇聯人發現他們有機會影響日本政治，儘管他們因為美國占領日本而被排除在日本之外。他們開始灌輸日本拘留者社會主義意識形態，並且計畫釋放他們，讓他們重返日本社會。[84]

由於在生存邊緣載浮載沉，有些人相對容易屈服於這種意識形態的操弄。而為了維持秩序，這些拘留者在勞改營裡依然保留了日本帝國陸軍的軍事位階。這表示在軍隊裡屬於低階層且經常受到虐待的士兵，在勞改營裡也依然是低階層且經常受到虐待的犯人。蘇聯特務找上這些心懷不滿的人，向他們解說，天皇——他們為他奮戰而且受苦——仍統治著日本，未受懲罰（確實如此），而日本沒有任何人關心他們的安危（事實並非如此），日本唯一的解決之道就是社會主義革命。蘇聯人讓這些人在勞改營裡擁有特權與權力。勞改營裡唯一的閱讀刊物是蘇聯發行的日文報紙《日本新聞》，裡面充滿蘇聯的宣傳。[85]這些人急欲找東西閱讀，因此十分認真地閱讀這些報紙。此外，為了確保自己能夠返鄉，公開表明自己信奉共產主義顯然是必要的。

蘇聯拘留這些人之後，第一年就開始釋放一些人，並且在一九四六年、一九四七年與一九四八年的夏天讓數萬人平安返國。但到了一九四九年，灌輸的效果開始顯現。一九四九年六月二十七日，一艘載運二千名日本人的船隻從蘇聯遠東納霍德卡（見頁三十七，地圖一）出發，駛抵瀕臨日本海的京都府港市舞鶴。[86]《舞鶴地方引揚援護局史》提到，在遣返者支持團體的鼓吹下，家人、當地學生與民眾全聚集到碼頭。他們揮舞旗幟，等待他們的丈夫、父親、兒子與同胞到來。[87]一九四九年春與夏初，報章雜誌報導厚生省計畫歡迎這些返國者，除了在船上提供家鄉菜，在他們停留舞鶴期間也會向他們獻花與提供娛樂活動。厚生省也組織了「愛的運動」，召集學生、婦女團體與「一般國民」歡迎返國者。[88]一九四九年五月，另一則報導勾勒出蘇聯拘留者妻子與兒女的樣貌。[89]在陰暗的遣返者宿舍過著窮困生活，他們很高興接到拘留在蘇聯的男人不久將返鄉的消息，孩子也詢問母親，是否父親真的要回來了。然而，當這群男人終於被蘇聯人釋放抵達舞鶴時，熱情歡迎他們的計畫卻被潑了冷水。在碼頭上，他們臂挽著臂，進行「敵前上陸」（在敵人面前登陸），「天皇的土地」成了他們的敵人。他們甚至沒有和自己的母親打招呼就唱起《國際歌》，跳著集體農場舞蹈，然後大聲嚷著要加入日本共產黨。一名《紐約時報》記者在舞鶴當地採訪，他描述這群人「已經徹底被灌輸了共產主義學說，還親口表示要宣誓加入日本共產黨，目標是將日本蘇維埃化。」[90]

停留舞鶴的四天期間，這群人總是集體行動，而且向吃驚的遣返官員提出一連串要求——這些官員還以為這些人會對自己能夠返鄉心存感激。[91]在四年囚禁期間，蘇聯人不斷說服他們相信，如果日本政府派船來或對於他們的福祉表達出一丁點的關心，那麼蘇聯人就願意放人。這些人準備在國內發動革命，因為他們認為日本背叛而且遺忘了他們。圖一這張照片顯示一群被洗腦的人，完全無視於一旁印有妻子帶著兩個孩子開心歡迎丈夫與父親歸國的海報。

他們返國的時間點極不理想。戰爭結束後的前兩年，美國解散日軍，並且在幾個領域推行民主，包括給予婦女選舉權與制定新憲法。占領官員也支持強有力的工會，認為這是健全民主的表徵，而且一開始也不反對工會成員倡導社會主義或加入日本共產黨。[92]然而，一九四七年二月，麥克阿瑟將軍取消了工會計畫發起的全國大罷工。罷工的取消標誌著占領當局心態與政策的轉變，尤其對社會主義者與共產黨員不再像先前那麼寬容。此後，共產黨員、社會主義者與工會成員面臨愈來愈多來自美國人及其保守派合作者的挑戰。

對共產黨員進行更積極的迫害始於一九四九年。那年年初，日本保守派政府在占領官員的協助下開始打壓極左派。[93]一九四九年七月四日，就在第一批來自蘇聯被洗腦的遣返者抵達日本的幾天後，麥克阿瑟點燃了反共之火，他宣布共產主義「在日本與國際均屬非法」，他的這項評論刊登在日本報章雜誌上。與此同時，占領官員下令日本最大的新聞社共同通訊社要清除社內所有共產黨員。[94]隔年夏天，媒體與其他產業開始嚴厲進行「紅色整肅」。占領軍與日本新聞協會宣布要將共產黨員趕出新聞界。報紙、通訊社、廣播與其他媒體內部與共產黨有關的人士全部遭到開除。其他產業包括電子業、工業與礦業的共產黨員也失去工作，到了一九五〇年十二月，二十四項產業有一萬名以上的員工遭到解僱。[95]日本發生意識形態戰爭時，國際大環境也起了變化，先是毛澤東在中國獲勝，而後美蘇之間逐漸升溫

圖一：從西伯利亞歸來的遣返者，1949 年。這張照片的標題是〈在西伯利亞被洗腦的遣返者返回日本〉。這些人囚禁在蘇聯期間被灌輸了社會主義意識形態，他們抵達舞鶴後，完全無視於一旁用來歡迎他們上面印有妻兒子女形象的海報。（圖片來源：《每日新聞社》）

的緊張關係終於在一九五〇年六月引發韓戰。被洗腦的返國者不知不覺走進充滿敵意的氣氛裡。

一九四九年夏，被洗腦的返國者抵達日本所造成的混亂隨即引發了回應。以商業為主的日報《日本經濟新聞》發表社論，指責風起雲湧的共產主義運動使拘留者返國的問題益形惡化。社論又指出，才在四年前，日本人還準備用竹槍保衛自己的國家，所以這問題有一部分出在這些人從某個充滿壓迫的環境（日本帝國陸軍）進入到另一個同樣充滿壓迫的環境（蘇聯勞改營）。[96]文章雖然主張對這些人做出同情回應，但在遣詞用字上卻凸顯了「我們」與「他們」或「引揚者」之間的差異。八月十一日，政府通過內閣政令，賦予遣返官員額外權限，拘留者從舞鶴返鄉這段旅程都要接受管理。[97]政令規定，返國者必須遵照地方引揚援護局官員的指示，並且抵達時，只允許他們與指定的家族成員見面，以限制他們與日本共產黨及其他政治團體進行互動。[98]衝突持續到一九四九年秋天，某個致力援助遣返者的學生團體成員提到與返國者不愉快的接觸。這群學生在火車上迎接返國者返鄉，並且發放調查表協助他們聯絡家鄉的親人。但這些人將學生團團圍住，以從蘇聯勞改營學到的人民公審的方式質問他們，要他們老實說出是為誰工作。當學生堅稱自己是援助組織，在政治上完全中立時，這些拘留者回道，「中立就是我們的敵人。」[99]一九四九年夏秋，無論是法律文件還是新聞報導，都將這群人貼上了「引揚者」的標籤，並且將他們描述成任性、可能帶有共產主義傾向、需要特別法加以管治的人。

國內的問題

當西伯利亞拘留者抵達日本，並透過新聞報導得知美國與政府曾努力營救他們時，絕大多數都放棄了社會主義說詞。儘管如此，到了一九四九年秋天，由於報紙對這群難以駕馭的返國者做了廣泛報導，傷害已然造成。[100]曾為蘇聯的拘留者就有信仰共產主義的嫌疑。這種狀況又因為其他問題而變得更糟糕，包括戰敗日本士兵的汙名，而他們作戰的地方又是充滿暴行的大陸地區。在韓戰這個「上天的（經濟）恩賜」尚未到來，日本民眾仍需要努力尋求糧食、住房、衣物與醫療。

從蘇聯的悲慘環境獲釋之後，西伯利亞拘留者回到國內卻面臨了新的問題：尋找住房、工作，而且要養活戰敗之後沒有軍人退休金或穩定收入的家人。有三份月刊刊載了一篇題為〈我被遣返了，但是……〉的文章——這個標題讓人聯想到小津安二郎的電影《我出生了，但是……》與《我畢業了，但是……》——顯示回到日本與他們最初的期待有落差。[101]

有份資料詳細說明了拘留者遭遇的問題，特別是在找工作方面。厚生省鼓勵拘留者到協助遣返者與其他人的就業機構找工作。官員們誇口說他們有良好的紀錄，許多人都重新找到他們在戰前從事的工作。他們以尾越忠一——一名滿洲土木工程師與專門工地主任——為例，他們幫他找到了一份與他先前職業相關的工作。尾越發現他要從事的工作是挖掘道路排水溝，一天的工錢是二百三十日圓。[102]齋藤升抵達日本時，已是第一批被洗腦的人返日一個月後的事，就業機構不再輔導蘇聯拘留者，他們表示僱主要求他們不要派任何「好辯者」過來。[103]

報章雜誌也批評大公司，包括三菱、三井與日立及旗下公司，對待返國者的方式，並且表示這些公司的政策是拒絕重新僱用這些一九四九年或之後遭到監禁然後返國的人。有些人在一九四八年返回日本，他們可以重新回到原來的崗位，但在一九四九年返國的人卻遭到拒絕。例如有兩個遭到拒絕的返國者，一名三十八歲，另一名四十歲，各有五個家庭成員要養活。有時候這項政策還有回溯性。尾越忠一被徵召入伍之前曾在三菱重工上班，戰後被監禁在蘇聯，一九四八年十二月返回日本。一九四九年二月，他重新回到三菱的舊崗位工作。然而到了四月，尾越與六十七名員工遭到解僱，理由是「冗員過多」，但遭到開除的六十八名員工全都是蘇聯拘留者。這些公司內部的工會急欲與共產主義劃清界線，而且擔心這些蘇聯拘留者為了取得工作而願意接受任何薪資，因此對於遣返者也同樣抱持輕蔑的態度。[104]

其他公司做出不同種類的差別待遇。一九四八年遣返回國後，黑崎健二收到通知，表示他可以回到戰前建造火車的公司擔任機械工。然而有個問題，他因此被叫進辦公室，因為在他的履歷上寫著：「七月從蘇聯返國」。公司裡的人斥責他，因為他稱他們為「蘇聯」等於是讚美他們；並堅持這個國家應該稱為「露西亞」，而那裡的人應稱為「露助」（rosuke）。另一個人是曾在三菱旗下公司工作的機械工程師，他被要求提交一份經警政首長蓋章證明他不會加入日本共產黨的文件。[105]

在一九四九年到五〇年的「紅色整肅」中，公司可以輕易將所有可能信奉共產主義的蘇聯拘留者辭退，結果造成許多人無法找到工作養家。他們的返國，非但無法讓家人脫貧，反而讓問題更加嚴重。新的遣返者形象出現了：一名男子，可能意識形態上遭到汙染，他做為能夠養家的男人形象也被連累。一九四九年之後，對男性遣返者而言，「可能的共產黨員」超越「帝國擁護者」而成為最負面的詞彙——這讓一九四九年之前返國的遣返者，無論男性還是女性，有更充分的理由疏遠這些人。

蘇聯拘留者成為「遣返者」

有些學者針對蘇聯拘留者的問題提出解釋。威廉・尼莫（William Nimmo）撰文討論蘇聯拘留日本人時，試圖從蘇聯人的動機來了解整起事件。尼莫在結論中表示，蘇聯的行動顯示他們相信人要跟著領土走，對勞動力的需求更甚於明確的復仇或賠償，這才是蘇聯人擄走與強迫五十多萬人進行勞動的背後原因。[106]蘇聯人已經有一套運輸與監禁國內囚犯的制度，將這套制度擴大到日本與德國戰俘身上是相對容易的事。[107]

直到最近，蘇聯拘留者的潛在政治用途在日本依然未獲得政治人物、意識形態研究者或歷史學家的關注。五十嵐惠邦提到日本國內對蘇聯拘留者問題態度相對沉默時指出，戰爭剛結束的那段時間，左翼各派別的知識分子紛紛轉向社會主義，尤其是蘇聯式社會主義，認為這是擺脫日本「在美國霸權下淪為半殖民狀態」的可能途徑。[108]拘留者顯然是蘇聯暴行的受害者，也是國家社會主義的活見證，他們提供了與蘇維埃烏托邦完全相左的證據。最可能支持這些人的團體——日本共產黨，有時一概否認他們遭蘇聯虐待的事，甚至稱這些人是騙子。另一方面，拘留者詳述他們拘留時的遭遇，有些人會對和他們一起受苦的俄國民眾表示同情，這些說詞都成為右翼人士用來批評拘留者是親蘇聯人士與共產黨員的根據。被洗腦的人形象極為負面：刺耳、憔悴、不快樂、引發混亂，為了共產主義拋棄家庭與國家。這些形象對美國人與日本保守派政治人物來說很有用，他們利用這些形象來醜化共產主義。對任何團體來說，拘留者唯一的政治用途就是負面的公眾形象。

五十嵐分析蘇聯拘留者，認為在共產主義愈來愈引發關注的時代裡，這些人成了各黨派的包袱——這是在冷戰脈絡下所做的詮釋，而這項說法非常有助於理解政界與學界何以相對對這些人缺乏關注。同時代的資料顯示，這些拘留者也被涵蓋到極具彈性的遣返者論述裡。雖然我們現在把拘留者稱為「蘇聯拘留者」（西伯利亞抑留者），但在一九四九年與一九五〇年代初期，報章雜誌卻把他們歸類為「引揚者」，把被洗腦的拘留者稱為「紅色遣返者」（赤色引揚者）。身為前日本軍人，技術上來說他們不能稱為遣返者，然而報章雜誌卻忽視這項事實。一九四九年的一篇社論顯示「遣返者」一詞已經用來描述蘇聯拘留者。這篇題為〈遣返者——反省你的行為〉的文章指責「引揚者」的行為引發混亂，並且表示：「畢竟遣返者是日本人，因此人們理所當然以為他們返回日本時一切都會非常順利。遺憾的是，事實並非如此。」[109]這篇對遣返者的批評具有雙重目的，首先是利用日本人共通的民族性來要求返國者要節制自己的行為，其次是懷疑他們是否真的是日本人。因此，返國者、引起混亂的政治與個人行為以及共產主義，這些全被重申為非日本人。蘇聯拘留者只是用來襯托，並協助定義戰後的日本男人不應該是什麼樣子：戰敗被俘的士兵、被外國意識形態汙染及「好辯成性」。身為不受歡迎的殘餘日本帝國陸軍，身為冷戰初期的人質，身為對右派和左派都毫無政治用處的受害者，身為不符資格的「遣返者」，日本幾乎沒有人關心這群西伯利亞拘留者，也不在意他們經歷的故事。

從中國歸來的遣返者，一九四八年到一九七二年

對於一九四八年後殘留中國的日本人來說，返回日本的可能性取決於各項因素的配合，其中包括日本與中華人民共和國的政治關係。超過一百萬名日本人在一九四六年夏天的第一波遣返行動中回到日本，往後兩年仍持續不斷有日本人返國。到了一九四八年，估計在中國大陸的三百五十萬名日本國民絕大多數都已遣返，但仍有數萬人下落不明。有些人死於戰爭與戰後的混亂，有些人一直不在人口計算之列。少數人故意留在中國，可能是因為工作機會、家庭羈絆或厭惡回到日本。一九四九年十月，毛澤東宣布中華人民共和國成立。殘留中國的日本國民命運未卜，許多人索性死了這條心，做好無限期留在中國的打算。

然而，一九五二年初，北京國營廣播電台突然宣布，中國政府支持將境內殘留的日本國民遣送回國。中華人民共和國與日本並無外交關係。雖然日本商界與其他人士都期盼與中國大陸建立更緊密的

關係，但日本政府的外交政策操縱在美國手裡，在對中關係上只能扮演被動的角色。結果是日本境內有三個非政府組織擔負起協商遣返殘留日本國民的任務，即日本紅十字會、日中友好協會與日本平和連絡會（簡稱平連）。這三個組織與中國紅十字會進行協商，於是在一九五三年，自一九四八年以來首批從中國歸來的官方遣返者抵達舞鶴。這一年有超過二萬名日本人返國，引起媒體的廣泛關注。[110]

往後六年，日本人絡繹不絕從中國歸來。從一九五三年到一九五八年，總計三萬二五〇六人經由半官方管道，由中華人民共和國遣返回日。[111] 其中包括一九五六年約一千名由蘇聯與中華人民共和國判決為戰犯的日本男性，這些人長年身處於蘇聯與中國的再教育營裡。[112] 一九五八年，日本與中華人民共和國之間不確定的外交關係，因各種政治因素影響而惡化，這些因素包括甲級戰犯嫌犯岸信介獲選為日本首相，而中國內部也因為毛澤東實施大躍進讓中日關係破裂，遣返也宣告中止。直到一九七二年中日關係正常化之後，雙方才正式重啟遣返。[113] 一九五三年到一九五八年間，中日之間少有公開交流的管道，因此遣返對中國政府而言，是與日本建立紐帶關係以供未來使用的一種手段。[114]

結語

戰爭剛結束的那段時間，「引揚者」一詞幾乎可以用來指稱所有的海外返國者。一九四六年夏，「引揚者」與滿洲歸來的女性遣返者極緊密地結合在一起。一九四九年之後，「引揚者」用來指稱引起混亂的西伯利亞拘留者，而這個負面意義也擴及到其他返國者身上。女性遣返者被懷疑身體受到玷汙，而男性遣返者做為「外國」共產主義學說的潛在傳布者，則構成意識形態的威脅。從一九五三年到一九五八年，「引揚者」指的是之後從中國歸來的返國者，但最終還是與一九四六年一樣，「引揚者」讓人想起了從滿洲歸來的可憐女性。「引揚者」論述的對象從女性轉移到男性，從身體轉移到心靈，伴隨著新政治環境而做出調適。唯一不變的是，將戰爭結束後身處於本土外的民眾予以「他者化」的過程，對於本土民眾來說是個有用的方式，可以讓日本從戰爭與帝國順利過渡到戰後時期。

1 羽仁進，《她與他》（彼女と彼）。東京：岩波映畫，一九六三。附近的婦女在閒聊時提到直子是滿洲遣返者，她們說：「她肯定有過恐怖的經歷。」

2 YamasakiToyoko（山崎豐子），*The Barren Zone*. Trans. James T. Araki. Honolulu, HI: University of Hawaii Press, 1985, 272–73.（《不毛地帯》，東京：講談社，一九七六）

3 赤塚不二夫繪，收錄在中國遣返漫畫家協會編，《我的滿洲：漫畫家們的戰敗經驗》，頁三七。

4 赤塚在「滿洲浪人」（為了逃避日本社會的限制而前往滿洲的冒險者）的背景下討論雙親的故事。他的父親是殖民地警察。母親在日本是演藝人員，她決定到滿洲碰碰運氣。她在餐館工作時認識赤塚未來的父親，並且為他生下四個孩子。中國遣返漫畫家協會編，《我的滿洲：漫畫家們的戰敗經驗》，頁二九—三二。

5 長谷川町子，《海螺小姐》（*Sazaesan*）《福日晚報》，一九四六年五月十七日。Prange Collection Newspapers and Newsletters, Reel Y-65 (April 8, 1946–Sep. 30, 1946), frame 235. 亦可見長谷川町子，《海螺小姐》，頁一〇—一一。

6 《海螺小姐》，《福日晚報》，July 12, 1946. Prange Collection Newspapers and Newsletters, Reel Y-65 (April 8, 1946–Sep. 30, 1946), frame 337.亦可見長谷川町子，《海螺小姐》，頁四。

7 日本發給執照允許賣淫的歷史可參見 SheldonGaron, "The World's Oldest Debate? Prostitution and the State in Imperial Japan, 1900–1945." *American Historical Review* 98, no. 3 (1993): 710–33.

8 Louise Young, *Japan's Total Empire: Manchuria and the Culture of Wartime Imperialism*. Berkeley and Los Angeles, CA: University of California Press, 1998, 407–9. 日本軍方宣稱他們已經向每個人下達撤離命令，但這些民眾未能趕上撤離列車。

9 日本放送協會，《再會》。與這部紀錄片對應的作品是山本慈昭與原安治的《再會》。

10 塚田浅江，〈敗戰前後尖山更科鄉開拓團避難狀況記錄〉，寫於長野縣上山田醫院內的日記，一九四六年十一月；塚田，《開拓團學校的回憶》收錄在《滿蒙開拓手記：長野縣人的紀錄》，野添憲治編，頁三三二—三三九，東京：日本放送出版協會，一九七九。在殘存的澤渡開拓地發生的類似故事——也許是根據塚江的報告寫成——出現在長野縣民參與殖民滿洲的歷史中：長野縣開拓自興會滿洲開拓史刊行會編，《長野縣滿洲開拓史》，第二冊，頁三三二—三三四。

11 戰爭快結束時，農業開拓地身體健全的男子都被徵召加入關東軍，許多單位連同武器裝備全被送往菲律賓或東南亞其他前線。鈴木隆史，《日本帝國主義與滿洲：一九〇〇—一九四五》，第二冊，東京：塙書房，一九九二，頁四〇一—四〇五。

12 塚田淺江，《開拓團學校的回憶》，頁三三二—三三九。

13 塚田淺江，《敗戰前後尖山更科鄉開拓團避難情況紀錄》。

14 這些民間團體包括日僑善後聯絡總處與日連前救濟。為了處理中國境內剩餘的日本人，國民黨政府設立了日僑俘管理所，簡稱日管。

15 這裡提到的各期《東北導報》收藏在中國國家圖書館（前北京圖書館）外文報紙閱覽室。日本國立國會圖書館保存了瀋陽版，但並未出現在目錄中。二〇〇二年，在加藤聖文的主持下，人文主義書房出版了三十五冊與兩片光碟裝的遣返重要史料。一九四六年夏的各期長春版《東北導報》則收錄在《補遺》第三卷中，這個系列的第一片光碟裡。加藤聖文編，《海外引揚關係史料集成》，《補遺》第三卷。

16 記者的名稱鮮少出現，但有證據顯示山本紀綱與石子順的父親，兩人都是前《滿洲日日新聞》的記者，參與了這份報紙的發行，參見：平島敏夫，《從天堂到地獄：滿洲國終結與百萬同胞遣返實錄》，東京：講談社，一九七二，頁二六二—二六三；中國遣返漫畫家協會編，《我的滿洲：漫畫家們的戰敗經驗》，頁二三七。

17 〈望樓〉（The Watchtower），《東北導報》，長春版，一九四六年九月十一日。

18 〈萬花筒〉，《東北導報》，瀋陽版，一九四六年九月十四日。

19 澤地久枝，《另一個滿洲》，頁二三。

20 〈協尋孩子〉，《東北導報》，瀋陽版，五十一期，一九四六年六月十一日。

21 《東北導報》，長春版，八十二期，一九四六年九月十二日。

22 〈不要遺漏任何一個人〉，《東北導報》，瀋陽版，一七二期，一九四六年十月十日。

23 日本放送協會，《再會》。

24 〈這個地方也是金錢統治的世界，難民營裡存在著光明與黑暗的分別〉，《東北導報》，瀋陽版，一三三期，一九四六年九月一日。

25 國弘威雄，《葫蘆島大遣返：一〇五萬日本難民遣返紀錄》，紀錄片，一九九八。

26 〈望樓〉《東北導報》，長春版，六十五期，一九四六年八月二十六日。

27 〈返國後的新生活，幾乎要從露天擺攤開始〉，《東北導報》，長春版，三十六期，一九四六年七月二十八日。

28 〈只供遣返者居住的地方〉，《東北導報》，瀋陽版，一三二期，一九四六年八月三十日。

29 Pulandian（普蘭店），日文發音是Furanten。

30 Kuramoto, *Manchurian Legacy*, 118.

31 藤原てい，《紅潮餘生》，頁二〇—三三。

32 五木寛之，《命運的跫音》，東京：幻冬舍，二〇〇三，頁一七—二三。

33 Ibid.,21。

34 滿蒙同胞援護會編，《滿蒙終戰史》，頁五四三；Gane, "Foreign Affairs of South Korea"; William F. Nimmo, *Behind a Curtain of Silencer: Japanese in Soviet Custody, 1945–1956*. Westport, CT: Greenwood Press, 1988. 另一個日本女性遭到強姦的例子發生在八月底，當時蘇軍在公主嶺車站（位於長春與瀋陽之間）攔住一列載滿平民的火車，他們把所有日本女性拉下車，然後在月台上當著家人的面性侵每一個女性。若槻泰雄，《戰後引揚紀錄》，頁一二五。

35 Guelcher, "Dreams of Empire," 252.

36 讀賣新聞社大阪社會部，《中國孤兒》，東京：角川書店，一九八五，頁一一九。

37 武田繁太郎，《沉默的四十年》，東京：中央公論社，一九八五，頁一九六。

38 〈遣返也需要女性出一份力〉，《朝日新聞》，一九四六年四月二十四日。這裡用來表示混血種族的詞彙，完全依照字面意思寫成mixed-blood child（混血兒）。

39 至少有兩份資料討論遣返與戰後賣淫之間的相關性。大谷進對於戰爭剛結束時東京的困苦生活做了概述，他寫道，在淪落賣淫的人當中，遣返者女性是第二多的。她們的人數排在國內遭受轟炸的受害者之後，但多於逃亡者、舞女、不良少女、前藝妓與祕書（大谷進，《生存：上野地下道的實況》，東京：《戰後日本社會生態史》，一九四八，頁六六—六七）。根據《真相》雜誌文章說法，一九四九年七月，五十名女性從樺太遣返回國。她們被歸類為「沒有親人的人」（無緣故者），遣返當局將她們安置在岩手縣盛岡市以北三十英里，由軍營改裝的岩汐宿舍裡。在找不到工作的狀況下，這些婦女只好挨家挨戶兜售她們的個人物品。經營當地黑市的年輕人看到其中的商機，於是把宿舍改造成妓院（〈我被遣返了，但……〉，《真相》（一九五〇年一月：五三—五六、五六）。

40 一名調查墮胎的報紙記者的說法，他的用語充分表現出這類想法：「自己的肚子裡住著外國人的孩子。」〈北滿遣返婦女集體人工流產始末：未生下紅色士兵子女的原因〉，《Sunday每日》（一九五三年三月二十九）：四—十，頁八。

41 藤原てい，《紅潮餘生》，頁三〇〇。

42 今井修二，〈紫丁香盛開的五月到來〉。

43 Tiana Norgren, *Abortion Before Birth Control*, Princeton, NJ: Princeton University Press, 2001, 28–44.

44 引揚港博多省思會，《戰後五十年引揚省思（續）》，頁二五。

45 齋藤任內的詳細介紹，見厚生省援護局，《引揚與援護三十年史》，頁五〇一。他描述懷孕返國者接受治療的文章是〈北滿引揚婦人集體墮胎始末〉，頁八。

46 〈北滿引揚婦人集體墮胎始末〉，頁七。

47 佐世保引揚援護局情報課，《佐世保引揚援護局史》，第一冊，頁一〇二—一〇四。

48 同前註，頁四一—四七。

49 上坪隆，《水子之歌：引揚孤兒與遭侵犯的婦女紀錄》，東京：社會思想社，一九九三，頁一七—三八、一六八—一八五。

50 同前註，頁一七四—一七六。

51 博多引揚援護局（厚生省引揚援護院），《局史》，頁一〇〇—一〇二、一〇八—一一〇。一九四六年七月十七日，《西日本新聞》刊登啟事，原文可見上坪隆，《水子之歌：引揚孤兒與遭侵犯的婦女紀錄》與引揚港博多省思會，《戰後五十年引揚省思（續）》，頁二三。

52 〈北滿引揚婦人集體墮胎始末〉。

53 上坪隆，《水子之歌：引揚孤兒與遭侵犯的婦女紀錄》，頁一八八。

54 《引揚港・博多灣》。這部長四十四分鐘的電視紀錄片於一九七八年六月二十八日於九州播出。

55 引揚港博多省思會，《戰後五十年引揚省思（續）》，頁二三。

56 Takashi Yoshida, *The Making of the "Rape of Nanking": History and Memory in Japan, China, and the United States*. Oxford, UK: Oxford University Press, 2006.

57 上坪隆，《水子之歌：引揚孤兒與遭侵犯的婦女紀錄》，頁一六八—一七二；飯山，《慟哭敗戰與引揚》；〈那些孩子，三十六年後的現在！〉，《週日每日》，一九八六年十一月三十日，頁三二—三三。照片中的女孩，她的丈夫寫信給飯山，希望停止使用她的照片做為遣返者的象徵，飯山遵照他們的意願。

58 照片發表於一九七九年版作品，不過從一九九三年版起被移除。在一九九三年版中，假名取代了真名，照片被移除，副標題也從聳動的「引揚孤兒與遭侵犯的婦女紀錄」改成「引揚孤兒與婦女紀實」。

59 上坪隆，《水子之歌：引揚孤兒與遭侵犯的婦女紀錄》，頁一九六。

60 武田繁太郎，《沉默的四十年》，頁一九七。儘管如此，還是有一些醫生的姓名登上了報紙。〈新人間的條件〉，《東京新聞》，一九八〇年一月七日，頁一四。

61 〈新人間的條件〉，《東京新聞》，一九八〇年一月七日。

62 〈新人間的條件〉，《東京新聞》，一九八〇年一月六日，頁一四。

63 〈四十一年的證言：遣返女性的悲劇〉，《每日新聞》，一九八七年八月十八日，引揚港博多省思會，《戰後五十年引揚省思（續）》，頁六三。

64 Kozy Kazuko Amemiya, "The Road to Pro-Choice Ideology in Japan: A Social History of the Contest between the State and Individuals over Abortion." Ph.D. diss., University of California at San Diego, 1993, 160–64.

65 一九八七年八月，岩崎正提出了類似的說法。某份報紙在簡介岩崎醫師的生平時表示，岩崎宣稱政府命令醫生執行墮胎。〈四十一年的證言：遣返女性的悲劇〉，《每日新聞》，一九八七年八月十五日，也可參見引揚港博多省思會，《戰後五十年引揚省思（續）》，頁六〇。岩崎的證言獲得另一名九州大學產科醫師天戶宮古的證實，見引揚港博多省思會，《戰後五十年引揚省思（續）》，頁二六。

66 佐世保的數字出自〈北滿引揚婦人集體墮胎始末〉，頁四；博多的數字出自上坪隆，《水子之歌：引揚孤兒與遭侵犯的婦女紀錄》，頁二〇九與〈北滿引揚婦人集體墮胎始末〉，頁一〇。

67 〈四十一年的證言：遣返女性的悲劇〉，《每日新聞》，一九八七年八月十九日；見引揚港博多省思會，《戰後五十年引揚省思（續）》，頁六四。

68 Ibid.

69 首爾小組宣稱高松宮宣仁親王訪問他們的機構，這段資料出現在引揚港博多省思會，《戰後五十年引揚省思》，頁一七〇。

70 Amemiya, "The Road to Pro-Choice Ideology in Japan," 64.

71 Michael S. Molasky, *The American Occupation of Japan and Okinawa: Literature and Memory*. New York: Routledge, 19, 11–12.

72 藤原てい，《紅潮餘生》，頁九二。

73 Lone, *Japan's First Modern War*, 68.

74 Igarashi, *Bodies of Memory*, 35–36.

75 Naoko Shibusawa, *America's Geisha Ally: Reimagining the Japanese Enemy*. Cambridge, MA: Harvard University Press, 2006.

76 Chungmoo Choi, "The Politics of War Memories toward Healing," 398. In *Perilous Memories: The Asia-Pacific War(s)*, ed. T. Fujitani, Geoffrey M. White, and Lisa Yoneyama, 394–409. Durham, NC: Duke University Press, 2001.

77 Ibid., 404.

78 "Gendered Defeat: Rape, Motherhood, and Fraternization,"該文出自Grossmann,*Jews, Germans, and Allies* 的第二章。這一章與她先前文章的主題部分重疊，Grossmann, "A Question of Silence."

79 CNN Presents. *The Cold War*, vol. 1, episode 2. 系列影片的文字記錄見http://www.cnn.com/SPECIALS/cold.war/

80 Choi, "The Politics of War Memories toward Healing," 402–4.

81 Chizuko Ueno, "The Politics of Memory: Nation, Individual and Self." *History & Memory* 11, no. 2 (Winter/Fall 1999): 129–52, 141.

82 Nimmo, *Behind a Curtain of Silence*, 39–44.

83 厚生省社會援護局，《援護五十年史》，頁四五六。

84 S. I. Kuznetsov, "The Ideological Indoctrination of Japanese Prisoners of War in the Stalinist Camps of the Soviet Union"Trans. Mary E. Glantz. *Journal of Slavic Military Studies* 10, no. 4 (December 1997): 86–103; S. I. Kuznetsov, "The Situation of Japanese Prisoners of War in Soviet Camps (1945–1956)." Trans. Col. David M. Glantz. *Journal of Slavic Military Studies* 8, no. 3(September 1995): 612–29.

85 朝日新聞社，《日本新聞復刻版》。

86 包括一九四一名陸軍士兵，三十七名海軍士兵，九名平民，五名「非日本人」軍人與一名「非日本人」平民。舞鶴地方引揚援護局，《舞鶴地方引揚援護局史》，頁531。

87 同前註，頁五三一。類似的描述也出現在〈誰讓他這麼做！〉，《日本經濟新聞》，一九四九年七月八日。這篇文章描述了驚恐的婦女、孩子與善意的「愛的運動」成員，對照著共產黨或勞工運動不斷叫囂的男性群眾。

88 〈近日恢復遣返〉，《時事新報》，一九四九年三月七日。

89 〈總算恢復遣返〉，《朝日新聞》，一九四九年五月二十二日。

90 LindesayParrott, "Japanese Repatriated by Soviet Sworn to Communize Homeland." Special to the *New York Times*, June 28, 1949.

91 舞鶴地方引揚援護局，《舞鶴地方引揚援護局史》，頁六九。

92 Gordon, *The Wages of Affluence*, 9–10.

93 Coughlin, *Conquered Press*, 30, 69–70.

94 Ibid., 106–9.

95 岩波書店編集部編，《近代日本總合年表》，頁三七八—三八〇。

96 〈社論：蘇聯遣返者的皇道〉，《日本經濟新聞》，一九四九年七月七日。

97 〈關於引揚者秩序維持之政令〉。地方引揚援護局顯然是由前日本帝國陸海軍官員充任，而這項安排冒犯了一些從西伯利亞歸來的拘留者，因為他們不想接受日本軍方的命令。

98 〈社論：守護自由的勇氣〉，《東京日日新聞》，一九四九年八月十三日。這篇社論也哀嘆西伯利亞的拘留者試圖透過「民主」一詞來追求蘇聯制度，這項舉動冒犯了支持日本戰後民主版本的人。

99 〈逼問援護學生〉，《日本經濟新聞》，一九四九年八月四日。

100 其中一份英文報導是Parrott, "Japan to Punish Red Repatriates." 文章提到政府針對這些拒絕下船或完成書面文件，在火車站靜坐示威以及對遣返官員進行「人民公審」的人祭出行政法令。

101 〈報導文學：我被遣返了，但……〉，《日本週報》（一九四九年五月）：八—一三。另外兩份雜誌《中央公論》與《真相》在《日本週報》刊出這篇文章的十二個月內，也刊載了標題相同內容類似的文章：〈報導文學：我被遣返了，但……〉，《中央公論》（一九四九年二月），二九—三五與〈我被遣返了，但……〉。

102 〈我被遣返了，但……〉，頁五四。文章中出現的名字是假名。

103 Ibid., 53.

104 Ibid., 54–55.

105 Ibid., 55.

106 Nimmo, *Behind a Curtain of Silence*, 20.

107 Ibid., 44.

108 Yoshikuni Igarashi, "Belated Homecomings: Japanese Prisoners of War in Siberia and their Return to Postwar Japan." In *Prisoners of War, Prisoners of Peace: Captivity, Homecoming and Memory in World War II*, ed. Bob Moore and Barbara Hately-Broad, 105–121. New York: Berg, 2005, 118.

109 〈遣返者——反省你的行為〉，《東京新聞》，一九四九年八月二日。

110 〈圍繞著歸國船進行的新聞大戰〉，《中央公論》（一九五三年五月）：一五二—一六一。

111 厚生省援護局，《引揚與援護三十年史》，頁一〇九—一一四。K. W. Radtke認為數字是三萬四九九八人（Radtke, "Negotiations between the PRC and Japan," 198）。

112 蘇聯人扣留了九六九人，他們認定這些人是戰犯。一九五〇年七月十七日，蘇聯人於綏芬河將犯人交給中國人，犯人中包括曾協助國民黨政府與中共作戰的人士。厚生省社會援護局，《援護五十年史》，頁八八—八九。關於從中國歸來的返國者團體（中國歸還者連絡會），見 Yoshida, *The Making of the "Rape of Nanking"*, 56–57.

113 厚生省援護局，《中國殘留孤兒》。

114 Radtke, "Negotiations between the PRC and Japan," 210–11; Seraphim, *War Memory and Social Politics in Japan*.

第四章 「最終，我們卻落入日本人的手裡」：文學、歌曲與電影中的遺返者

整個戰後時期，作家、歌詞作者與電影製片紛紛選擇了戰爭結束後的殖民地這個主題，及遣返者在戰後日本的角色。他們在戰爭一結束就開始著手進行，但基於一些理由，包括盟軍的檢查與時間上過於接近，因此虛構的遣返者角色一直要到一九五〇年代晚期，才開始大量出現在文學與電影作品中。文化作品裡的「引揚者」形象有時會持續汙名化的過程，卻提供人們其他能用來想像遣返者意義的方式。這一點表現在以不同以往的方式來重新撰寫戰爭結束的故事，或者把遣返者當成內部的他者，賦予他們遠大於「一般民眾」的力量。對戰爭結束後殖民地形象的虛構，賦予了曾在當地生活的人民各種不同的意義。

我們在第二章看到，政府與報章雜誌營造遣返者的官方與社會形象，然而這個形象卻受到遣返者本身的挑戰、修改與否認，甚至在某些狀況下被遣返者吸收成自身形象的一部分。到了一九五〇年代晚期，政府宣布遣返事務「結束」。一九五七年通過的「引揚者給付金法」，目的就是為了結束遣返事務。[1]

一九五六年中華人民共和國與蘇聯遣送最後一批定罪的戰犯，而位於舞鶴，唯一僅存的地方引揚援護局也於一九五八年關閉。[2]到了這個階段，組織性的遣返行動已告一段落。於是厚生省著手編寫遣返史。而在厚生省出版的歷史作品中，呈現出兢兢業業的官員在欠缺資源的狀況下，傾全力協助海外日本人返鄉的景象。彷彿為了挑戰官方與社會針對殖民地結束的歷史所做的圍堵、消音或甚至逾越，那些與遣返相關的短篇和長篇小說、歌曲和電影都紛紛介紹這段歷史，並且探索被這個過程的其他描述所檢查、壓制或刪除的眾多議題。滿洲日本女性的性玷汙、身分的混淆以及對殘留中國的日本人命運的探討，成為與遣返相關的大眾文化中三個受到持續關注的主題。觀察這些作品如何理解遣返者——或至少如何運用這個題材，可以透露「引揚者」在戰後日本的數十年間的實際生活樣貌。

遣返者與大眾文化

與遣返相關的文化產物可粗分為四類。第一類包括遣返者創作與遣返有關的長篇小說、短篇小說、電影與漫畫（連環漫畫）。五味川純平的小說《人間的條件》（一九五六—五八）由導演小林正樹改編成三部曲同名電影。五味川出生成長於滿洲，於一九四八年遣返回日，他自稱是「滿洲二世」。[3]松竹電影公司導演小林正樹在一九四二年受徵召入伍，然後派往滿洲，他在沖繩經歷戰爭結束，淪為戰俘，被美軍監禁到一九四六年十一月復員為止。[4]第二類包括在殖民地長大的藝術家作品，他們雖未直接提及遣返議題，卻以其他方式關切遣返者。著名隨筆作家五木寬之在二〇〇三年之前從未提到家族的創傷經驗，但他確實注意到上坪隆一九七九年鮮為人知的作品，裡面提到博多的遣返者孤兒院。[5]五木對這本書的關注促使該書於一九九三年以平裝本重新出版，並獲得廣泛注意。

第三類是作家與電影導演的作品，這些人不是遣返者，卻關心遣返議題。這群人包括電影《儀式》的導演大島渚，及暢銷小說家山崎豐子，她是小說《不毛地帶》與《大地之子》的作者。第四類是非遣返者作家，他們的作品並未直接接觸及遣返者議題，但以遣返者做為工具，要不是用來建立他者的角色——如羽仁進的電影《她與他》（1963），就是用來連結戰後日本社會與日本的帝國過去，如村上春樹的小說《發條鳥年代記》（1993–95）。

文化產物的複雜性有時會超出這四種分類。漫畫家北見健一在五、六歲時從滿洲返回日本。當時他年紀還小，幾乎不記得任何遣返經驗，但他仍被歸類為「遣返者藝術家」，與一群「中國出生」的漫畫家到中國旅行。[6]此外，遣返者可能隱身幕後影響文化產物。以遣返者為主題的電影《黃色的烏鴉》（1957），導演五所平之助本身不是遣返者，編劇館岡謙之助才是。[7]大島渚雖然不是遣返者，但他的電影《儀式》卻專注在遣返議題上，而他也在通俗雜誌發表調查文章，描述長野縣前往滿洲進行農業開拓的人最後在暴力下結束。[8]另一方面，導演山田洋次一九四七年從大連遣返——當時他還是小孩子，一九五四年進入松竹製片廠，與大島渚同期，他執導的「寅次郎」系列喜劇電影在商業上大獲成功。[9]小說家山崎豐子並未在海外成長，但她的弟弟是上海東亞同文書院畢業生，據說能講流利的中文。[10]

未曾公開表現遣返主題的遣返者藝術家，有時會指出自己與他人的作品中存在著殖民地過去與藝術的關連性。漫畫家森田拳次曾開玩笑地猜測美國電影導演約翰．福特可能是在滿洲長大的——與山田洋次一樣——因為他的電影呈現出非常戲劇性的視野，讓森田回想起小時候在滿洲看到的地平線。[11]在他的漫畫中，森田描繪了一列無車頂的貨運列車，上面擠滿數百名遣送回國的日本人，他們在遼闊的滿洲大地上顯得極為渺小。有人舉起七歲的森田，讓他在車廂邊緣小便。漫畫裡的對話框寫著：「對著又大又紅的太陽尿尿，這是我靈魂的地平線。」[12]森田把他漫畫裡的暴力歸因於自己的幼年時期，當時暴力可說是司空見慣。在另一個場景裡，還是一樣處於戰後中國，年幼的森田擠在一堆驚恐的日本民眾之中，他回想自己曾經看到一群窮極無聊的日本軍人處決中國農民。漫畫的對話框寫著：「你還會覺得奇怪，為什麼我的漫畫裡有這麼多處決場面嗎？」[13]指揮家小澤征爾是日本文化人物的另一例證，他公開表明自己的大陸根源。二〇〇二年，在維也納國家歌劇院舉辦的新年音樂會中，為了向來自各國的觀眾致意，主辦單位鼓勵參與者以自己的母語向大家問好。這位剛接受音樂總監一職，在滿洲出生成長的指揮家小澤征爾，他選擇的語言是中文。[14]

早期對遣返的虛構

一九四五年，關於遣返者的虛構描述開始在長篇小說、短篇小說、詩、劇作與歌曲中出現，特別是遣返者自己的作品以及為遣返者創作的作品。每月出刊的《港》原本是在博多引揚援護局內部出版的刊物，這本雜誌經常刊載與遣返問題相關的故事。一九四六年六月，《港》第一期出刊，剛好是百萬遣返者為日本帶來衝擊的時候。如創刊號所解釋的，這本雜誌的目的是提供援助遣返者的指引，編輯群也表示，雜誌的所有獲利都將捐贈出來協助遣返者回歸社會。前幾期的文章包括模仿厚生省官員語氣發布的聲明，充滿理想主義的記者敦促遣返者「振作精神」，以及當地船運合作社刊登的廣告，廣告提到博多與整個日本振衰起敝的關鍵是讓船運業起死回生。[15]

到了一九四七年二月，《港》逐漸將自己定位成「大陸人文化雜誌」。[16]編輯群致力將中國人與韓國人也涵蓋到文化大陸人的定義中，並且至少刊載了一篇由一個名叫王振聲的中國人寫的文章，該文認為日本民族是缺乏實質內容的種族，需要提升智能與文化水準。[17]而且《港》為了符合「大陸人」這部分的宗旨，在其中一期居然是以一名中國美女照片做為雜誌封面。

一九四七年六月，《港》刊載了一部短篇小說〈紫丁香盛開的五月到來〉。作品描述年輕寡婦千代子與她疼愛的二十歲小姑勝枝的故事，兩人為了逃避戰後滿洲的暴虐而安全抵達日本。千代子離開日本已經超過八年，但對滿洲出生的勝枝而言，遣返是她頭一次接觸「內地」。在內地冷風吹襲下，她們無法理解日本的民眾何以如此冷漠。[18]

在熊本定居了幾個月，千代子與勝枝巧遇了滿洲的老朋友高山，高山於是開始追求勝枝。某天晚上，千代子的上司廣田來拜訪千代子、勝枝與高山。在廣田催促下，三人開始回憶戰爭結束時滿洲的狀況。千代子回想日本婦女如何淪為無差別性暴力的受害者。千代子與勝枝都同意自己能活著逃出來簡直是奇蹟。廣田是內地人，對滿洲日本人沒什麼同情心，他以淫穢的眼光公然懷疑她們逃出來時是否還是完璧之身。千代子斷然否認，但傷害已經造成。未來新娘的貞操在追求者高山面前遭到質疑，而後高山便消失無蹤。

幾個星期後，當地遣返市民團體代表向千代子求助。一名來自哈爾濱的重病婦女才剛抵達日本。這名女性的日本親戚拒絕捐血給她，身為遣返者，或許千代子更有同情心。千代子立即到醫院驗血，但她的血型不符。勝枝與千代子一同前往，她的血型符合，而且願意捐血給這名遣返者同胞。勝枝因為失血腦袋昏昏沉沉，在意識不清的狀況下，她嘴裡含糊地說，「我的血是純潔的！」[19]千代子同情的眼淚滴落在她的臉頰，使她甦醒過來。

遣返者社群透過接力捐血，終於救活這名從哈爾濱歸來的婦女。當地報紙把這則令人感動的人情味故事放上頭版，但遣返者社群並未讓這種奉承的描繪沖昏了頭。有人搖頭表示報章雜誌往往反覆無常，他挖苦說，今天他們也許是英雄，但到了明天報紙又會重提遣返者犯罪的故事。勝枝的追求者高山看到報導，勝枝的無私感動了他。他頓時醒悟，自己不應該懷疑她的貞潔，並且尋求她的原諒。小說最後的場景是，當九州籠罩在大陸吹來的黃土之下，千代子心裡想著，五月時她要帶著紫丁香去參加勝枝與高山的婚禮。

儘管這是一則相當簡單的故事，卻值得做一番詮釋。首先，這則故事反映了早期「內地人」對滿洲歸來婦女在性上面不純潔的懷疑，並且把內地日本人塑造成毫無同情心的好色之徒。值得一提的是，作者今井修二的描寫手法很自然地將新類別——一個可能受到侵害的婦女——融入到既已存在的歧視體系裡：由於揹負著被玷汙的汙名，因此這名年輕女性沒有資格成為一名合適的結婚對象。谷崎潤一郎《細雪》的情節以蒔岡家想為三女雪子安排婚事為中心而展開。絕大多數追求者都因為一些小事而無法符合蒔岡家的嚴苛標準。然而有一次，一個條件不錯的追求者發現蒔岡家有肺結核的病史，於是便無禮地拒絕商討婚事。[20]今井的故事顯示，雖然「遣返者」是新的分類，卻也很容易放入既有的汙名化與歧視模式裡。

我們可以肯定地說，〈紫丁香盛開的五月到來〉很難打動日本民眾，至少就最初的形式而言。盟軍檢查人員刪除了情節的重要部分——討論日本婦女在滿洲遭到強姦——因為這是「批評俄國」的行為，而蘇聯當時仍是同盟國的一員。[21]

町樹郎的短篇小說〈錦縣集中營〉也刊載於《港》雜誌，他的作品凸顯出其他的遣返問題：遣返者很難保留自身的身分。[22]故事開始於一九四六年夏天的一個雨夜，主角豐代與她的伴侶龍三擠上無車頂的遣送列車，從長春經瀋陽前往錦州的遣送集中營。他們將從這裡搭乘遣返船回到日本。豐代是個可愛而年輕的鄉村婦女，她加入農業開拓團前往滿洲屯墾。她的丈夫在戰爭結束前徵召入伍，她從此再也沒有他的消息。身為女性，又獨自一人，豐代發現自己在滿洲很容易受到傷害。她前往長春的難民營，然後取得在龍三家中擔任女傭的機會，龍三是個年長的富人，他的妻子在戰爭結束前感染霍亂去世。不久，龍三與豐代就像夫妻一樣一起生活。

抵達錦縣集中營後，豐代得知龍三已將她登記為妻子，未來她將前往龍三的家鄉山口。想到自己未來將以另一個男人的妻子身分返回日本，豐代不禁感到沮喪。她與龍三爭論，認為龍三在未徵詢她的意見下登記是不對的，而且她想返回自己的家鄉。龍三認為自己對豐代負有責任，他表示返國後兩人再一起處理這個問題。豐代找到一名官員，要求他變更登記，卻遭到拒絕。不過，第二天，那名官員通知豐代，集中營裡有一份工作，負責烹煮高粱供遣送者食用。集中營是個可怕的疾病傳染地，而返回日本的機會就出現在她眼前。儘管如此，豐代還是選擇留下。

這部小說可以從幾個角度解讀。它反映出父權主義與遣返過程的文書工作，兩者的權力彼此交錯。作者町樹郎也許給予了豐代選擇的能力，由她自己決定在什麼條件下返回日本，然而身為一名貧苦無依的女性，在當時的日本幾乎沒有什麼選擇的餘地。滿洲女性或許知道返回「內地」意味著面對較嚴格的社會規範與更多旁人的指指點點。但這也顯示，在戰後滿洲的混亂裡，失去身分與重新獲得身分有多麼容易。豐代原本有機會返回日本，但條件是必須換成新的身分，結果她選擇繼續留在滿洲。從故事裡豐代的例子來看，堅持舊身分與返回日本，兩者是不相容的。

遣返的流行歌曲表現出遣返感傷的一面。與遣返相關的歌曲有三首，第一首是〈返鄉船〉，這是一九四六年歌手田端義夫戰後第一首暢銷單曲。這首感傷的歌曲提到返回日本的艱辛旅程。第二首歌〈異國之丘〉提到仍拘留在蘇聯的人過的悲慘生活。這首歌有一段戲劇性的歷史，它首次引進日本是在一九四八年八月一日。一名復員的士兵最近才脫離蘇聯的拘留返回國內，他參加NHK的廣播節目「素人喉自慢」，並且在麥克風前獻唱，這首陰鬱感人的歌曲擄獲了全國人民的心。西伯利亞拘留者吉田正，也就是〈異國之丘〉的作者，他在一九四九年返國時發現自己寫的歌已經被同袍帶回國，成為家喻戶曉的歌曲。[23]官員們想在緊繃的西伯利亞拘留者遣返過程期間使用這首歌曲，他們認為在返鄉船上播放這首歌可以讓拘留者獲得抒解。被蘇聯人洗腦的拘留者拒絕聆聽，他們抱怨這首歌的旋律顯然借用了俄國的古老民歌，因此明顯帶有「資產階級」色彩。一九五〇年一月，有一艘船上的蘇聯拘留者把日本國旗別在自己的胸膛上，船一到了舞鶴，這些拘留者隨即齊聲高唱〈異國之丘〉。他們的行動清楚傳達他們的愛國情操與揚棄共產主義，同時洗刷了日本國民對拘留者的猜疑。[24]

第三首流行的遣返歌曲〈岸壁之母〉在一九五四年首次發行，一九七二年再次發行時成為傳唱全國的暢銷歌曲。[25]這首歌與隨後拍攝的電影根據的是端野いせ的生平，據說這名婦人從一九五〇年一月開始，每天都到舞鶴碼頭等待她的獨子歸來。[26]即使一九五六年她收到官方通知兒子的死訊，她依然繼續等候，相信兒子終會回來。[27]一九七八年，舞鶴引揚記念館官員把〈異國之丘〉與〈岸壁之母〉的歌詞刻在石碑上，明確地將歌曲與紀念遣返的地點連繫起來，或許是為了在遊客心中建立起流行歌曲與遣返歷史的連結。[28]此外，〈岸壁之母〉成了一種速寫，表現出遣返的悲劇面。一九九五年，為了紀念戰爭結束五十週年，通俗週刊雜誌《SPA!》刊載了戰後日本發生的十大最重要事件，其中遣返與遣送位居榜首。[29]遣返的人數占了全日本人口的百分之九，伴隨而來的還有「在碼頭邊等待的母親」淚水。一聽到我的研究主題是戰後遣返史，兩名非遣返者日本人立刻唱起了〈岸壁之母〉。[30]這些歌曲簡單而感傷，提供了與戰後返回或無法返回日本的情感連結。

一九五〇年代小說的滿洲殖民地終結

雖然日本政府在一九五八年宣布遣返結束，但一股反向的風潮卻開始湧現：大眾與文學文化對於戰爭結束時的狀況重新進行寫實的考察。政府在一九五七年與一九五八年採取的做法是經過權衡而官僚的。但藝術家對戰爭結束時海外日本人的描寫卻混亂而猛烈，汙損了戰後日本社會勤勉、和平與和諧的虛偽外觀。

一九五六年與一九五七年，五味川純平出版了他的六冊史詩小說《人間的條件》，不到三年的時間售出超過二百四十萬冊。[31]導演小林正樹將這部作品改編成長達九小時描述戰時與戰後滿洲生活的三部曲電影，由知名演員仲代達矢飾演主角梶。[32]小說與電影引起的回應，顯示描寫滿洲殖民地結束的故事在日本可產生廣泛的關注。

《人間的條件》講述梶的故事，梶是一名懷抱理想的年輕人，一九三〇年代，他在滿洲找到一份工作。在自己任職的大型半官方色彩的工業公司裡，梶決心證明平等善待韓國人、中國人與日本人是有效的做法。在戰爭期間，局勢變得愈來愈糟，梶必須不斷面對可怕的抉擇。即使（尤其）當他做出正確的道德選擇時，梶發現結果依然對自己與他人有害。在違反契約的狀況下，梶從民間單位被強制徵召入伍，他因此暴露在日軍極度的殘暴之下。他的人生從此往下沉淪。在一九五七年出版的第五冊，一開頭就提到戰爭結束。梶成為日本強盜頭子，帶領一群烏合之眾躲避蘇聯人的追捕。在戰後的滿洲，幾乎沒有人同情這些戰敗的日本士兵。有一回，一名女性日本難民告訴梶，殘暴的蘇聯士兵惡劣程度還比不上日本士兵。她的話刺傷了梶，他懷疑地說：「我們的名聲比紅軍還糟？」[33]梶心裡只想著返鄉，然而不是日本，而是南滿，他想見到自己的妻子美千子。他對妻子的愛是他堅持至今的唯一力量。

《人間的條件》產生了各種詮釋。詹姆斯．歐爾（James Orr）從探索戰爭罪行的角度進行分析。[34]五味川的一些作品顯示他有意探討這個主題。梶對妻子的摯愛，其他家族成員完全未出現，或者其他類型的效忠——對國家、軍隊、公司或村落——這些都引人矚目。基於這個理由，這部小說可以詮釋為在戰後日本倡導以浪漫夫妻做為理想的社會單位。

《人間的條件》提到了日本帝國瓦解時殖民地人民的身分轉變，也引發爭議。梶遭遇的麻煩多源自他的日本陸軍士兵身分，從這點來看，我們可以說戰爭與戰敗塑造了他這個人。然而，在最後兩冊，梶經常遇到日本帝國的殘餘，包括開拓地失散的日本孩子、獲得解放的韓國人返鄉、[35]想要復仇的中國人以及難民營裡的日本婦女。[36]日本婦女仍然叫他們「士兵先生」（兵隊さん），但梶婉拒這樣的稱呼，他幽默地稱自己與其他人是「戰敗落單的士兵」（敗殘兵）。最終，梶這個人的身分完全由滿洲殖民地的結束來界定。

《人間的條件》涵蓋的主題與之前的遣返小說有共通之處。與短篇小說〈紫丁香盛開的五月到來〉一樣，《人間的條件》提到日本婦女在滿洲的問題，以及她們成為性發洩的對象。但五味川對性、強姦、性侵者與性玷汙的處理要比之前的作品來得露骨。在某個場景中，梶與他那群盜匪弟兄遇見一名十八歲的日本女孩以及她不會說話的弟弟。[37]女孩全身髒汙，衣服也被撕開，但仍無法掩蓋她的年輕與美麗。梶的忠實追隨者，天真而年輕的寺田問道：「妳沒出什麼事吧？」女孩不自在地說道：「一些日本女演藝人員為我們做出犧牲。」「她們怎麼了？」寺田問道。「俄國人把她們抓走了。」她回道。[38]

女孩懇求梶讓她與她的弟弟和他們一起同行，梶想拒絕，因為平民會拖慢他們的速度，但最後他還是答應了。大約過了一天，一個名叫桐原的男子與他的兩個部下主動要求護送這對姊弟到邊境。梶感到不解，為什麼素行不良的桐原突然變得這麼好心，但他心想大概是這名女孩的清新與美麗觸及他內心某個柔軟的部分。於是桐原、他的部下與兩個姊弟離開了隊伍。

一天後，桐原與他的部下返回梶的隊伍。梶想知道距離邊境有多遠，於是他問桐原的一名部下那對姊弟的事以及他們被帶到哪裡。桐原的部下支吾其詞，於是梶質問桐原。

「你們對她做了什麼？」

「我適當地對待她，適當地。」

「你說的『適當』是什麼意思？」

「你真的想知道嗎？我把她身上沾到的俄國髒東西去除了。」39

敘述者告訴我們，當桐原與他的部下攻擊女孩時，女孩極力抵抗，儘管如此，她依然聽見其中一個人叫道：「像妳這種被俄國人侵犯卻不自殺的女孩，憑什麼拒絕日本男人？」40強姦之後，桐原與他的部下殺了女孩與目睹一切的弟弟。這段文字意義重大，因為這是相當罕見的描述，日軍的性暴力與日本女性平民遭到性侵兩者交錯在一起。在其他的作品中，這兩種現象是區別開來的。《人間的條件》迫使讀者思考日本人對日本人施加的暴力，以及戰時日本士兵在中國的行動與日本女性受害之間的可能連結。

五味川對於性玷汙這類語言的使用，以及桐原宣稱他藉由強姦而「淨化」了女孩，都呼應了一九四六年從滿洲歸來的女性引發的討論。如第三章提到的，一些醫療人員負責照顧這些婦女；但是，報導卻從潛伏的性病、她們肚裡懷的「外國胎兒」以及避免這些問題「傳入日本」的角度來討論這些女性。

五味川的這段敘述傳達了這樣的想法：有些人認為蘇聯軍隊強姦日本女性，這種問題與其說是對女性的性侵害，不如說是外國人對日本人身體的玷汙。

梶與他帶領的隊伍來到婦女難民營時，遇見了更多日本女性平民。她們的丈夫在很久以前就被徵召入伍，絕大多數的孩子與老人都已死去。梶與他的部下協助婦女劫掠附近農田的糧食，然後兩群人共享餐飯。到了晚上，便是男歡女愛的時刻。這些女性被描寫成寂寞難耐的模樣，她們渴望擁有男人，即使只是一晚。兩群人相互尋求安慰的時光，因為第二天早晨男人們準備離去而戛然中止。蘇聯人抵達，他們要求日軍投降，如果不從，便威脅要殺害每一個人。

整個晚上，梶一直表現出冷眼旁觀的態度，他拒絕其中一名女性的求歡。於是這名女性將注意力轉移到年輕的寺田身上，這是他頭一次體驗性愛。這個場景顯示的，與其說是這個不知名的女性，不如說是這兩名男子的關係。更值得注意的是，對五味川來說，他描寫日本士兵向蘇聯人投降的場景，其實是重新洗刷了日本男人的行為，他們是為了挽救日本女性平民的性命而犧牲自己。

梶顯然是五味川虛構出來的人物，但兩人的生平卻有類似之處。五味川在滿洲出生長大，之後前往日本接受大學教育，而後又返回滿洲在鞍山製鋼所工作。[41]他日後回憶時表示，當時在滿洲的日本人所享有的經濟條件相當吸引人，遠優於滿洲的韓國人與中國人，甚至超越日本剛畢業的大學生。戰爭末期他被徵召入伍，在與蘇聯坦克部隊交戰中奇蹟生還——他的部隊一百五十八人中只有四人倖存。一九四八年，他被遣返回日。

五味川出版《人間的條件》的時候，安部公房的《獸群尋找故鄉》也開始在文學雜誌《群像》上刊載。小說裡，一名滿洲出生命運多舛的青年久木久三，為了擺脫近似俘囚的童僕地位而逃離哈爾濱某個蘇聯軍官的家，之後便往南方走，想返回日本。一九四八年的滿洲，無情的地理與政治形勢讓久木層層受阻，天真的他獲得狡詐的韓國海洛英販子高石塔的幫助，但也遭到他的剝削。高石塔的母親是日本人，所以他會說日文與中文，對於國共內戰下後殖民社會的複雜情況瞭若指掌。在旅途中，高石塔搶走久木的財物，將他遺棄在瀋陽等死。久木存活下來，並經由他人協助下找到了一處社區，這裡有少數殘留的日本技術工人和他們的家人依然在此生活。久木懇求日本守衛，表示他一心只想返鄉，但守衛說：「遣送營全都關閉了，遣返船也全開走了……沒辦法。」遭到拒絕後，久木走到一戶日本人家前面。「我是日本人。」他對孩子們說。孩子們嘲笑他。「你是乞丐！日本人不會這麼黑！」孩子們叫道。母親把孩子叫進屋裡然後關上門。[42]

遭中國守衛驅逐後，饑餓而絕望的久木遇見了幾個日本走私客。當久木告訴他們自己的名字時，他們第一個反應是驚訝不已，因為有一個來自哈爾濱的久木久三已經和他們談好要回日本。他們不懷好意地想瞧瞧這兩個久木碰面時會發生什麼事。走私客帶著久木一起走，並且安排兩人在回日本的船上對質。原來冒名頂替的是偷走久木證件的高石塔。但高石塔精神錯亂，被拴上了鎖鍊，他真以為自己是久木久三。小說到了最後，久木與高石塔，一個滿洲日本人與一個滿洲韓國人，兩人都被扣留在船上，永遠無法抵達日本。

小說家安部公房在一九二四年生於東京，出生後不久即遷往滿洲城市奉天（瀋陽），他的父親安部淺吉在當地的滿洲醫科大學教書。[43]一九四〇年，安部十六歲，返回東京就讀高中，之後便經常往返奉天與東京兩地。一九四三年，安部十九歲時進入東京帝國大學醫學部就讀。一九四四年，安部開始相信日本即將戰敗的傳言。他偽造自己的身分證件後返回滿洲。戰爭結束時，安部與家人一起待在奉天，在他父親的診所幫忙。安部提到，日本投降後，他與高采烈，但很快就面臨戰後滿洲的混亂。蘇聯占領軍把安部一家趕出自宅，此後安部一家便經常躲著蘇聯軍人。一九四五年底，安部的父親在治療患者時被傳染斑疹傷寒而死去。安部靠著在街上叫賣冷飲養活自己（或許還有他的母親與弟妹——他是四個兄弟姊妹中的長子）。一九四六年秋，二十二歲的安部與家人搭乘遣返船前往長崎縣佐世保引揚援護局。[44]由於船上爆發霍亂疫情，遣返船在日本外海下錨停留超過十天，所有的返國者都必須接受檢疫。被迫待在外海骯髒的船上，日常用品供應有限，有些人開始呈現瘋狂的症狀。安部寫道，這個經驗成為小說《獸群尋找故鄉》船上最後場景的基礎。[45]筆者凸顯這些類似之處，並不是為了說明這部小說具有傳記性質。儘管如此，安部的創作確實運用了自己在戰後滿洲與遣返的經驗。

在安部的作品中，《獸群尋找故鄉》有著相當奇特的地位。這部小說的英文譯本至今尚未出版，而它首度問世時，評論者也未留下特別深刻的印象。到了一九五七年，安部已經建立起創作幻想小說的名聲，而一名失望的評論家表示，當他拿起《獸群尋找故鄉》時，他還預期這會是一部充滿奇妙內容的作品。另一名評論家猜測，或許這名年輕人已經江郎才盡。[46]雖然《獸群尋找故鄉》不如安部其他的小說和戲劇來得知名，但卻充滿安部作品特有的主題與比喻。

文學學者已經指出安部作品的幾個核心主題。E・達爾・桑德斯（E. Dale Saunders）是安部《砂之女》與其他作品的譯者，他歸結安部作品有三條主線：「疏離與喪失身分這兩個孿生主題」；「都市孤立讓現代人陷入無聊沉悶」；「運用文學這項工具來翻轉或顛倒角色，讓獵人變成獵物」，或讓侵略者變成受害者。[47]威廉・居里（William Currie）詮釋安部的小說是「尋找存在的根源」，而其象徵就是沙子；「溝通困難」，表現在面具的使用上；以及「內在與外在現實的落差」，是藉由探索地圖與城市而發現這點。[48]文學批評家川村湊指出，安部作品裡追逐與被追逐、城市與荒野、故鄉與異鄉之間的緊張關係，似乎呈現了相反但實際上連續的經驗，看起來更像是莫比烏斯帶（Mobius strip）。[49]安部將《獸群尋找故鄉》的主角取名為久木久三，暗示了這部作品的深層主題。久木久三（Kuki Kyūzō）其實是巧妙改動哲學家九鬼周造（Kuki Shūzō）的名字而來，安部或許是想諷刺地提出本真性、多元主義以及與土地的連結等這些主題。[50]

在《獸群尋找故鄉》中，安部以文學的方式呈現許多這類進退兩難的局面。久木經歷了桑德斯歸結的問題。首先，他失去了身分，而且與周遭的人疏離。在瀋陽這座城市，他明明已經接近日本人居住的社區，卻無法靠自己的力量找到地方。一名中國青年主動表示要帶他「到日本人住的地方」，久木心想怎麼可能這麼容易，但當他抵達時，那裡的日本人卻將他拒於門外，因此他還是孤伶伶一個人。這本書的設定是角色的翻轉：久木原本是支配國的人民，此時卻要仰賴韓國人高石塔才能生存。當久木與高石塔在滿洲平原上忍受饑寒時，出現了獵人與獵物之間模稜兩可的局面。他們碰上一群野狗，這群野狗和他們一樣又餓又冷。年輕人與狗彼此打量，到底誰是掠食者誰是獵物。

久木無法與周遭的俄國人、中國人與韓國人溝通，他變得無助，只能仰賴高石塔。地圖扮演了關鍵角色。久木從幫助他的俄國人那裡偷來一份地圖，徒勞地希望地圖可以為他指出回家的路。彷彿為了強調地圖的重要似的，原初的版本還在正文旁邊附了一張手繪地圖。在《獸群尋找故鄉》中，久木這個身處滿洲的無助外國人，經歷了疏離、孤立與角色翻轉，這些狀況在安部日後的作品中都轉而以抽象的形式表現。[51] 對久木而言，對安部其他小說的主角也是如此，家鄉永遠是異鄉。

《獸群尋找故鄉》的一些主題與其他遣返小說的主題呼應。首先，久木無法維持自己的身分。蘇聯人給他身分證件，但當他試圖使用證件時，人們卻笑他天真地以為這些證件——就像地圖一樣——真的有用。之後，當他遺失證件時，滿洲的日本人社群拒絕接納他，因為他無法證明自己的身分。他們無疑相信他是日本人，卻因為他沒有證明文件而輕易地打發他走。一九四八年，滿洲陷入混亂，久木不見容於殘留的日本人社群，又沒有身分文件，於是成了一個無國籍的人（無籍者）。久木也在另一個領域失去了身分——他的身分被韓國人高石塔偷走了，而高石塔打算冒充久木前往日本。久木無法拿出文件證明自己的身分，以及高石塔很輕易就偷走他的文件，這兩件事顯示身分與劃定疆界的政治國家之間的連結是反覆無常的，兩者隨時可能崩潰消散。

從日本人社群的社會性質來看，特別是海外日本人，久木被身旁的日本人孤立是相當特出的。父親在他出生不久就過世了，母親與他一起在哈爾濱生活，靠著租屋給日本工人維生。就在蘇聯入侵後不久，他們的社群準備疏散。但一顆流彈擊中久木的母親。當久木留下來照顧垂死的母親時，其餘的人拿走了久木保管的錢，繼續疏散。到底是誰射死久木的母親，我們不得而知，而在語言不通之下（書中有幾則因為語言不通而產生的黑色幽默），蘇聯占領軍士兵以為她是被某個法西斯主義者殺害。在蘇聯人的世界觀裡，凡是法西斯主義造成的孤兒都值得同情，於是他們收留他做為童僕，並提供他生活所需。久木逃離哈爾濱抵達瀋陽後，他在當地找到日本人，但他與自己所屬的哈爾濱日本人社群失散後，就再也無法加入其他的日本人社群。久木自此一直是一個人。

會說日語的韓國人高石塔是《獸群尋找故鄉》的關鍵人物。其他以戰後滿洲為背景的小說也有說日語的韓國人。在《人間的條件》中，出現了兩種說日語的韓國人。第一個是販賣中國奴工的邪惡韓國人，第二個是和善的韓國家庭，他們在梶返鄉的路上與他閒話家常。在之後要討論的小說《大地之子》中，一名會說日語的韓國人為中國人民解放軍工作，他威脅被當成中國人的小說主角，表示要揭發他的日本人身分，如此他便不免一死。但韓國人沒有真的這麼做，主角也因此存活下來，但說日語的韓國人對日本青年構成的威脅，卻推動著情節持續展開。在《獸群尋找故鄉》中，殖民角色的翻轉，使久木發現自己必須仰賴高石塔才能生存。戰後文學在處理遣返這個主題時，把韓國人當成焦慮的來源：殖民地創造物在戰後滿洲反過來糾纏日本人。《獸群尋找故鄉》的結尾讓所有人處於懸而未決、身分不明的狀態，凸顯出殖民計畫模稜兩可的遺留物。至少在小說中，並未對這個混淆的狀態提出任何解決之道。

一九五七年，另一部與遣返相關的作品，導演五所平之助的《黃色的烏鴉》問世了。[52]電影一開始是一群小學生在畫畫，畫的是峙立於他們面前的鎌倉大佛。九歲的清堅持為自己的畫塗上黃色與黑色。老師對於清與他的畫感到擔心，於是請教男同事的意見。清原是適應良好的孩子，但最近卻經常惹麻煩、不守規矩。老師的同事以權威的語氣對她說，根據最新的心理學研究，戰爭孤兒與來自破碎家庭的孩子經常把畫塗成黃色與黑色。清的老師樂觀地對同事說，清的家庭很圓滿——事實上，他的父親才在一年前從中國遣返回來。「啊，」男老師恍然大悟地嘆道，「是遣返者啊。」[53]

在一連串的倒敘中，電影提到父親返回日本。清與母親前往舞鶴迎接他從未謀面的父親。父親戰前的僱主不情願地重新僱用他，但在他長期不在公司的期間，年輕後輩已經當了他的上司，而且以高傲的態度對待他。他與兒子關係疏遠，原本清與母親一起睡，現在父親取代了他在床上的位置。電影情節在父親趕走清的寵物烏鴉時出現危機。清於是用黃色與黑色畫了烏鴉。

危機過後，清去投靠鄰居。那是一名慈祥的戰爭寡婦，她已經有一個孤兒要照顧，但清希望她也收留自己。清的母親偷聽到他們的對話，感到心碎。接下來這名寡婦講出了這部電影的訊息：清的父母親很自私，他們只關心自己，忽略了男孩，清自從父親返國後就形同孤兒。清的母親與丈夫把話攤開來談，兩人決心要像家人一樣生活，而他們也做到了，從此一家人過著幸福快樂的日子。

《黃色的烏鴉》是一部相對直接的電影，在接近電影開頭說的那句「啊，是遣返者啊」，向觀眾預示麻煩人物即將登場：一個社會適應不良的「好辯者」，把社會和家庭搞得一團糟。最終，這個家庭在睿智鄰居協助下，讓「遣返者」重新融入這個家，但他的返國也差點讓家庭分崩離析。這部電影似乎要表達，唯由透過親情與適應，家人才能讓遣返的成員重新成為家中的一份子。

遣返者不斷出現在電影與小說中。一九六三年的電影《她與他》，看起來與常人無異的家庭主婦直子因為照顧一名無家可歸的拾荒者、他的狗與一名孤兒，而將衝突帶進自己的婚姻中。直子的穿著打扮、上街購物與操持家務，就和其他家庭主婦一樣，但在電影一開頭，觀眾從兩名中年鄰人婦女的閒聊得知，直子是從滿洲歸來的遣返者。這兩名婦女重複熟悉的模式，一方面同情（「她肯定有過恐怖的經歷」），另一方面又汙名化。直子遣返的過往在與拾荒者的對話中又出現了一次，同時也是最後一次。她不知不覺陷入過去的回憶裡，她說自己小時候曾經在滿洲走了幾百英里的路，最後才遣返回日本。

《她與他》是直子與丈夫英一兩人在新中產階級社區（團地）生活的故事。在電影中段，直子的丈夫英一表示自己對於社區生活感到滿意。到了末尾，隨著直子愈來愈投入於無家可歸者的家庭時，一向疼愛妻子的英一憤怒地吼道，他只是個普通人，想擁有一個普通的家庭。這或許是為了對比出直子。直子的遣返經驗並未在電影中出現，但她需要與其他家庭主婦有些不同。日本大眾文化裡其他用來凸顯差異的比喻，包括外國人、非人性的性格、被某種經驗（如原爆受害者）影響的人以及歷史上國內的少數族群（如部落民）。有時候，光是來自北海道或沖繩就能說明一切。《她與他》的情節需要一個內部的他者，必須要有一個人，她的日本特質濃厚到足以讓她嫁給普通的生意人，住在普通的社區裡，但又要具備一定的差異性，足以讓她產生問題。戰爭結束過了十八年，遣返者依然扮演著國內他者的角色，至少在小說是如此。

一九七一年，另一部描述滿洲遣返者的電影發表了。大島渚的《儀式》講述一個名叫滿洲男的男子的故事。影片內容是由櫻田家的五場集會構成：一九四七年，滿洲男父親的悼念儀式；一九五二年，滿洲男母親的喪葬儀式；一九五六年，滿洲男的叔叔櫻田勇的婚禮儀式；一九六一年，滿洲男毫無意義的婚禮儀式（新娘逃婚，但櫻田家的大家長（滿洲男的祖父）逼迫他獨自一人舉行婚禮）；與一九七〇年，櫻田家大家長的喪葬儀式。每一場儀式都呼應著戰後日本政治經濟史的重要時刻：一九四七年，天皇發表人間宣言一週年紀念；一九五二年，盟軍結束對日本的占領，大家長在整肅後又重新回到公眾面前；一九五六年，保守派自由黨執政，開啟了「五五年體制」；一九六〇年，修訂美日安保條約；與一九七〇年代初為沖繩返還做準備。以每個儀式代表戰後日本歷史的重要時刻，大島藉由電影批判戰後日本社會，在他的描繪下，這個社會充斥著戰犯、亂倫與鬧劇。

《儀式》也談到殖民地日本人的返國以及他們試圖融入本土社會遭遇的困難。第二個場景描繪一個日本女人與孩子，衣衫襤褸，破爛的物品捆綁在背部，他們在原野上奔逃，躲避身後不知名的攻擊者。這是日本人在戰後滿洲逃亡的經典形象。但諷刺的是，電影裡兩人卻身在日本，位於家族的土地上，他們躲避的對象是他們的親戚。在戰後滿洲淪為難民後過了十八個月，十四歲的滿洲男與母親獲得遣返，他們返國時正好趕上滿洲男父親的悼念儀式。他的父親在一年前，也就是天皇發表人間宣言的那天自殺。

大家長與兒媳婦（滿洲男的母親）最初的會面，完全表現出戰爭結束後對滿洲日本女性的刻板印象。大家長質問她為什麼逃跑，她解釋自己不想成為家族的負擔，她與滿洲男兩個人可以自己過活。大家長斥責她，提醒她現在她的丈夫已經死了，滿洲男成為唯一的繼承人。大家長又說：

「大家都說俄國人是惡魔。妳的經驗也是這樣嗎？」

「那的確是非常可怕的經驗。」

「妳的眼睛泛黃。俄國人抓妳去當妓女嗎?」
「確實有女人遭遇這樣的不幸。」
「妳,妳,我是問妳。」
「若是如此,我絕不可能順利回家。」

但滿洲男的母親仍受到懷疑,滿洲男還被迫參與詆譭自己的母親。

「告訴我們關於俄國人的事!」
「他們給我一些黑麵包。」
「他們有給妳母親任何東西嗎?」
〔沉默〕
「你曾與她分開過嗎?」
〔沉默〕

滿洲男母親的病一直未能痊癒,五年後,她的喪禮成了家族再次集會的理由。大家長在大家面前宣稱她有悲慘的經驗。十九歲的滿洲男只能無力地抗議,他說母親在滿洲過得很幸福。

在《儀式》中,櫻田家的亂倫問題導致身分的錯亂。家族裡絕大多數的女性全遭到大家長的侵犯,四個孫子孫女中有三個完全搞不清楚父親是誰。過去,他性侵外甥女節子,為了處置她,就把她送到滿洲嫁給與他有合作關係的中國人。藉由這種方式,《儀式》把滿洲呈現為一個把被玷汙的女子送去的適當處所，而被玷汙的女子也從那裡歸來。滿洲男真正的父親是誰，這個問題只出現過一次。滿洲男的叔叔櫻田勇是日本共產黨成員，他曾公然質問大家長是不是滿洲男真正的父親。大家長以這個問題無關緊要而拒絕回答，然後反過來利用這個機會嚴厲批評日本共產黨並駁斥一切對他的權力的挑戰。除了父親是誰，在滿洲出生成長、從滿洲遣返回國的滿洲男最感掙扎的還是自己的身分。在電影一開頭，成年後的滿洲男與表妹律子談起他們的關係。滿洲男愛著她，但她堅持稱他為「親戚」。滿洲男毫無說服力地表明自己的身分，他說他有名有姓，他叫滿洲男，是滿洲出生的男子。雖然他試圖與櫻田家疏遠，但他無法製造出屬於自己的獨立身分。

除了將滿洲女性與性玷汙相連結以及身分的混淆外，《儀式》還提到第三個主題——從中國或蘇聯延宕歸來的父親，這個主題常見於與遣返相關的作品，是《黃色的烏鴉》與山崎豐子《不毛地帶》下半部（稍後討論）的主題。在《儀式》中，滿洲男的叔叔櫻田進被遣返回國，剛好來得及參加另一位叔叔櫻田勇的婚禮。沉默不語的櫻田進看起來不成人形。三叔勸誘他，要他忘了在中國坐牢的事，並要求櫻田進與他一起合唱〈支那之夜〉，一首殖民時代的流行歌曲。櫻田進的兒子櫻田忠質問他，但直到第二天，在節子被發現遭人以利刃刺穿胸部固定在樹上後，櫻田進才開口對兒子說話。櫻田進用腳抵住穿著白色和服的節子屍體胸前，用力拔出刀子，然後交給兒子。「拿著。」他說道。然而，到了一九六一年，櫻田進已被馴化成一名聽話的中年上班族。反而是他的兒子漸趨激進，最後成了一名右翼國家主義者。

在山崎豐子的小說《不毛地帶》中，情節的安排似乎逐漸有利於虛構的遣返者。《不毛地帶》大致根據關東軍軍官與戰後退居幕後的政治智囊瀨島龍三的生平寫成，從主角壹岐於戰爭結束時在滿洲採取自我犧牲的行動開始，到蘇聯勞動營，然後到馬加丹（Magadan）的西伯利亞囚犯營。壹岐在西伯利亞寒冷荒原下倖存，返國後卻發現自己必須面對戰後日本社會的精神荒原。他忠實而堅忍的妻子很高興他能回來，但他的兒子無法將昔日意氣風發的年輕父親形象，與返國的這位牙齒掉光彷彿只剩一具空殼的父親連繫在一起。

儘管如此，壹岐的境遇還是比先前的角色好得多，如《人間的條件》的梶、《獸群尋找故鄉》的久木與《儀式》的滿洲男。首先，他回到自己的家。其次，他的男子氣概並未受損，在妻子協助下，他逐漸恢復昔日的風采。雖然壹岐站在戰後日本豐衣足食的生意人當中，宛如無家可歸的乞丐，但一家大型貿易公司的董事長卻獨具慧眼，看出壹岐的傳統價值並堅持僱用他。壹岐試著婉拒，因為他對現代社會一無所知，尤其是商業世界。然而到了小說末尾，壹岐已在美國經營商業，進行嶄新而良性的戰爭——經濟戰爭。壹岐獲得了救贖。

一九七〇年代，從滿洲歸來的虛構女性遣返者卻未獲得類似的救贖。在《不毛地帶》裡，壹岐、妻子佳子以及朋友丸長想為他們的朋友找對象，這個朋友名叫神森剛，他也是西伯利亞拘留者。

> 神森剛在俄國入侵滿洲的混亂中失去妻兒。他的父母也死了，他一個人住在東京，全心投入防衛廳的工作。壹岐在信中一直催促他再婚，還正式安排神森與一名喪夫的同學見面。
>
> 佳子放了張照片在茶几上。照片裡的女性盛裝打扮，年近四十歲，身材有些豐腴，五官圓潤，臉上雖帶著笑容，但隱約散發出悲傷的氣息。
>
> 「戰爭結束時，她在滿洲，」佳子解釋說，「她的丈夫在戰爭末期徵召入伍，在戰鬥時死亡。他們有兩個孩子，年紀大的在疏散時死亡。現在她與十四歲的兒子住在船場的兄弟家中。」

「你們覺得如何？」丸長問道，「我利用午餐時間到藥局，與她聊了一會兒。她是個文靜的女性，話不多。我猜想在滿洲疏散期間，她可能受到俄國士兵的嚴酷對待。她說，只要對方是個了解西伯利亞苦況的人，她就願意再嫁。他做什麼工作對她來說並不重要。她只有一個條件——要收養她的兒子。」

壹岐、佳子與丸長一邊看著照片，一邊思索著。他們不知道這兩個人——或許該說是三個人——一起生活會有什麼結果。滿洲的日本婦女遭入侵的俄國人強姦，這件事在日本早有報導。這些不幸的女子難以扭轉自己的命運。每個日本人都知道戰爭結束時這些年輕女性都還只是孩子，就因為俄國人燒殺擄掠時她們人在滿洲，這些女性就被剝奪成為新娘的可能。

「知道滿洲日本人遭遇的人，都會同情那些不幸的女人，」壹岐嚴肅地說，他表達了三人共同的想法，「但恐怕絕大多數日本人都不會如此體諒……」

「神森先生一定能理解，」佳子說道，「他一定會同情曾經遭受過如此殘酷對待的女性，因為他的妻兒在死前也可能受過同樣的苦。」[54]

這段描述清楚說明滿洲婦女所遭受的汙名性質。此外，這段描述也表達了戰後日本普遍的感受，那就是從滿洲歸來的女性遣返者的合適對象是西伯利亞的男性拘留者。戰後日本存在著一些狀況，使這類婚姻產生吸引力。以一些例子來說，滿洲的女性遣返者與西伯利亞的男性拘留者在戰爭結束前多半已婚。然而，戰後滿洲女性有些未能倖存，而拘留在西伯利亞的男性估計有六萬人在返國前已經死亡。有些拘留者抵達日本時發現家人依然健在，但許多人（如尖山的開拓民）卻發現自己成了鰥夫。有些女性（如作家藤原てい）與自己的丈夫團聚，但其他人只能徒勞地等待。一名拍攝滿洲遣返者紀錄片的導演說道，如果沒有妻子精神與物質上的支持，他不可能完成作品，而他也是滿洲遣返者。[55]但在這些群體中，許多人卻看不出有特定連結——女性遣返者不必然認為西伯利亞拘留者是合適的對象，正如西伯利亞拘留者不必然認為他們需要一個遣返者妻子。這些大眾文化作品特別喜歡創作拘留者與遣返者通婚的情節，或許是因為它們反映了整個社會的感受。

山崎豐子重新探討殖民地結束造成的後果，寫成了四冊小說《大地之子》。這部小說原本以連載的形式於一九八八年四月到一九八九年四月在月刊《文藝春秋》中刊載，針對殖民身分重塑這個主題做了歷時最久的描寫。小說講述松平勝男的故事，他在七歲時因為戰爭結束的混亂，在滿洲開拓地與家人失散。鄰近的中國村子幾個領導人把日本人留下的農場牲畜瓜分殆盡。勝男被當成負責照顧牲口的人，分配給一對年老無子的中國夫婦，他們把他當牲畜一樣對待。勝男逃到鄰近城市，人口販子想把他賣給出價最高的人。一個好心的老師收留了他。勝男不記得自己的日本名字，老師於是給他取了新名：陸一心，字面上的意思就是「大陸上的一顆心」。小說追溯他的人生，經歷國共內戰，接受教育成為工程師，在文化大革命期間被揭露是日本人。一九九〇年代，中日兩國合作拍攝由小說改編的電影。

一九九〇年代，虛構的遣返者角色仍持續出現。背景設定在一九八四年與一九八五年的東京，村上春樹的小說《發條鳥年代記》最初出版於一九九四到一九九五年，一共三冊，講述年輕人岡田亨的都市與家庭歷險故事。岡田巧遇一名男子，這名男子在戰時曾在滿蒙從事軍事間諜的工作，這場相遇把情節拉回到過去，來到日本的前殖民地韓國與滿洲。而在某個章節中，岡田遇見了時尚設計師赤坂納姿梅格，她對岡田講了自己的故事。她在滿洲出生，幼年時遣返回日本。她的父親是獸醫，留下來執行可怕的任務，就是將滿洲動物園裡的動物全數處理掉，而他從此未返回日本。赤坂與母親被親戚收容，靠著救濟過活。赤坂嫁給一個從韓國遣返的男子。在以下引用的段落裡，她解釋自己和丈夫「就像某種動物」，與獸群分離：

「我們是同一種動物，」她說道，「我們都在大陸出生。他也在戰後被送回國，他是從韓國歸來，身上一文不名。他的父親曾經是職業軍人，他們在戰後陷入赤貧。他的母親死於斑疹傷寒，當時他年紀還小，我想這是造成他對女性服飾有著濃厚興趣的原因。他確實有天分，但他不知道如何與人相處。他在這裡是女裝設計師，但一旦面前出現女性，他就會漲紅了臉，做出瘋狂的舉動。換言之，我們兩人是離群的動物。」

他們在隔年，也就是一九六三年結婚。[56]

與《不毛地帶》一樣，遣返者的合適對象是另一個遣返者。兩人都成為成功的設計師，部分是因為他們在社交上都是特立獨行的人物，比較不受日本國內社會的規矩限制。

結語

皮耶・索蘭（Pierre Sorlin）分析戰後歐洲戰爭片對孩子的描寫時，他認為一九四五年到一九六〇年拍攝的電影改寫了戰爭的某些面向，顯示成人試圖隱匿社會未能照顧孩子的事實：「電影用來掩飾令人難以忍受的緊張關係；他們以苦難代替罪行，連同其他媒體發展出世代衝突的傳說。這種虛構的說法是戰後電影最令人憂慮的面向。如果我們考慮到，這是以孩子的恐懼來遮蓋戰爭時期對孩子的缺乏照顧，那麼這無非是一種託詞。」[57]日本討論遣返的文化作品之所以引人矚目，正是在於這些作品毫不掩飾，反而探討官方資料與報章雜誌從不揭露的衝突。最令人印象深刻的是，探討日本人對日本人施加暴力的文化作品。

遣返者與非遣返者同樣透過大眾文化對遣返這個議題進行交流。我訪談的兩名女性拿自己的苦況與藤原てい的小說式回憶錄《紅潮餘生》相比擬。[58]一名曾經待過蘇聯拘留營的男子指出，他在那裡過的日子與〈異國之丘〉的作者吉田正相去不遠。[59]另一個人還特別提到自己收藏了《岸壁之母》的電影（1976）。[60]非遣返者也大都自願透過作曲與拍攝電影來描寫遣返的悲劇面向。

遣返過程形塑了許多日本作家與藝術家，而這些作家與藝術家又反過來形塑了日本的文化產物。文學與電影的遣返角色具體表現出遣返者負面與正面的形象，也讓他們持續在戰後日本成為他者。遣返者是有用的人物——他們的日本特質濃厚到足以融入每個社區，但其差異性又足以引發問題。一些與遣返相關的作品如〈返鄉船〉與〈異國之丘〉成為暢銷歌曲，是因為它們傳達出懷念家鄉這個普世主題，但另有一些作品卻把遣返者當做國內他者，把滿洲歸來的女性遣返者比擬成遭到玷汙，把西伯利亞男性拘留者說成是社會問題的根源。其他問題包括身分的混淆、延宕遣返的困境以及未遣返者的議題。大眾文化描述遣返時幾乎都提到一個狀況，那就是「內地人」對遣返者的冷遇。滿洲男的這句話極其簡要地表達出對絕大多數大眾文化處理遣返者的整體感受：「我們平安逃離俄國人、滿洲人與韓國人的掌握。最終，我們卻落入日本人的手裡。」[61]

1 厚生省社會援護局，《援護五十年史》，頁九九一一〇一。
2 同前註，頁七七一。
3 五味川純平，〈我的原點，「戰爭與人間」〉，《潮》（一九七一年八月）：一九一。五味川的生平見《人間的條件》版權頁。
4 電影旬報社編，《日本電影電視導演全集》，東京：電影旬報社，一九八八，頁一六〇一一六二。
5 五木寛之，《命運的跫音》；上坪隆，《水子之歌：引揚孤兒與遭侵犯的婦女紀錄》；與上坪隆，《水子之歌：引揚孤兒與婦女紀實》。

6 中國遣返漫畫家協會編，《我的滿洲：漫畫家們的戰敗經驗》，頁二三〇。

7 〈要求遣返：等候返國的三百萬遣返者〉，《週刊新潮》（一九五七年二月十一日）：八六—九一，九〇；川本三郎，〈薩萊伊電影評論：簡介舞鶴港製作的戰後電影〉，《薩萊伊》（一九九二年九月十七日）：一一六—一一七。

8 大島渚，〈消失的長野縣讀寫村〉，《潮》（一九七一年八月）：一九六—二〇七。

9 大島渚生於一九三二年，京都大學畢業，一九五四年加入松竹製片廠擔任助理導演，一九五九年開始擔任導演，約在一九六一年離開松竹。山田洋次生於一九三一年，東京大學畢業，一九五四年加入松竹製片廠，與大島同期。他於一九六三年開始執導，一九六九年渥美清主演的第一部「寅次郎」電影《男人真命苦》讓他揚名立萬。他一年拍兩部《男人真命苦》系列電影，一連拍了二十年。電影旬報社編，《日本電影電視導演監督全集》，頁六三—六六、四四四—四四六。

10 山崎豐子，《「大地之子」與我》，東京：文藝春秋，一九九九，頁一四。

11 中國遣返漫畫家協會編，《我的滿洲：漫畫家們的戰敗經驗》，頁九八。

12 同前註，頁一一一。

13 同前註，頁一〇九。

14 〈小澤的維也納首次登台將是一場值得等待的華爾滋舞曲〉，《波士頓環球報》，二〇〇二年一月一日。小澤征爾前往維也納國家歌劇院，在此之前他在波士頓交響樂團擔任了二十九年音樂總監。

15 雜誌裡夾帶的別冊告訴讀者，不要再自怨自艾，要更樂觀更有活力地面對未來。〈致讀者〉，《港》，一九四六年六月，頁四五。

16 《港》，一九四七年二月。

17 王振聲，〈日本人的側臉〉，《港》，一九四六年十一月，頁一〇。

18 今井修二，〈紫丁香盛開的五月到來〉，頁二八。

19 同前註，頁二八—二九。

20 威廉・強斯頓（William Johnston）研究日本社會的肺結核史時，曾對《細雪》進行過分析，他的觀點對本書很有助益（William Johnston, *The Modern Epidemic: A History of Tuberculosis in Japan.* Cambridge, MA: Council on East Asian Studies, Harvard University, 1995, 151–54）。

21 檢查文件，《港》，一九四六年六月。

22 町，〈錦縣集中營〉。

23 舞鶴市編，《引揚港舞鶴記錄》，頁七九；石川弘義等人編，《大眾文化事典》，頁六七〇、八一九。

24 舞鶴市編，《引揚港舞鶴記錄》，頁八〇。

25 同前註。一九五四年，菊池章子演唱錄音，帝蓄唱片公司發行；一九七二年，二葉百合子演唱錄音，國王唱片公司發行。

26 端野伊勢的資料，見舞鶴引揚記念館，《母親之港舞鶴》，頁三八

27 一九九五年，舞鶴引揚記念館展出的七二六四件物品中，八三六件——百分之十一——與端野伊勢有關，她於一九八一年去世，享年八十八歲。舞鶴引揚紀念館，《母親之港舞鶴》，頁五三。

28 同前註，頁六〇。

29 皿木喜久，〈ZOOM UP：檢視十年的斷簡殘篇，我們可以看到五十年的戰後歷史，以及這個國家的輪廓〉，《週刊SPA》（一九九五年二月一日），頁二六—二八。另一個以〈岸壁之母〉這首歌連結遣返歷史的例子來自一篇舞鶴引揚記念館評論，該文標題表示如果你閉上眼，就能聽到這首歌。橋角忠雄，〈樂遊館：京都府舞鶴引揚紀念館——如果你閉上眼，「岸壁之母」的曲子就會……〉，《月刊社會黨》四八〇（一九九五年六月）：七三—八二。

30 一九九九年五月，前往山口縣從事研究期間，同事知道我正在研究遣返，於是帶我到舊式的卡拉OK酒吧，並且與酒吧老闆娘一起唱了〈異國之丘〉與〈岸壁之母〉。

31 高橋三郎，《閱讀「戰記」：戰爭經驗與戰後日本社會》，京都：Academia出版會，一九八八，頁五三。

32 小林正樹導演，《人間的條件》，三部曲，東京：松竹株式會社，一九五八、一九六〇、一九六一。關於這部電影的簡短評論見CarolGluck, "The Human Condition." In *Past Imperfect: History According to theMovies*, ed. Mark C. Carnes, 250–53. New York: Henry Holt and Company, 1995.

33 五味川純平，《人間的條件》，第六冊。全六冊，京都：三一書房，一九五六—一九五八，頁九七—九八。

34 Orr, *The Victim as Hero*, 106–36.

35 五味川純平，《人間的條件》，第五冊，頁二四〇—二四一。

36 五味川，《人間的條件》，第六冊，頁九六—一二五。

37 五味川純平，《人間的條件》，第五冊，頁二三〇—二五二；第六冊，頁三〇—三八、五五—六〇。

38 五味川純平，《人間的條件》，第五冊，頁二三二。

39 五味川純平，《人間的條件》，第六冊，頁五八。

40 同前註，頁五五九。

41 五味川純平，〈我的原點，「戰爭與人間」〉。

42 安部公房，《獸群尋找故鄉》，東京：講談社，一九七〇，原刊行在《群像》（一九五七年一月—四月），頁二〇四—二〇五。

43 這段生平是根據安部公房在一九六〇年為了完成某部作品而提交的年譜。《安部公房全集》，第十二冊，東京：新潮社，一九九八，頁四六四—四六五。最初出版時稱為《年譜》，收錄於《新銳文學叢書》，第二冊，《安部公房集》。

44 安部，〈作品註解〉，見《安部公房全集》，第一冊，東京：新潮社，一九九七，頁八。一九四六年十一月，安部在北海道，顯示他與家人可能在一九四六年夏天或秋天於葫蘆島搭乘遣返船。

45 安部，《安部公房全集》，第十二冊，頁四六五。

46 尾崎一雄、上林曉與外村繁，〈創作合評〉，《群像》十二，第五期（一九五七年）：二四〇—二五二。

47 E. Dale Saunders, "Abe Kōbō." In *Kodansha Encyclopedia of Japan*, vol. 1, 2–3. Tokyo: Kodansha, 1983.

48 William Joseph Currie, "Metaphors of Alienation: The Fiction of Abe, Beckett and Kafka." Ph.D. diss., University of Michigan, 1973." 第三位學者聚焦於安部早期作品的奇妙色彩：Paul Henry Krieger, "The Fantastic Stories of Abe Kōbō: A Study of Three Early Short Stories, with Translations." Ph.D. diss., University of Minnesota, 1991."

49 川村湊，《異鄉的昭和文學：「滿洲」與近代日本》，東京：岩波新書，一九九〇，頁二一〇。

50 九鬼周造（一八八八—一九四一）以作品《粹的結構》（一九三〇）而廣為人知。

51 川村湊認為，安部的遣返經驗是他日後絕大部分作品的基礎（《異鄉的昭和文學》，頁二〇六、二〇九—二一七）。川村分析其他的小說之後，認為「引揚者文學」呈現出一種特別強調個別性的「引揚者精神」。這是在滿洲度過童年而後遭到遣返的人特有的產物。他們被國家遺棄，被迫離開「異鄉」滿洲，返回「故鄉」日本，然而事實上，滿洲才是他們的家鄉，日本則是異鄉。川村認為，這些經驗創造出一群藝術家，他們對國家、種族、人性與世界有著與日本人完全不同的看法。

52 一九五八年，《黃色的烏鴉》贏得金球獎最佳外語片獎。

53 「啊，是遣返者啊。」（ああ、引揚者ですか。）

54 山崎豐子，《不毛地帶》，頁二七二—二七三。

55 國弘威雄，《葫蘆島大遣返：一〇五萬日本難民遣返紀錄》。

56 村上春樹，《發條鳥年代記》，Trans. Jay Rubin, New York: Knopf, 1997, 477. 原為三冊，東京：新潮社，一九九四—一九九五。在日文中，村上使用的是這樣說法，「就像某種動物」（動物のようなもの），Jay Rubin翻譯成「離群的動物」（strays）。

57 Pierre Sorlin, "Children as War Victims in Postwar European Cinema, "In *Warand Remembrance in the Twentieth Century*, ed. Jay Winter and Emmanuel Sivan,104–24. Cambridge, UK: Cambridge University Press, 1999. 123–24. 羅伯特．莫勒（Robert Moeller）探討戰後德國電影對被驅逐者與戰俘的描繪，認為這些電影充斥著無家可歸構成的空虛，藉此讓非被驅逐者與非戰俘認識驅逐是什麼。"Heimat, Barbed Wire, and 'Papa'sKino': Expellees and POWs at the Movies," in Robert G. Moeller, *War Stories: The Search for a Usable Past in the Federal Republic of Germany*. Berkeley and Los Angeles, CA: University of California Press, 2001, 123–70.

58 口述歷史訪談，二〇〇〇年十一月十九日；口述歷史訪談，二〇〇〇年十一月二十日。

59 口述歷史訪談，二〇〇〇年十一月十九日。

60 口述歷史訪談，二〇〇〇年五月三十一日。

61 大島渚導演，《儀式》，東京：ATG，一九七一。

第五章 不再是引揚者：「中國殘留孤兒婦人」

戰後留在中國東北的日本國民，每個人都有著動人心弦的戰後生活故事，他們的經歷透過報紙報導、回憶錄與學術研究而被公諸於世。[1]《讀賣新聞》大阪支社記者深度追蹤幾件案例，並且於一九八五年出版一本小書，書名叫《中國孤兒》，這是他們報紙報導的精華版。[2]山本德子、女兒大久保節子（中文姓名竇立新）與養育節子的中國養父母，他們的故事創造出想像空間，讓人思索戰後滿洲帶了孩子的婦女面臨著多少可能的選擇，以及當時的條件如何造成「中國殘留孤兒婦人」問題。以下的敘述是德子向記者講述她的故事的濃縮版。[3]

一九三九年，十四歲的山本德子與姊姊一起前往滿洲，並且在一家日本百貨公司工作。德子的故鄉在日本東北部的宮城縣，老家務農，十分貧困，家中一共有十二名子女。德子的姊姊有一段男女關係，但因為男方家人認為不適當，她因此被送回日本。德子一個人留下來，與朋友一起工作生活。戰爭快結束時，她愛上一名剛喪妻的日本男子。此時的日本已進入垂死掙扎的階段，但德子與她的愛人不以為意，只想著何時可以結婚。戰爭結束時，德子與她的朋友感到驚訝。「日本輸了？」這是八月十五日她們聽到天皇玉音放送宣布日本投降時的反應。之後，大連的通信中斷，她無法聯絡上她的情人。這成了她的難題，因為她已經有了六個月的身孕。

大連陷入混亂，第一批毫無紀律的俄國士兵抵達，暴力叢生，民眾無法維持生計，只能在街上販賣自家的物品。德子的房東，同時也是她的朋友，照顧德子的生活。一九四五年十二月，德子生下節子，這個名字可能暗指女演員原節子。而德子也因為初獲愛女而感到興奮。

俄國囚犯部隊撤離返回大連，但正規俄國占領軍抵達後，就把日本人趕出自己的家。不僅如此，難民——來自開拓地的日本人——一群接一群地湧進大連，他們沒東西吃，也沒地方住。德子無法繼續待著成為朋友的負擔，畢竟朋友自己也沒東西可吃。帶著襁褓中的節子，德子只能借住在認識的人家中，向當地中國人乞討食物。節子餓著肚子，因為德子沒有足夠的奶水餵她。此外，節子渾身髒汙：她出生後從未洗過澡。德子染上疥瘡，全身發癢。由於節子活在如此悲慘的環境裡，德子不禁懷疑，當初墮胎或在她出生後就殺了她，是不是反而比較仁慈？

一年過去了，德子面臨戰敗後的第二個冬天（一九四六—一九四七）。大連冬季嚴寒，德子只有一件夏季和服，睡在沒有暖氣的房間裡。一九四六年十二月，節子就在這種狀況下度過她的第一個生日。一九四七年一月，節子的左耳感染疥瘡，終日啼哭。德子用針刺入瘡裡，血與膿汁流出，留下一道撕裂的傷口。德子沒有力氣照顧嬰兒，她開始不理會孩子，精神陷入恍惚。一九四七年一月十日，她向中國鄰居乞討食物。應門的中國婦人回她說，日本人為中國帶來這麼多苦難，她一點也不在意德子是死是活，但節子還小，她是無辜的，德子應該給她生存的機會。她認識一些想要孩子的人。根據她的指示，第二天德子前往特定的火車站，把節子交給了仲介。

幾天後，德子的朋友順道拜訪她，告訴她附近的舞廳需要人手。德子於是前去應徵，她與中國和韓國客人跳舞賺取小費。她已經快兩年沒看到白米飯，但在舞廳她可以吃到。德子把錢省下來，到了一九四七年夏天，她找到那名仲介，想把節子帶回或買回來。

仲介帶她前往節子的新家。身上穿著鮮艷的紅色嬰兒服，胖嘟嘟的她幾乎讓人認不出就是節子。中國養母知道德子的來意，因此戒慎恐懼，甚至對她表現出厭惡的樣子。德子顧不得養母的難看臉色，只叫喚著女兒的名字。然而節子卻畏畏縮縮，緊抱著養母不放。震驚的德子只能離開。

有傳言說日本人將被遣返，但德子不想離開節子。一九四八年二月的一個夜裡，中國當局突然搜捕舞廳，把抓到的日本人全送到拘留營裡。德子認為當局突然搜捕的理由是舞廳違反了建立共產主義社會的精神，這股風潮在當時風靡了整個大連。在拘留營裡，中國當局逼迫犯人擔任紡織工人，而且只給他們玉米吃。六個月後，他們被遣送回日本。一九四八年八月十九日，德子搭乘的高砂丸抵達日本舞鶴。

父親發電報給在遣返營的德子。搭上遣返船的人員姓名在廣播中播送，德子的父母專心聽著廣播，聽到她很快就要抵達日本的消息，在電報上寫著：「帶著妳的孩子回家。」在戰爭結束前，德子寫信給家人說她打算結婚而且已經懷孕，但此後再也沒寫信回家。她搭乘火車返鄉，她的家人準備了慶典才吃的紅豆飯熱情歡迎她。沒有人問起孩子，德子也隻字未提。德子開始工作，先是上班，然後陸續在幾間酒館做事，但她總是愁眉不展，心裡一直惦記著在中國的女兒。

德子嫁給對她的遭遇感到同情的男子。一九七二年，中日復交，德子與丈夫前往厚生省，希望他們協尋節子。厚生省回應說，僅靠德子提供的少量資訊不可能找到節子。德子坦承官員的說法或許是對的，但似乎更像是冷淡的回應。德子與丈夫表示，厚生省收到來自中國的信件要求幫他們尋找父母，但當中似乎沒有節子的信。

過了五年。德子得知有一個名叫「手拉手會」的組織，致力協助留在中國的日本人與在日本的家人團聚。手拉手會的領導人是山本慈昭，一名前滿洲關東軍軍官，現在是民間致力推動孤兒與家人團聚的中心人物。他在戰後成為一名僧侶，並且把所有精力全投入在尋找留在滿洲的女兒上。之後，他開始協助其他人尋找失散親人。[4]山本回應德子的徵詢，特別寫了一封深具同情心的長信，他解釋雖然自己收到來自中國的數百封信，但當中似乎沒有她女兒的信。儘管如此，他的組織仍會持續尋人，如果德子願意等待，他會在下次前往中國時打聽她女兒的下落。就在這個時候，一九八一年，厚生省贊助山本帶領第一批孤兒回日本尋親。德子專注地看著新聞報導，她想看到自己的女兒，但希望落空。

山本邀請德子跟他的組織一起前往大連。起初她拒絕了——她曾去算命，算命師告訴她，她的女兒已經死了——但她的丈夫鼓勵她去。一九八一年四月，她抵達大連。她當過舞女的工作場所、三線道的馬路及大連火車站，這些地方都還在，令她觸景傷情。在一名中國公安與兩名「孤兒」的陪伴下，德子搭車四處尋找節子養父母的住處。中國嚮導詢問年老的街坊鄰居是否記得這附近有人家在戰爭結束後不久收養了一個日本女嬰；在資訊有限的狀況下，他們一無所獲。德子沮喪地回到旅館。手拉手會的成員安慰她。山本解釋他自己找女兒已經找了三十五年，德子應該有耐心一點，再找一天——但她已失去希望。

第二天一大早，門口傳來敲門聲。中國助理張先生表示他們找到一個人，可能是她的女兒。下午，德子前往公安機關，坐在桌旁。公安人員把一張兩三歲女孩的照片放在她的面前。德子說，「就是她！」翻譯問她光靠一張孩子的照片怎麼認得出來。「因為那就是她！」她回道。公安又拿出好幾張節子從小到大的照片。德子一邊看著照片一邊流淚。

幾分鐘後，公安帶了一名體格結實、皮膚黝黑的女人進來，身上穿著當時一般中國人民常見的制服。身材嬌小、皮膚白皙的德子說道：「她的皮膚很黑。」翻譯解釋說，她是體育老師，大部分的時間都在戶外。這名皮膚黝黑的女人捲起袖子，露出底下的白色皮膚。德子走到她的身旁，看著她的耳後，就在那兒：她嬰兒時期感染疥瘡時留下的疤痕，節子的中國養母一直費心治療這個傷口。[5]德子知道眼前這個人就是節子。此時，一名年約八、九歲的孩子出現了。節子笑著說這是她的女兒，那孩子就走到德子面前。德子有外孫女了。節子抱住德子，當節子叫她「媽媽」時，兩人都哭了。德子發現房裡的公安人員也都哭了。

德子得知節子的養父母很疼愛她，對她視如己出。德子在大連時再次與節子的養父母見面，他們對她很親切。節子對於生母並不感到憤恨，能平心看待自己擁有兩個母親的現實。德子返回日本，透過書信兩人建立起關係。最後，節子與女兒也去了日本。

這段簡短的敘述捕捉到許多中國殘留婦人孤兒案例的複雜性。德子的故事顯示戰後滿洲殖民地日本人所面臨的障礙與艱難。更糟糕的是，人們因此產生婦女遺棄孩子以求活命的想法——這個未明言的假定有時造成滿洲婦女的汙名化，而這也凸顯出為什麼有人不願意接受遣返的合理原因。最後，德子的故事顯示尋找孤兒與相認遭遇的諸多挑戰，以及中國養父母所做的犧牲，先是撫養這些孩子，然後在他們成年返回日本時失去他們。

德子與節子的故事從一九四五年橫跨到一九八二年，在這段期間，戰後日本的遣返程序與詮釋也不斷演變。戰爭剛結束時，政府把重點放在將日本人運回日本，設立地方引揚援護局以收容海外日本人，然後送他們返鄉。接著政府提供其他援助來安頓他們的生活，包括臨時與長期住房、就業輔導、兩項更生貸款，以及提供土地讓他們從事農業與酪農業。[6]到了一九五〇年代晚期，從中華人民共和國進行有組織的遣返工作告一段落後，厚生省與其他機構轉而將注意力放在結束遣返議題上。政府機關與遣返活動人士專注於處理遣返造成的影響，並且從事補償、歷史敘述與紀念活動。本章將探討「中國殘留孤兒婦人」的返國，如何阻止日本國內即將結束的遣返議題。這顯示最終還是要藉由孤兒，讓發揮一定社會用途的「引揚者」功成身退。

補償運動與遣返本土化

海外日本人被迫遣返時，身上只能帶著一千日圓與隨身行李，他們不得不放棄在殖民地的所有財產。這些資產包括個人財物如衣服與家庭照片，以及農業器具、住宅與在當地從事的生意。從抵達日本的那一刻起，遣返者就結合起來遊說政府補償他們的物質損失。戰爭結束後的最初幾年，駐日盟軍總司令部與日本政府共同支持一項計畫，要求遣返者必須登記他們的海外資產。各地遣返報紙都刊登公告鼓勵人們在返回日本的一個月內記錄他們失去的財產。起初，政府表現出保留海外日本人資產紀錄的興趣，但由於戰後前殖民地的情況，要評估或試圖收回這些資產顯然不切實際。

遣返者轉而致力確保日本政府能給予補償，於是在一九五七年，政府通過引揚者給付金等支給法。該法提供一次性的「給付金」——最高金額相當於都市家庭的每月支出——給符合該法定義下的遣返者。[7]在政府首次針對遣返損失進行認定時，遣返者希望獲得的是「補償金」，而政府想支付的是「慰撫金」；最後妥協的結果是，法律文字使用模糊的「給付金」。[8]然而，使用「給付金」一詞，並無法掩蓋支付本身帶有的福利性質——這筆錢是由厚生省支付，而且只提供給很難維持戰後生活的低收入返國者。[9]

由於政府首次支付的數額與性質的描述感到不滿，遣返團體「全連」的活動成員向政府施壓，要求更實質的補償。[10]一九六七年，這場運動促使總理府推出一套更全面的補償，而且在用語上也承認遣返者在戰爭結束後遭遇的艱困以及遣返者對國家提供的服務。[11]政治學者約翰・坎伯（John Campbell）與歷史學者歐爾分析遣返補償運動，發現有豐富的內容可供詮釋。為了探討政治利益團體如何發揮影響力，坎伯追溯了全連從事補償運動的歷史。他解釋遣返支持者有效運用「審議會」與其他政治組織來實現他們的訴求，並且運用他們宣稱的投票力量，在自民黨政治人物中培養支持者，從而對自民黨的領袖施壓以滿足遣返者的需求。坎伯也極為詳盡地顯示遣返議題的雙方代表——遣返者與大藏省——如何針對金額達成妥協，最終決定是一千九百二十五億日圓（依照一美元兌換三百六十日圓計算，相當於五億三千五百萬美元），將近最初提出的五百億日圓的四倍（一億四千萬美元）。[12]坎伯在結論中表示，全連之所以成功，是因為他們對外擺出已經掌握選票的架勢，儘管他們可能只是誇大其詞。

歐爾則在遣返者、原爆受害者（被爆者）與戰爭結束後財產遭占領當局沒收分配的地主要求補償的脈絡下，對遣返補償運動進行分析。如歐爾所解釋的，這些團體所面臨的一個阻礙是，他們必須證明他們向國家要求補償的主張是特殊的而且不是單純的福利給付。[13]畢竟，日本絕大多數民眾也能主張他們因為戰時國家政策受害——為什麼戰後政府只補償某些受害者而不補償其他人？歐爾顯示遣返者團體尋求與獲得國家的新認定，他在結論裡表示，「這些特殊利益團體操縱戰爭犧牲者神話與戰後國家繁榮下興起的自尊，藉此將自身的經驗建構成英雄式的受害者。」[14]歐爾也指出，藉由第二次補償，遣返者經驗「融入成為國家遺產」。自由派媒體曾批評政府補償遣返者，「但補償法案必然有助於正當化與合法化遣返者的信念，那就是遣返確實是國家歷史的一部分。」[15]歐爾的研究顯示補償運動藉由將遣返者與其他「國內」戰爭犧牲者並列，而把海外日本人議題帶進全國性的領域，或至少帶進了總理府。

返國者對於補償的努力表達出複雜的感受。一名口述歷史受訪者說道，他領到了給付金，但認為這不過是「零用錢」（お小遣い）。但過了一會兒他改口說，這的確有助於支付孩子的學費。[16]第二名受訪者對於給付金則是感到惱怒。第一次補償時，她填寫了冗長的申請表——遣返者經常抱怨任何與遣返有關的流程都必須填寫好幾頁複雜的表格與文件——卻發現她的丈夫在申報所得稅時列入了夫家親屬的財產，導致她無法領取給付金。之後，她便扔掉了自己的遣返者證明文件。[17]第三名受訪者——他的滿蒙開拓青少年義勇軍倖存成員為他取了甘地這個綽號——提到一九四一年他十六歲時前往滿洲，忍受冬日的酷寒開墾土地，為日本農業開拓民的到來做準備。[18]經過三年的服務，他有資格取得屬於自己的土地，此時他開始對計畫的性質感到道德崩潰，因為他的土地是從當地民眾手裡搶來的。幸運的是，他在一九四四年到一九四五年的冬天染上肺結核，一九四五年三月被送回日本，戰爭結束時他在日本本土。像他這種平時在殖民地，但戰爭結束時剛好人在本土的人，也是支給法給付的對象，因此他有資格領取補償金。當問起他是否有去申請時，他說他對於自己在殖民地做的事有罪惡感，因此他從未申請。當提到這麼做是不是在向國家抗議時，他堅持自己對政府並無怨言——政府花錢送他去滿洲，當他生病時，又送他回日本。他只是不想因為自己參與了這樣的剝削事業而獲得補償。

從戰後歷史脈絡來理解遣返，補償運動的重要性表現在幾個方面。補償遣返者的責任從厚生省移轉到總理府，[19]這麼做是把理解遣返者苦況的任務從主管福利事務的官署，移往處理政治議題與回應選民的機構。在一九六〇年代中期，及一九八〇年代與之後，總理府先是處理補償問題，然後把遣返者當成有價值的政治選民，為其舉辦紀念活動。

要制定補償法律，政府必須定義可以領取給付金的遣返者法定分類。在一九五七年支給法通過前，引揚者指的是持有遣返身分證的人。一旦法律通過，引揚者被定義為一九四五年八月十五日後遣返回國者，這些人在八月十五日之前在海外（外地）維持基本生活持續達六個月以上（包括因一九三九年閣議決定進行滿洲開拓而前往當地的開拓民，在海外維持基本生活未滿六個月者），因為戰爭結束引發的事態、外國當局的命令以及喪失謀生手段而不得不接受遣返。[20]這項定義包括（或經修改後）更多類別的人，例如在蘇聯宣戰（八月八日）後及戰爭結束（八月十五日）前從滿洲返鄉的人，以及戰爭結束時剛好在本土因此沒有遣返身分文件的海外居民。這項法律定義把焦點從在海外居留的時間轉移到在國內完成遣返程序，但它依然反映了從海外遣返的窮人需要福利援助、才能重返社會的社會形象。在戰後日本，經濟上已能站穩腳跟，年所得超過八萬八千二百日圓的人不在給付之列。[21]

一九六七年支給法對遣返者的定義稍微有了變化。所得上限提高了，這表示遣返者不一定是窮人才能獲得給付。一九三七年中日戰爭爆發前遷徙到殖民地的人，亦即戰前就在殖民地生活的人，可以領取一萬日圓的津貼。推動第二次立法的審議會成員接受遣返者的主張，認為他們的苦難是特別的，他們為國犧牲，損失的是非物質的資產，包括社群的紐帶關係、社會地位與安全感。[22]自由派媒體評論者不接受這些論點，然而在官方領域，對遣返者的描繪轉趨正面——從在戰後日本無法恢復昔日生活的人，成為在殖民地長期奉獻為國服務的人。與其他戰爭犧牲者並列，遣返者被國內化，至少在官方領域裡，遣返者不再是「一般」日本人的陪襯。

一九六七年的補償方案並沒有一勞永逸地解決遣返議題，而這不是最後一次政府投入資源於紀念遣返的議題上。所以政府，或更特定地說是總理府，開始投入格外的精力與資金，紀念這批他們認為過去一直受到忽視的選民的苦難上。前殖民地歸來的民眾如涓滴細流持續不斷地返回國內，也讓負責接收海外日本人的體制一直無法廢除。

歷史敘述、紀念與讓遣返告終

就像透過補償形式確保政府對遣返的認可一樣，遣返的敘述與紀念也在戰爭結束後的幾年間開始展開。一些參與行動的人士從一開始就意識到保存海外日本人返國文獻之必要，一方面做為主張補償的證據，另一方面可做為潛在的珍貴原始資料，供未來學者研究。在韓國遣返史第一冊的後記裡，森田芳夫解釋一九四五年十一月世話會會長穗積真六郎要他盡可能收集從韓國遣返的日本人資料，做為未來研究的參考。[23]森田謹記在心，並且真的傾全力投入遣返過程的紀錄工作。

遣返紀錄工作在地方、縣與全國三個層級展開。地方引揚援護局保存了局裡的活動紀錄，而且早在一九四七年就出版這些文獻。[24]至少有八個縣出版了終戰地方史。滋賀縣的地方史於一九六一年出版，其他五個縣則在一九七二年到一九七六年的五年間依序出版：茨城縣（1972年）、新潟縣（1972年）、群馬縣（1974年）、富山縣（1975年）與長崎縣（1976年）。一九八二年，石川縣出版了內容稍微不同的作品，這是石川縣縣民前往滿洲開拓的歷史，書中一半以上是開拓民的回憶錄。隔年，長野縣也出版了類似的系列作品。[25]群馬縣與富山縣的歷史作品顯示從地方角度撰寫二次大戰歷史的趨勢，也顯示縣政府如何廣泛照顧退伍軍人、遣返者、戰爭寡婦與孤兒。這些作品也反映了一種傾向，那就是對比日本暴力的過去，以凸顯日本當前的和平與「文化」。兩部作品在前言提出以下詮釋：戰爭是恐怖的，許多日本人承受了這場悲劇的苦難；然而自從戰爭結束後，日本逐漸繁榮起來，成為一個「和平的文化國家」。現在有必要記錄歷史與紀念戰爭的犧牲者，教育日本下一代避免戰爭再度發生。[26]

厚生省出版的歷史作品廣泛介紹該省在戰爭結束後努力援助海外平民與軍人。第一套歷史作品有三冊，分別在一九五〇年、一九五五年與一九六三年出版，描述厚生省在遣返及處理從蘇聯拘留營遣返的人一事上所扮演的角色；經過一段時間之後，厚生省的歷史作品擴充成大部頭的紀念性作品，包括全國悼念儀式的光面照片。[27]這一切的努力都是為了記錄這些機構在遣返過程中所扮演的角色，但這些紀錄也顯示出他們極力想將遣返歷史拋諸腦後。

戰爭結束後不久，遣返的紀念活動開始在地方層級展開，全國各地零散地出現與遣返相關的紀念碑、紀念館與博物館。舞鶴在戰時是日本帝國海軍基地，現在則是海上自衛隊基地，這裡收藏了最豐富的遣返紀念館。歷時最久的地方引揚援護局也在舞鶴，這裡收容來自亞洲各地的遣返者，從一九四五年到一九五八年，時間長達十三年。隨著佐世保與函館的地方引揚援護局於一九五〇年關閉，舞鶴幾乎收容了所有遲來的遣返者：蘇聯拘留者、一九五三年到一九五八年從中華人民共和國歸來的遣返者，以及樺太與千島的返國者。基於這些理由，舞鶴成了與戰後遣返連結最緊密的地方。

在舞鶴，紀念遣返的過程始於一九六八年，在舞鶴引揚援護局關閉的十年後設立了一座遣返紀念碑。一九七〇年，京都府與舞鶴市在可俯瞰引揚援護局遺址的陸岸上建造了引揚記念公園。在一九七〇年、一九七八年與一九七九年，出現了更多的紀念碑，一九七八年的紀念碑是兩塊大理石板，上面刻了兩首與遣返相關膾炙人口的歌曲歌詞——〈異國之丘〉與〈岸壁之母〉。一九八八年四月二十四日，舞鶴市官員主持舞鶴引揚記念館開館典禮，這是第一座紀念遣返的場館。[28]一九九五年，館方為仔細修復完成的碼頭舉行揭幕儀式，這是戰後數十萬名海外日本人首次踏上日本本土地的地方，不僅讓遊客有機會想像返國的歷程，也讓遣返者重溫當年的感受。[29]在引揚記念館裡，參訪者可以在來賓登記簿裡留下姓名。如果是相關人士，也可以在自己名字上蓋上紅色印章做為標記，印章的字樣有兩種，分別是「引揚者本人」與「引揚者家族」，這個行為不僅標示出自己，也與遣返的歷史做連結。單單一九九五年，就有超過一百萬人蒞館參觀。[30]

佐世保引揚援護局運作的期間僅次於舞鶴，當地居民也舉辦紀念活動來彰顯佐世保在遣返上的重要性。一九八三年，在佐世保市長帶領下，佐世保居民組織團體籌募一億日圓興建佐世保當地的公園和紀念館。他們舉辦義賣會，由出名的遣返者號召民眾參與，從全國各地籌募捐款。一九八六年五月三日，佐世保浦頭引揚記念資料館落成。[31]與舞鶴引揚記念館和記念公園一樣，佐世保記念館到處點綴著紀念碑，其中最醒目的是「引揚者像」：一名身穿軍服的男子、一名穿著棉褲（monpei）的婦人及一名拎著小包袱的孩子。男人高舉一隻手臂做出類似軍禮的動作，另一隻手臂輕輕垂放在孩子肩上，這或許暗示著遣返問題涵蓋了軍人與平民。婦人似乎在尋找什麼東西，又像在求助。舞鶴已經使用了兩首最受歡迎的遣返歌曲；佐世保使用第三首〈返鄉船〉，在一九九九年將歌詞刻在石頭上。[32]根據館內展示的未註明日期的傳單來看，這裡還提供遣返船的港口巡遊，讓人有機會體驗返回日本的感受。[33]

雖然舞鶴與遣返的連繫最為密切，但博多港卻保持最多遣返者登岸的紀錄，估計有一三九萬二四二九人。[34]博多也處理了數量最多的遣送者：戰爭結束後，有五萬五四九六名韓國人與中國人經由博多引揚援護局遣送回國。[35]一九九〇年代，有人組織團體針對博多這個最大遣返港口的歷史進行保存。在前遣返船船長糸山泰夫與韓國遣返者森下昭子的發起下，一九九二年引揚港博多省思會首次召開。在韓國殖民地學校校友會與前官員加入下，這個人民團體試圖用各種方法紀念博多在遣返上扮演的角色。[36]省思會舉辦演講、放映遣返影片以及出席觀賞當地一所高中的遣返話劇演出。省思會也開始收集資料與徵集自傳，並且編輯成兩冊，分別在一九九五年與一九九八年出版。[37]

省思會的主要目標是在博多設立紀念碑與遣返檔案館。雖然檔案館尚未設立，但一九九六年三月引人矚目的遣返紀念碑順利落成了。雕刻家豐福知德（他曾在戰爭即將結束時接受特攻隊的訓練）設計的紀念碑，是一座醒目而抽象的紅色金屬物，高十一公尺，座落在高四公尺的混凝土基座上。紀念碑位於國際渡輪站附近的碼頭上。[38]舞鶴與佐世保的遣返紀念碑都局限在遣返紀念公園裡，博多的紀念碑卻是戲劇性的抽象藝術，融入到整個濱海復興計畫之中。山口縣的仙崎與北海道的函館兩座城市也紀念它們的遣返港口歷史。

總理府也參與紀念遣返者的活動，或者更特定地說，紀念遣返者的艱苦辛勞（苦勞）。一九八八年，總理府設立了平和祈念事業特別基金。[39]這個資金充裕的基金針對的主要是三群人：遣返者、西伯利亞拘留者，以及服役時間不足而無法領取軍方年金的退伍軍人（恩給欠格者）。基金將資源投入於保存口述證言與出版與這些人的經驗相關的資料上。基金建立了一項計畫，來認可這些人所受到的艱苦辛勞，他們提供小額金錢、手錶與酒杯給西伯利亞拘留者，並且頒發認可狀給符合資格的遣返者。基金工作在二〇〇〇年十一月達到巔峰，平和祈念展示資料館在東京新宿住友大廈四十八樓開幕。樓層的一部分提供基金行政工作之用，其餘部分則供資料館使用。資料館的宗旨是紀念遣返經驗，總共分成三區，分別代表三個群體。昭和館開館才一年，資料館就開始啟用，成為日本國內第二大紀念戰爭受難者的國立紀念館。從一九七〇年代開始，地方層級的人士就致力於推動遣返的紀念活動。隨著一九八八年平和祈念事業特別基金的設立，紀念遣返的工作也提升到了國家層級。

政府機關為結束遣返做的努力

厚生省官員參與了戰後這些遣返者補償、遣返者歷史敘述及遣返紀念活動。他們處理第一次補償計畫，並出版作品概要地介紹遣返行政的內容。做為遣返處理機構，厚生省官員也以更具經驗的做法結束遣返議題。隨著一九五八年與中華人民共和國共同進行的組織性遣返結束，厚生省官員關閉了位於舞鶴的最後一間地方引揚援護局。

厚生省另一個結束遣返的做法是縮減依然失蹤的人員名單，把他們的類別從「未遣返」改成「死亡」。[40]宣布人員死亡有一套完整的程序，官員可以藉此引導出具有潛在利害關係的家庭成員，讓他們有機會走完整個程序，宣告他們的失蹤家人死亡。在戰爭結束的十三年後，有些家庭或許很高興有這個機會，至少是以官方的方式來解決失蹤家庭成員的問題。此外，政府認定失蹤軍民的死亡為「國家」死亡並給予小額慰撫金。死亡宣告程序有助於厚生省在行政上處理失蹤人口與死亡的問題。厚生省的報告表示，一九五九年，「未遣返」名單有三萬一一三三一人，但到了一九六三年年底，「未遣返」名單「急速縮減」到六一四五人，[41]主要是透過死亡宣告而減少。考慮到厚生省試圖解決失蹤人口問題以及家人可能獲得的利益，對未遣返者進行死亡宣告未必不是件好事。但有些被宣告死亡的人卻在中國活得好好的。如易若鵬（Robert Efird）顯示的，一些晚期返國的海外日本人無法重新取得日本國籍，因為他們已經被宣告死亡而且喪失戶籍。[42]透過各種行政與象徵措施，厚生省試圖結束遣返議題，但殘留在中國的日本人卻讓其無法宣稱遣返過程已完成。

帝國創造的孤兒

一九五八年，政府進行的從中國遣返的行動正式終止，但一九七二年中日建交卻讓仍留在中國的日本國民有了返回日本的機會。一九七〇年代初第一批返國的人在戰爭結束時已是成年人，但基於某些原因無法在一九五八年返回日本。這些人絕大多數是女性，但有一名口述歷史受訪者曾為軍人，他在日本投降前離開軍隊，此後就一直在中國生活。[43]他想返回日本，一九七二年時機成熟，他真的回到日本。那時他已五十五歲。他盡可能地工作，但部分因為他的年紀太大不符合領取國民年金的規定，因此最終他只能仰賴福利制度而住在公宅。其他於一九七〇年代初返國的人是婦女與孩子，他們在日本的家人從未停止打聽他們的下落，因此當官方管道一旦暢通，他們就馬上被送回國。這些返國者依然被歸入先前制定的分類「遣返者」，因此他們一回到國內就能領取「遣返者給付金」。[44]由於有家人和社群的照顧，一九七〇年代初的返國者比較不需要政府的協助。

一九八〇年代初之後，返國者議題的性質出現變化。晚期返國者在戰爭結束時還只是嬰兒與孩子，他們在中國的環境裡長大成人。如厚生省指出的，他們在語言、生活方式、習慣與思考方式上都與日本人不同。從這些層面來看，這些返國者都已經成了中國人。[45]不僅如此，這些孤兒也有了中國配偶，而且有了自己的子女與孫子女。當他們回日本時，想帶自己的家人一起前來。厚生省解釋說，對於和日本人一起來到日本的其他家庭成員而言，「歸國」一詞並不精確；現實來說，他們是將家人遷到外國。一九九四年的《歸國者支援法》終於讓法律語言與現實趨於一致，條文中移除了「孤兒」這個官方對返國者的稱呼，而改稱為「中國殘留邦人」，同時在討論返國者時也不再使用「引揚」，而改用「永住歸國」。[46]

從一九八一年起，厚生省開始以更積極的態度處理中國殘留邦人。他們協調了至少二十三次「探親」（肉親探し）之旅，並且由政府出資將可能的日本人從中國帶回國內尋找親人。他們透過審議會與國會進行政治磋商，試圖解決孤兒問題。他們在中國各地設立尋人組織，探聽是否有人想確認自己是不是孤兒並想回到日本永久定居。他們也在日本各地促成遷居中心的建立與運作。[47]從一九七二年到二〇〇〇年三月，共有六〇二一名中國殘留邦人返回日本。如果加上和他們一起前來的家人，總數達到一萬九一六三人。在當時，估計有七百名日本人留在中國。[48]政府在過程說明中提到，厚生省在帶領日本國民及其家人返日定居上面扮演了積極角色，而無疑地厚生省官員確實也全力達成這項目的。

儘管如此，批評者很快就指出，厚生省在回應中國殘留殖民地日本人議題時出現一些瑕疵。在一九九四年之前，返國者必須有人擔保才能永久定居日本。這等於將返國者的經濟與社會責任強加在擔保證人的一般民眾與團體身上。政府也發展出一套制度來「確認」孤兒。那些留在中國認為自己是日本人的人士被歸類為「確認」與「未確認」。一個人可能在「未確認」的狀況下被認定是日本人。易若鵬解釋說，孤兒因為國家記憶的運作而被創造出來，雖然日本政府承認他們是日本人，卻仍不足以讓他們理所當然地獲得日本公民身分：

必須強調的是，官方承認是「戰爭孤兒」，但在過去——甚至到了現在也一樣——這項承認並非理所當然包括或等同於給予日本公民身分。無論當事人的日本背景或出生資料如何明確是如此。若無法以驗血的方式明確證明當事人與目前在世的日本親人有血緣關係，以此證明雙親是日本人，或者提出戶籍證這個日本國家記憶的核心要件，那麼政府官員就不會「承認」當事人是日本公民。[49]

總之，從日本政府處理晚期返國者的方式顯示，雖然返國者可以證明自己在日本殖民地（通常是在政府支持的計畫下）出生時是日本公民，但這項事實無法讓返國者理所當然地主張自己擁有日本公民的身分權利。諷刺的是，這或許反而回溯地去除了對早期返國者是否具有日本特質的懷疑：與孤兒相比，引揚者顯然就是日本人。

結語

一九五〇年代以來，針對遣返的公開討論總是朝補償、歷史敘述與紀念活動的方向進行。透過這些行動，處理遣返的有關單位試圖讓遣返成為過去的事物。他們嘗試宣稱遣返已經結束，但這樣的企圖卻因為數千名留在前殖民地空間的海外日本人而幻滅。一九七二年中日恢復邦交，一些留在中國的日本人終於能夠返鄉。到了一九八〇年代，日本社會看到這些與他們迥然不同的海外日本人返國——這些人在中國長大成人，在文化上完全是中國人。這需要語言上的改變及一套接納他們的制度。產生引揚者與孤兒的歷史脈絡是相同的，但兩者返國的歷史脈絡卻天差地別，因此兩者扮演的角色也大不相同。戰後立即返國的人抵達的是一個赤貧的日本，這些返國者成為本土日本人與失敗的殖民計畫之間的緩衝。一九八〇年代的返國者發現日本一個極為繁榮的國家，而這顯然影響了他們將家人帶到日本的決定。晚期返國者未被歸入過去的引揚者論述中，反而被安排到新的國外移民的架構中。這種狀況部分是因為晚期返國者帶有明顯的外國特質，而且當時已經不需要對戰後日本與殖民地做出區別。「引揚者」與「孤兒」是同一歷史的產物，甚至於來自同一個家庭，例如德子與節子。而孤兒這個新分類也讓發揮一定社會用途的引揚者得以功成身退。

後記：塚田淺江的戰後史

小學老師塚田淺江在滿洲充滿暴力的戰後歲月裡倖存，責任感促使她帶領學生返回日本。一九四六年秋，瀕死的她終於抵達日本。躺在醫院病床上，塚田深信自己來日無多，她寫下尖山開拓團最後幾天的狀況，擔心不這麼做，被徵召的男人有朝一日返回日本，可能永遠無法得知自己的家人發生了什麼事。[50]塚田的想法是對的，一些尖山的男子確實歷盡艱辛返回日本：在被徵召的人當中，有六十四名被送到蘇聯拘留，其中二十一名死亡。剩下的四十三人從蘇聯獲釋，在一九四六年到一九四九年間遣返回日，卻發現自己的家人與社群已遭到毀滅。[51]雖然這些人抵達日本時感到失落，也覺得自己遭到背叛，但多虧塚田的紀錄，他們至少有機會知道事情的始末。而其他許多拘留在蘇聯的人，他們的家人死在滿洲，但他們永遠不知道發生了什麼事。

塚田活了下來，並且回到家鄉長野繼續擔任小學老師。往後二十年的時間裡，她全心投入在教學上，但到了一九六五年滿五十五歲退休時，塚田轉而將精力放在死在滿洲的日本開拓民紀念活動。她寫信給當地報紙，認為有必要為開拓民舉辦悼念儀式；一年後，塚田與近二十名長野縣民前往中華人民共和國，當時中國正值文化大革命，他們前去緬懷日本死者與詢問生者的消息。塚田也協助中國殘留孤兒返日，她至少安排了一名已長大成人的男嬰帶著家人回到。

塚田也認識到自己在日本對外侵略中扮演的角色，她尋找一名中國婦人，只記得對方叫張太太，她曾在一九四六年冬天收容過塚田。塚田帶了適度的補償金與禮物前去，兩人此後維持聯繫。雖然日本人一直因為規避戰爭與帝國歷史而遭受批評，但塚田直到臨終都認為自己是日本帝國在亞洲的幫兇，同時也是受害者。

但塚田最感哀悼的還是死去的孩子。一九四五年秋，有二十名小學二年級的學生跟著她，但到了戰後那幾年，只有兩個孩子倖存回到日本。塚田為這些孩子的死感到悲傷，讓她特別感到悲慟的是林部理繪，當遣返船停在博多港外等候檢疫時，她因撐不住而死在船上。[52]塚田每年都從長野前往博多悼念林部。二十一世紀初，在日本旅行變得舒適許多，絕大部分地區都可以搭乘新幹線抵達。但在戰後的幾十年，旅行是辛苦而昂貴的。在戰後這段時間，塚田終於可以滿足她童年時前往各地旅行的憧憬，她前往世界的偏遠地帶，包括阿富汗。二〇〇〇年秋，當我與塚田談話時，她坦承自己在五年前就停止每年前往博多悼念孩子。因為當時她已八十五歲，一眼失明，一耳失聰，旅行對她是太大的負擔。然而，她總是在自己的披風裡放著一只小人偶，她說這只人偶長得很像死去的孩子，這是她懷念女孩的憑藉。這次談話結束後幾個月，塚田在長野家中去世，享年九十歲。

1 古爾徹（Gregory Guelcher）一九九九年博士論文提到幾則留在中國的年輕日本女性的動人故事，她們留在中國通常是為了保住自己或孩子的性命。Guelcher, "Dreams of Empire." 易若鵬（Robert Efird）二〇〇四年博士論文概要介紹了日本幾名「孤兒」及他們的後代。Robert Efird, "Japanese War Orphans and New Overseas Chinese: History, Identification and (Multi) ethnicity." Ph.D. diss., University of Washington, 2004." 大久保真紀講述池田澄江的故事，池田在戰爭即將結束前出生於滿洲，由疼愛她的中國養母撫養長大。大久保真紀，〈中國殘留日本人：成為「棄民」的經過與歸國後的苦難〉，東京：東文研，二〇〇六。

2 讀賣新聞社大阪社會部編，《中國孤兒》。以下的敘述改編自《中國孤兒》，已獲得讀賣新聞社許可。

3 同前註，頁一一六—一六一。《中國孤兒》提到山本德子時只使用她的名「德子」而未使用她的姓「山本」。在此我保留這項慣例。

4 山本慈昭致力於讓留在中國的日本人與在日本的親人團聚，他的努力記錄於一九八〇年九月九日ＮＨＫ播映的紀錄片《重逢》中。ＮＨＫ，《重逢：三十五年後的大陸之子》（影帶錄製）；山本慈昭與原，《重逢》。

5 孤兒身上的疤痕、胎記與其他特徵，是戰爭結束三十五年後用來辨識他們的主要方式，這些標記的照片會在尋親者之間流通。

6 根據戰後的農業計畫史，有二十一萬戶在輔導下順利從事農業與酪農業。戰後開拓史編纂委員會，《戰後開拓史》，共三冊，東京：全國開拓農業協同組合連合會，一九六七。引文見完結篇（第三冊），《序文》，頁ii。對返國者提供的其他援助，這方面的歷史見厚生省援護局，《引揚與援護三十年史》，頁一三五—一三六。《中央公論》與其他刊物的撰稿人都認為這些努力還不夠，例如〈報導文學：我被遣返了，但……〉。

7 John Creighton Campbell, "Compensation for Repatriates: A Case Study of Interest-Group Politics and Party-Government Negotiations in Japan." In *Policymaking in Contemporary Japan*, ed. T. J. Pempel, 103–42. Ithaca, NY: Cornell University Press, 1977, 107n8. 根據坎伯的說法，「最高金額相當於一九五七年城市工人家庭每月支出。」

8 Campbell, "Compensation for Repatriates," 107.

9 內閣總理大臣官房管理室，《在外財產問題之處理記錄》，東京：內閣總理大臣官房管理室，一九七三，頁一四—一五。

10 全連的全名是引揚者團體全國連合會。

11 "Repatriate Special Subsidy Allowance Law."《引揚者等特別交付金支給法》。坎伯譯為"Law concerning payments of a special grant-in-aid to repatriates."

12 Campbell, "Compensation for Repatriates," 103, 112–23.

13 Orr, *The Victim as Hero*, 140.

14 Ibid., 141.

15 Ibid., 168.

16 口述歷史訪談，二〇〇〇年五月三十一日。

17 口述歷史訪談，二〇〇〇年二月十四日。

18 口述歷史訪談，二〇〇〇年五月三十日。

19 坎伯精確地將這個轉折標定在一九六三年三月，總理府內設立了一個小研究部門（調查室）。Campbell, "Compensationfor Repatriates," 109.

20 《引揚者給付金等支給法》第二條。

21 Orr, *The Victim as Hero*, 161.

22 Orr, *The Victim as Hero*, 163.

23 森田芳夫，《朝鮮終戰紀錄》，頁一〇三五。

24 關於地方引揚援護局歷史資料，見第二章註三二。

25 高橋三郎，《閱讀「戰記」：戰爭經驗與戰後日本社會》，頁八七、一二二。

26 「和平的文化國家」一詞出現在群馬縣縣民生活部世話課編《群馬縣復員援護史》與富山縣厚生部社會福祉部編，《富山縣終戰處理史》，富山：富山縣，一九七五。兩部作品前言的前幾頁。

27 關於厚生省歷史資料，見第二章註三二。

28 舞鶴市編，《引揚港舞鶴紀錄》，頁六一—六二。

29 舞鶴引揚記念館，《母親之港舞鶴》，舞鶴：舞鶴引揚記念館，一九九五，頁六一—六二。

30 橋角忠雄，〈樂遊館〉。

31 佐世保市浦頭引揚記念平和公園。

32 田端義夫與世志凡太，〈在比遙遠歷史更久之前的時代，戰時與戰後的心情總是透過「返鄉船」這首歌來表達〉；石川弘義等人編，《大眾文化事典》，頁四八六。

33 浦頭引揚記念資料館位於前佐世保引揚援護局檢疫所舊址，因為引揚援護局舊址已經興建了豪斯登堡，豪斯登堡是一座精心營造的主題公園，是根據想像的十七世紀荷蘭城鎮而興建的生活設施。

34 厚生省社會援護局，《援護五十年史》，頁一四七—一五八；厚生省援護局，《引揚與援護三十年史》，頁三二。

35 博多引揚援護局（厚生省引揚援護院），《局史》，頁一二。

36 引揚港博多省思會，《戰後五十年引揚省思：追求亞洲的友好與和平》，頁二二〇—二二七。

37 引揚港博多省思會，《戰後五十年引揚省思：追求亞洲的友好與和平》與《戰後五十年引揚省思（續）：證言二日市保養所》，福岡：引揚港博多省思會編輯委員會，一九九八。博多省思會成了另一個團體「筑豐山之會」批評的對象，後者認為博多省思會的歷史用語，例如以朝鮮來稱呼韓國，構成了歧視，並且指出博多省思會推動的紀念活動與歷史詮釋遭受質疑。〈舊用語是差別待遇嗎：要求「山之會」訂正謝罪〉，《小倉Times》，一九九五年八月七日。重印於引揚港博多省思會，《戰後五十年引揚省思：追求亞洲的友好與和平》，頁二五〇。

38 〈引揚以來半世紀：現身於博多港的豐福知德紀念碑〉，頁一二三—一二四。

39 這個基金起初是與總理府連結的「認可法人」，但二〇〇三年中央省廳再編後，基金成為「獨立行政法人」，仍由總理大臣擔任基金首長。資料館於二〇〇〇年十一月開幕，到了二〇〇七年十二月，累計參訪人數已達到三十萬人（平和祈念事業特別基金http://www.heiwa.go.jp/，閱覽日期：二〇〇八年八月十五日）。

40 死亡宣告程序在一九五〇年代晚期開始有人提出，後來具體表現在一九五八年的「特別措施」法中。厚生省援護局，《引揚與援護三十年史》，頁二三二一。

41 同前註，頁二三三。

42 Efird, "Japan's 'War Orphans,'" 374.

43 口述歷史訪談，二〇〇〇年二月十八日。他在對話中提到，因為他對中文特別敏銳，因此擔任日軍間諜。他離開軍隊隱姓埋名，為的是避免盟軍與中國共產黨追究他的戰罪。

44 厚生省援護局，《引揚與援護三十年史》，頁一一八—一一九。

45 原話是「中国人となっている」（我是中國人）。厚生省社會援護局，《援護五十年史》，頁四二六。

46 法律的全名是「促進殘留中國之日本國民順利歸國並援助其永住歸國自力更生法」（中国残留邦人等の円滑な帰国の促進及び永住帰国後の自立の支援に関する法律）。

47 厚生省社會援護局，《援護五十年史》，頁四二〇—四三〇。

48 《中國歸國者支援檢討會報告書》，http://www1.mhlw.go.jp/shingi/s0012/s1204-1_16.html，二〇〇〇年十二月四日。閱覽日期：二〇〇八年五月九日，頁二—三。

49 Efird, "Japan's 'War Orphans,'" 374–75.

50 塚田淺江，《敗戰前後尖山更科鄉開拓團避難狀況紀錄》。

51 長野縣開拓自興會滿洲開拓史刊行會編，《長野縣滿洲開拓史》，第三冊，頁五五六。

52 篠之井和平活動委員會，〈孩子們讓我活了八十五年〉，《Peace Message》，長野：長野生協合作社，頁三七—四一，地方印行的小冊，長野：長野生協合作社，一九九六。

結論
第三方去殖民化與後帝國時期的日本

現代日本歷史中最引人入勝的，莫過於十九世紀晚期領袖們的故事。這些領袖意識到在歐美的世界秩序下，日本必須取得外交、經濟與社會地位，因此必須致力於將日本改造成一個可辨識且強大的民族國家。這些努力因為需要進行工業化及協商現代性的觀念而更趨複雜。如彼得．德斯（Peter Duus）與艾斯基爾德森（Robert Eskildsen）所指出的，這個時代的一項顯著特徵是帝國擴張的觀念與民族國家的建立過程緊密交織在一起。[1]這不是說日本帝國具有獨一無二的特質——日本帝國的確具有特殊性，但從帝國運作的角度來看，日本與同時期的民族帝國相比其實同多於異；[2]更進一步來說，如艾斯基爾德森主張的，「模仿來的帝國主義有助於形塑明治時期的民族認同與新政治秩序。」[3]

然後，殖民計畫終止了，不是國內會商的決定，而是戰敗的結果，隨後是第三方以盟軍的形式進駐日本。第三方接著提供手段，有時提供理由，把伴隨東亞殖民主義而來的種族混雜現象予以消除。觀察第三方去殖民化的過程——無論在沖繩，還是與其他後帝國時期的遷徙做比較——可以顯示日本帝國結束的特殊之處。

沖繩的遣返與遣送

沖繩併入明治的帝國秩序之中，起源於一個曖昧不明的殖民過程；由於美國人讓沖繩經歷了遣返與遣送程序，沖繩脫離日本帝國秩序的過程因此與去殖民化息息相關。明治國家很努力地——至少在論述上——將琉球群島及其人民併入日本民族國家的一部分，並且在一八七九年透過「琉球處分」設置了沖繩縣。[4]然而琉球人卻蒙受了經濟剝奪與社會歧視，而且夾在日本本土人民與韓國、台灣和中國殖民地人民之間，身分變得模稜兩可。艾倫・克里斯帝（Alan Christy）指出，明治時代的知識分子認為琉球人與日本人有著相同的古代起源，因此是相同的種族群體。為了解釋日本與琉球的生活方式有著明顯差異的這個現象，沖繩人被認定為日本人，但卻是落後的日本人，他們在走向進步的過程中落到了後頭。[5]

戰爭期間，美國人開始針對琉球、琉球人以及琉球在世界上的地位提出新的構想。早在一九四三年七月，美國計畫人員已針對幾項戰後方案進行討論，包括把琉球移轉給中國、國際共管與有條件保留給日本。[6]幾個月後，這些方案在一九四三年十一月召開的盟軍開羅會議中提出。根據歷史學家大田昌秀的說法，盟軍可能認為琉球是「日本以武力或貪慾所攫取之土地」，這表示日本將被逐出琉球。日本接受波茨坦宣言，於一九四五年投降，宣言中表示「開羅宣言之條件必將實施，而日本之主權必將限於本州、北海道、九州、四國及吾人所決定其他小島之內。」然而，開羅宣言並未明確提到沖繩，也未清楚說明沖繩是否算是盟軍決定的「其他小島」，這種模糊的狀況反而有利於美國將沖繩納入管轄範圍，並以此與日本進行談判。[7]

一九四〇年代初，美國人類學家開始提出琉球人在「種族上」與日本人有所不同的觀點。[8]這個想法引起美軍戰略人員的興趣，認為沖繩人對本土日本人的憎恨可能有利於對日戰爭。一九四五年六月二十一日，美軍在沖繩擊敗日軍，然後軍事占領琉球群島，此時美國開始把沖繩人描述成特定的種族群體以及琉球群島並非日本的固有領土。從一九四六年春占領當局在遣返與遣送上使用的語言，最能清楚看出這種做法對沖繩人的意義：「以下計畫決定琉球人從日本遣返回故鄉島嶼，而日本人從琉球遣返回日本。」[9]而這也顯示美國人的思維：琉球人與日本人是不同的民族，擁有不同的固有領土。美國與日本官員在這場充滿挑戰的轉移中運送沖繩人——到了一九四六年二月，已有一萬三千名沖繩人被遣送，到了一九五〇年十二月三十一日，總計運送了十八萬零十六人。[10]美國傾向於把遣送在日沖繩人視同於遣送其他殖民地人民，當局下令，在日「韓國人、中國人、琉球人與福爾摩沙人」都必須登記，以調查他們的遣返意願。[11]日本官員既未將沖繩人與其他殖民地人民歸為一類，也未將他們列為「同胞」。[12]美國下令遣返，但之後卻要求沖繩本島不再接納任何返國者，因為曾經淪為戰場的沖繩無法應付這項後勤任務。沖繩人在名古屋、鹿兒島與其他地方的遣送營裡受苦，他們缺乏食物、衣服和醫療，而美國與日本當局則是互踢皮球，指責對方推卸責任。厚生省指控美國人苛待身為日本國民的沖繩人，認為美國剝奪日本的外交主權而且讓沖繩脫離日本，使沖繩人成為外國人。[13]

沖繩與沖繩人從分崩離析的明治帝國秩序分離出去，這個現象只告訴我們美國對琉球人抱持的觀念以及美國人有能力實踐這個觀念，卻無法告訴我們日本本土人民如何看待沖繩人。儘管如此，沖繩的脫離有部分是為了將日本本土島嶼與琉球群島的人口區隔開來，讓沖繩在時空中凍結，在地理與政治上都與本土島嶼一刀兩斷，使日本人能更輕易地以全新的面貌向前邁進：不證自明的疆界圍繞著同質性的人民。

一九七二年，沖繩重回日本統治，沖繩人和引揚者一樣，最終融入了日本國家之中。但「第三國人」

卻不是如此。二〇〇〇年四月，東京都知事石原慎太郎在演說中以「第三國人」一詞指稱非日本人的亞洲人，他認為在地震與其他災害中，第三國人會為日本國內安全造成威脅。石原在警察同仁面前發表的煽動性言論，讓人回想起一九二三年關東大地震時，謠傳韓國人縱火燒燬大半東京，因此造成大批韓國人遭到屠殺的事件。雖然石原是個獲獎的小說家，擁有強大的語言駕馭能力，但他宣稱「第三國人」是盟軍創造的中性詞彙，用來將韓國人與其他亞洲人從其他外國人當中區別開來。[14]這個說法從技術上來說確切無誤，但日本的帝國主義歷史與戰後日本對待外國人的態度所創造出一種情境，顯示「第三國人」指的是「非白人外國人」——前殖民地人民的存在變得無法理解，因為已經沒有帝國來定義他們。

從比較脈絡下看戰後東亞的「民族分離」

從其他「民族分離」（unmixing of people）的例子可以協助我們思索日本的遣返史，這些例子許多發生在二十世紀歐洲，起因是帝國與戰爭的結束導致地緣政治空間重新安排。[15]為了探討一九九一年蘇聯崩解後，俄羅斯民族從前蘇聯的俄羅斯以外地區往俄羅斯聯邦境內遷徙的過程——無論是探討過去的遷徙還是預期未來可能的遷徙——羅傑斯・布魯貝克（Rogers Brubaker）首先評估了幾個後帝國時期的遷徙，發現「當多民族帝國因為政治空間縮減與政治權威沿著民族界線重新配置，而使得統治的種族或民族群體突然出現轉變時」，往往會發生這類遷徙。[16]在評估三個族群——鄂圖曼帝國的巴爾幹穆斯林、哈布斯堡帝國的匈牙利人與德意志帝國的德國人——的流動之後，布魯貝克建立了一套分析論點，並且將這些論點有效地適用在俄羅斯人身上。布魯貝克研究的重心是中歐與東歐傳統陸權帝國的終結，包括鄂圖曼、哈布斯堡與俄羅斯，現代殖民帝國如日本並不包括在內。儘管如此，一九四五年戰敗後，日本統治的政治空間縮減與政治權威沿著民族界線重新配置，確實突然轉變了多民族帝國內部日本殖民統治者的地位，此後便出現後帝國時期的遷徙。因此，透過這個分析架構應該有助於解釋日本的例子。

布魯貝克提出的第一個洞見是，帝國結束後產生的種族分離，在遷徙的程度、時機與樣態上有所不同，而這些不同會隨著時間、地區與社會階級的差異而進一步演變。[17] 我們已經看到，這些變化就在日本的例子裡出現。以「程度」來說，日本人的遣返勢必是全面的，所有的日本國民須離開殖民地而所有的殖民地人民須離開日本。幾乎所有的日本國民都從絕大多數前殖民地「被」移除，但例外也不少，特別是有將近一萬名日本人留在中國東北，證明要把該移除的人盡數移除是不可能的事。此外，將近六十萬名韓國人拒絕遣送，他們成了「在日韓國人」的核心。就「時機」來說，後帝國時期日本的人口遷徙是在突發且支離破碎的狀況下引發的。突發是因為殖民地日本人並未預期日本會戰敗，甚至自己的身分會出現轉變。除了滿洲的開拓民與士兵，日本殖民者並未像一九四五年初，東普魯士地區德國人逃避蘇聯陸軍那樣逃避入侵的軍隊。相反地，絕大多數殖民者是從廣播中得知戰敗的消息。帝國的結束以支離破碎的狀況出現，是因為軍事戰鬥都在殖民地以外的地區進行——例如太平洋、東南亞與沖繩——而戰爭的結果導致日本在台灣、韓國與中國部分地區的殖民統治結束，因此一些殖民者很難理解自己為什麼不能繼續待在殖民地的家園。軍事失敗為殖民地日本人帶來身分的轉變，然而殖民地日本人對於此事卻渾然不知。遣返者返國的時機、遣返者被迫離開的地區與遣返者的階級，這些都是關鍵元素。這些元素之所以關鍵不在於它們影響了返國的決定，因為這是盟軍命令下進行的，而是它們影響了本土人民對遣返者的態度，關於這點，本書第二章與第三章已詳述。

布魯貝克首先提出種族分離的程度、時機與樣態的差異，並且由此推論遷徙並非勢不可免。在他檢視的例子裡，沿著民族界線重新配置的政治空間不一定理所當然地產生相應的人口再分配，而是仰賴幾個變數，包括潛在移民如何從支配地位轉變成少數民族、與殖民地的連結是否深厚、返回祖國的利益與適應程度，以及潛在移民對前景的考量，他們會考慮如果繼續待在殖民地，在繼承國裡能否過得更好。姑且不論盟軍支持的人口移轉具有的強制性質，在日本的例子裡評估這些變數，有助於理解人口遷徙的過程。戰爭失敗決定性且公然轉變了殖民地日本人的身分。殖民地居民都知道日本人輸掉戰爭，而伴隨戰敗，他們也失去了國家保護的特權。至於與殖民地連結是否深厚，韓國與台灣的殖民地企業家、在中國通商口岸長期居住的日本人以及滿洲的農業開拓民也許覺得自己與殖民地的家園密不可分，但殖民地日本人在殖民地頂多住了三代，還不足以與殖民地發展出深厚的紐帶關係，也未與當地社群融為一體。[18]

乍看之下，日本顯然是海外日本人的祖國。除了日本之外，沒有其他地方是日本國民得以棲身之處。[19]在日本，落葉歸根的觀念根深柢固，日本人返回日本是天經地義的事。然而，當時日本政府擁有的是一個殘破的國家，必須設法養活七千二百萬名瀕臨餓死的百姓，對於如何因應占人口將近百分之九的額外負擔深感憂慮。戰後，一些日本官員相信，居住在相對安定地區的殖民者若能暫時「留在原地」（現地定著）會是比較好的做法。我們也曾經提到，一些本土日本人對於返國者能否順利融入日本社會感到懷疑。美國軍事當局並未接受這類誰算是日本人與這些人來自何處的微妙觀點。在對「日本人」進行四年廣泛研究而「了解敵人」之後，美國軍事當局顯然一眼就能認出誰是日本人，並且將他們眼中確認無疑的日本人送回確認無疑的日本。[20]

到了東亞「繼承國」——大韓民國（一九四八年）、朝鮮民主主義人民共和國（一九四九年）、中華人民共和國（一九四九年）與中華民國（一九四九年）——依次成立時，絕大多數殖民地日本人已經離開這些地區。因此，即使盟軍允許，殖民地日本人也沒有機會在當地印證自己的願景。此外，由於日本殖民地的形式——日本當局把日本人定位為殖民地人民的老師，而且日本人自成一區，與殖民地人民區隔開來——我們很難想像日本移民能夠適應新的公民身分或永久居留與韓國人、中國人或台灣人平等相處，更甭說融入他們的社群，特別是這些建立在韓國與中國民族主義上的國家，其中還混雜了共產主義或反共產主義的意識形態。

值得注意的是，在日本的例子裡，讓淪為少數族群的殖民地日本人決定留下或離開的所有變數——身分的轉變、與殖民地的連結、故鄉是否宜居以及是否有機會評估在繼承國生活的前景——居然一面倒地傾向於讓他們決定離開。在這個脈絡下，盟軍出現了，提供手段讓民眾移動，包括渡海抵達日本。這使得布魯貝克認為後帝國時期的遷徙並非必然現象的主張有可能面臨修正。如果帝國的結束加上由國家支持、原具有支配地位者遭遇軍事失敗，那麼即使不是被殖民地原住民擊敗，該支配者離開當地的要素也會大幅增加。這項修正可以立即找到一項例外：一九一八年，軍事失敗導致德意志帝國崩解，然而，如布魯貝克所言，當時並非所有居住在東方的德意志人都返回德國。[21]儘管如此，當我們比較其他一些例子，如蘇聯的崩解，蘇聯帝國結束時由國家支持的民族並未遭遇戰敗；又如二次大戰後的德國、日本與阿爾及利亞戰中的法國，都是軍事失敗伴隨帝國的結束，使得遷徙或驅逐的可能性大增。

比較日本人的遣返與歐裔阿爾及利亞人在法國統治結束時的外逃現象，可以明顯看出日本後帝國時期的特殊面。一八三〇年法國在阿爾及利亞建立殖民統治之後，各色各樣的歐洲人——法國人，還包括環地中海其他民族——移居阿爾及利亞，經過一段時間之後，他們各自建立了自己的社群。他們在當地生兒育女，到了一八九六年，在阿爾及利亞出生的歐洲人數量已經超過歐洲移民。[22]一九五四年阿爾及利亞獨立戰爭爆發時，當地九十八萬四千名歐洲人口有百分之七十九是在阿爾及利亞出生。[23]經過這段時間，這些「法裔阿爾及利亞人」已經產生特定的認同。

一九五四年，阿爾及利亞人試圖改變或終止法國人的殖民統治，因此發動戰爭反抗歐洲統治者。這場衝突結束於一九六二年，阿爾及利亞獲得獨立。由於戰爭死傷慘重加上殖民統治結束，歐洲殖民者無法再留在當地。一九六二年四月以後，歐裔阿爾及利亞人外逃，往後三個月的時間，將近一百萬人抵達法國海岸。[24]雖然一些返國者順利融入法國社會，但另一些人則過得相當辛苦，不僅因為他們的社群分散在法國各地，也因為他們被法國本土民眾視為帝國的承辦商。還有一些人最終生活在法國的邊緣地帶，如科西嘉島與其他地方。

「引揚者」與「黑腳」（pied noir）回到本土社會時遭遇了類似問題，包括必須克服貼在他們身上的標籤。歷史學家斯托拉思索「黑腳」一詞的起源以及歐裔阿爾及利亞人何時察覺到這個詞彙：「『黑腳』……我們要如何確定這個詞的確切起源？有人說這個詞可能是阿拉伯人創造的，一八三〇年，他們驚訝地看見士兵上岸，而士兵腳上穿著黑色皮靴。有人說那是阿爾及利亞葡萄種植者雙腳的顏色，因為他們釀酒時雙腳踩踏葡萄。無論哪種解釋是對的，阿爾及利亞的法國人一直到了一九六二年返回本土時才知道別人用這個詞來形容他們。」[25]馬修．康奈利（Matthew Connelly）針對這個詞提出了不同的語源及察覺的時間：「本土法國人把在貨船上為鍋爐添煤的穆斯林稱為*pieds noirs*，因為他們的腳是黑的。這個詞成為侮辱移民的詞彙，但到了一九五〇年代，黑腳卻成了阿爾及利亞近一百萬名歐洲後裔的稱號。」[26]無論黑腳的起源為何，也不管歐裔阿爾及利亞人何時遭遇這個標籤，當黑腳被用來描述法國流離失所的人口與做為法國殖民計畫的替罪羊時，這個詞彙就獲得了新的重要性與意義。[27]顯然，前殖民參與者的汙名化是本土社會擺脫殖民歷史的一種方式。[28]

日本的例子與法國有很大的差異。在日本的例子裡，盟軍介入殖民地日本人與本土居民之間，形成一個三角過程，並且在東亞殖民空間轉折到民族空間當中扮演了重要——儘管出乎意料——角色。第三方去殖民化深刻影響了東亞帝國的終結與隨後的後帝國時期遷徙。日本與法國的第二項差異是年份，一九四五年，這一年標誌著人民的轉移、遷徙、驅逐與種族屠殺。

以日本比對一九四五年德意志人被驅逐的例子，可以用來探索日本例子裡的兩個特定面向：盟軍的角色與一九四五年。德國以東歐洲德語民族的經驗，與東亞日本國民的經驗，兩者的歷史環境有很大的不同。經由現代初期的遷徙與殖民，德語民族，已經定居在整個中歐與東歐地區，甚至遠至東方的俄羅斯。[29]有些德意志人已經在東歐與俄羅斯定居數百年，而且他們並不一定是侵略者。在凱薩琳大帝（Catherine the Great）的邀請下，說德語的門諾會信徒（Mennonites）為逃避兵役，於十八世紀晚期移居今日的烏克蘭。而從十七世紀以來，德語人口就定居於今日的捷克共和國。[30]有些人日後被稱為「德意志人」，但他們從來不是德意志國家的人民，與德國也渺不相涉。德意志人與日本人的例子可說毫無相似之處。

一次大戰結束後，隨著德意志帝國的戰敗、哈布斯堡帝國的結束以及隨後德國領土的縮減，歐洲大約有六百五十萬德國人成為少數民族。在割讓給波蘭的土地上，大約有六十萬到八十萬人移居德國，但絕大多數仍留在繼承國，如捷克斯洛伐克、南斯拉夫、羅馬尼亞與匈牙利。[31]一九三三年納粹黨建立統治地位之後，特別是一九三九年的軍事擴張，「第三帝國的德國人」往東擴展，統治德國人征服的地區，包括捷克斯洛伐克與波蘭。納粹政權試圖與德國境外的德意志民族建立更緊密的關係，並且透過新的種族分類架構來提升德意志民族的地位。根據希姆萊（Heinrich Himmler）的「種族重新分配」計畫，納粹政府將波羅的海地區的德意志人遷到波蘭，讓他們住進已經淨空的猶太人與波蘭人家中，企圖讓德語民族重回擴張後的德國。[32]

第三帝國節節敗退時，所有分類的德國人——「第三帝國德國人」、德意志人與本地種族〔autochthons，遠祖是德國人的民族，如卡舒比人（Kashubians）、西里西亞人（Silesians）與其他〕——都暴露在軍隊與民眾的攻擊下。一九四五年一月，蘇聯軍隊進逼柏林，東普魯士的德國人開始逃離。不久，波蘭、捷克斯洛伐克、南斯拉夫、羅馬尼亞與匈牙利的民眾開始驅逐當地的德裔人口。這些自發性的驅逐行動往往夾帶著極端的暴力，從一九四五年春開始，直到一九四五年七月底波茨坦會議召開時結束。[33]緊接著是更有組織的人口轉移，持續到一九四六年底。[34]最終，估計有一千二百萬名德意志人在中歐與東歐遭到驅逐——七百萬人被逐出波蘭（包括俄羅斯占領的部分波蘭地區，以及戰後德國割讓給波蘭的地區），三百萬人被逐出捷克斯洛伐克，其他則被逐出南斯拉夫、羅馬尼亞與匈牙利——估計有兩百萬人在過程中死亡。[35]

雖然德國人遭到驅逐與日本人遭到遣返的歷史背景不同，但兩場遷徙的歷史卻在時間上——也就是一九四五年——交錯。遭盟軍擊敗，德國人與日本人在德日軍隊失去控制的領土上，經歷了身分轉變。此外，其他類似之處也很明顯。戰後不久，遭蘇聯軍隊俘虜的德國人與日本人命運都同樣悲慘。德日兩國遭到強姦的婦女迫使他們的政府必須處理這項暴力在戰後所產生的後果。向蘇聯軍隊投降的日軍士兵與多達三百萬人的德軍戰俘一起關在蘇聯拘留營裡，這些拘留營通常位於西伯利亞。日本人與德國人有時被關在鄰近的營區，證據顯示雙方曾有過接觸。一名蘇聯拘留者解釋說，蘇聯官員只用俄語下令。會多種語言的德國人把命令翻譯成英語給會說英日語的日本人，日本人再將命令翻譯給自己的同胞。[36]日本戰俘的任務報告上曾經出現對德國與匈牙利戰俘的描述。[37]講述拘留營生活的德國電影也曾出現日本戰俘的角色。[38]在這個例子裡既有連結的面向，也有比較的面向。

德國與日本出現分歧的地方還是在於，本土社會如何對待返國者與處理返國者所帶來的問題。戰爭結束時，德國與日本仍存在獎勵生育的政策與反墮胎法。對混血兒的關切，特別是強姦的產物，勝過了對違反反墮胎法的關切。官員對於婦女墮胎的事實視而不見。遭受性侵的德國婦女在戰後社會幾乎必然遭到汙名化，與日本婦女一樣，揭露自己的經驗對她們沒有任何好處。然而與日本婦女相比，德國婦女似乎比較願意討論這件事。格羅斯曼解釋說，雖然婦女不願公開談論此事，但她們可以與自己的女兒及女性親人討論。[39]很難想像日本婦女會公開乃至於私底下坦白說出這件事。格羅斯曼認為，德國婦女努力擺脫羞恥的感受，事實上，她們還運用自己的強姦經驗來緩和其他的負面情緒。格羅斯曼的結論是，德國婦女「感到自己遭受傷害、侵犯與羞辱，但最終她們並沒有產生罪惡感，也不認為自己該為此負責。」[40]我們至今（即使是假想）仍不知道日本婦女如何運用這種經驗做為工具來克服這種罪惡感與責任。

從蘇聯拘留營返回德國的男人，有時會被形容成裝病的人或性無能。而這種狀況又因為他們返回的是東德或是西德而變得更加複雜。[41]在其他的例子裡，被驅逐者似乎很順利地融入戰後德國這個新家鄉。馬克・羅斯曼（Mark Roseman）提到，他原本預期會在這些被逐出波蘭重新定居並在魯爾區尋找工作的德裔礦工身上找到衝突的證據。這些礦工選擇魯爾區可能是因為他們在這裡有家族關係，也可能是因為這裡的挖礦工作較有前途——雖然辛苦，但待遇相對優厚而穩定。羅斯曼認為，除了當地居民不滿政府支付補償金給被驅逐者之外，長期而言，這些新來者其實在融入社群上很少遭遇問題。[42]到了一九五〇年代中期，從蘇聯歸來的德國戰俘有時會成為傳統男性價值的象徵，與戰後西德社會的消費主義與過分裝飾形成對比。[43]除了壹岐——山崎一九七五年的小說《不毛地帶》的主角——這個例外，藝術或媒體描繪的日本拘留者很少成為男性或傳統價值的象徵。

或許，德意志人遭到驅逐與戰後日本人被遣返之間最顯著的差異，表現在兩國本土社會對戰後這段歷史的利用方式上。莫勒分析西德的驅逐故事如何發展成官方歷史寫作、政治與大眾文化領域的一部分，並且認定在一九五〇年代驅逐與成千上萬德國戰俘拘留在蘇聯的故事，逐漸成為德國在二戰時期受害的象徵，而這些故事讓西德民眾得以共享一個戰時民族受害的故事，一個與更為知名的納粹受害者同樣遭受苦難的敘事。[44]

然而，遣返故事從未成為日本的二次大戰國家故事，遣返者的形象也因此無法成為日本的二次大戰國家形象。首先，日本不需要遣返故事，因為另外還有更能打動人心的受害故事。廣島與長崎成為強大的國家與國際象徵，顯示日本是唯一遭受原子彈轟炸的國家。愛好和平的日本人在變節的軍事領袖帶領下誤入歧途，這是占領當局支持的故事，也是另一個深具力量的敘事。[45]日本平民是燃燒彈轟炸城市的受害者，這是第三個故事。這些故事情節都強調「內地」民眾的苦難。由於原爆與傳統轟炸發生時，絕大多數遣返者都在國外，因此遣返者被排除在受害者的圈子外。遣返從來不是日本的二次大戰國家故事，因此沒有必要把遣返者打扮成高貴的模樣。由於其殖民地元素以及位於戰敗日本的本土境外，使得遣返者故事沒有資格成為國家的苦難故事。同時觀察日本、法國與德國的例子，可以發現，戰時各式各樣的苦難故事都有資格成為國家故事，但殖民計畫結束後的苦難故事，即使故事中「我們的」同胞被外族欺凌折磨令人不捨，仍沒有資格被視為國家的苦難故事。

最後，比較日本人的遣返與德國人的驅逐，可以讓我們思索種族淨化的問題。當地人口驅逐德意志人——即使他們已經當了數十年或數百年的鄰居——的動機其實不難想像：數年的虐待產生了報復之心。但原因不只這項。波蘭政府與人民不僅驅逐德國人，也驅逐烏克蘭人與倖存的猶太人；捷克斯洛伐克政府與人民不僅驅逐德國人，也驅逐匈牙利人。[46]驅逐其實源自於一股強大的創造種族同質性更高的民族空間的衝動，而這股衝動在戰爭剛結束的那段混亂時期找到宣洩的出口。經歷這一切的殺戮、戰時人口轉移、驅逐與遷徙之後，東歐民族的分布已經清理成相對同質的空間。[47]

歐洲的清理重整分成兩個步驟，首先是一次世界大戰後的地理重整，然後是二次大戰後的人口清理。東尼・賈德（Tony Judt）解釋說，「一次大戰結束時，疆界受到創造與調整，但人整體而言仍留在原地。一九四五年後卻反過來：除了波蘭這個例外，疆界大致維持原狀，移動的是人。」[48]以戰後東亞來說，這兩個步驟併為一個步驟進行：疆界調整了，人也移動了。結果，到了一九四六年，歐洲與東亞都成為種族混合遭到大幅改變的地區。

東亞的戰後遷徙何以能說是最好的？因為盟軍與日本當局在戰敗後迅速合作將日本人民送回日本；如果任由日本殖民者自行返國，實在無法想像日本殖民者與殖民地人民之間會發生什麼事。以今日的眼光來看，日本人的遣返還沒達到驅逐或種族淨化的程度。[49]在中國、韓國與台灣建立種族同質空間的言論，也未伴隨一九四五年日本人遣返回國而出現。事實上，在盟軍眼中，強制遣返更急迫的目的是將日軍運離戰場，將殖民者從前殖民地空間移除則是附帶效果。

在本書中，我的目標是講述日本人經歷的遣返故事，至於一九四〇年代美國人對東亞人口轉移的態度則仍有待探討。美國在總結遣返的動機時，曾讚揚將日本軍人與殖民人口從空間中移除的好處。他們反覆使用「危機排除」（cleared）這個詞來描述日本人已經淨空的地區，而這呼應了盟軍在歐洲的思維，他們並不反對人口轉移或甚至驅逐。[50]諾曼・內馬克（Norman Neimark）引用了幾個反映這類觀點的例子，其中包括一九四四年邱吉爾對於戰後驅逐德國人的可能性所發表的看法：

就我們目前所知，驅逐應該是最令人滿意且最能持續的辦法。這麼做不會再像亞爾薩斯—洛林那樣因人口混雜而產生無窮後患。徹底的清除勢在必行。我並不擔心人口分離所產生的後果，我也不憂慮大量的人口轉移，以現代的條件，要做到這點比過去更可能成功。[51]

美國官員對於遣返的一些面向出現爭論，至少有一名軍事官員反對投入任何資源來協助最近才剛結束交戰的敵人。有些陳述對於轉移「東方人」與「西方人」提出不同的標準，這提醒了我們盟軍把他們運輸的對象當成物品。[52]然而，似乎沒有人爭論盟軍是否該在東亞進行「人口分離」的工作。

從一些例子可以看到，在前殖民地空間中，當地人把日本居民趕出家園然後進行掠奪。官方資料與回憶錄裡提到前殖民地人民偷竊、毆打、強姦而且偶爾還會殺害日本平民。在蘇聯入侵期間，韓國北部的日本人遭到韓國人與中國人施加暴力的這類故事一點一滴持續流傳開來。海外日本平民在亞洲的萬人塚——就像近年在波蘭挖掘到的墓穴，據信裡面就是一九四五年死亡的大批德國平民的遺骸——可能會繼續被挖掘出來。海外日本人在後殖民時期的東亞遭受恐怖的苦難，他們承受寒冷、饑餓、疾病與羞辱，而家庭與社群還要做出可怕的選擇才能求生。儘管如此，少了國家的保護，加上之後日本士兵與殖民參與者的無力抵抗，他們蒙受的暴力可能更加嚴重。這樣的評價也許無法撫慰家人在戰後遭到殺害的人或遭受性暴力的婦女，或三百萬名幾乎喪失所有財產與殖民地家園的民眾，但確實有超過百分之九十五的海外人口在戰爭結束的四年後成功返回日本，以當時戰爭之殘暴，這已是難能可貴。

從這段歷史中，我得出的結論改變了我在二十一世紀最初十年所抱持的政治信念：首先，美國軍事與民政當局不應該單方面採取行動，對世界其他地區數百萬民眾的命運做出決定並且予以施行；其次，遷徙人口創造同質性的空間是不合理也不可取的。然而，在比較其他國家的例子之後，美國在戰後立即將日本人送回日本的決定——這項決定下達到前帝國全境並且公開予以執行——確實拯救了日本人的生命。

我最後的評價是，日本人的遣返是去殖民化過程的一環，它與日本遭盟軍災難性地擊敗同時發生。由於盟軍相信前日本殖民地若能移除殖民者將會更為穩定，也因為美軍願意投入資源運送平民與士兵返回日本，日本帝國的人口拆解才能如此少有討論地迅速進行。這是從種族混合的帝國過渡到種族分離的後殖民與後帝國時期民族國家的過程，是人口分離一個具說服力的例證。

---

1 Peter Duus, *The Abacus and the Sword: The Japanese Penetration of Korea, 1895–1910.* Berkeley, CA: University of California Press, 1998; Eskildsen, "Of Civilization and Savages." 戈登質疑所謂的大正民主說法，他認為帝國主義才是這個時期的核心，特別是在勞動史領域。他提出「日本先是從帝國官僚體制轉變成帝國民主體制，然後再從帝國民主體制轉變成法西斯主義」。Andrew Gordon, *Labor and Imperial Democracy in Prewar Japan*, Berkeley, CA: University of California Press, 1991, 9. 楊露誼在《日本的總體帝國》（*Japan's Total Empire*）中提出現代性與帝國主義的連結關係。

2 第一波研究日本帝國的英語世界學者在比較歐洲帝國時傾向於強調日本的特殊性：認為日本殖民的對象與日本人的民族類似；日本殖民的地區在地理上是日本的近鄰；以及日本的經濟型態與其他帝國不同。W. G. Beasley, *Japanese Imperialism 1894–1945.* Oxford, UK: Clarendon Press, 1987; Myers and Peattie, eds., *The Japanese Colonial Empire, 1895–1945.* 從殖民的過程來看——菁英的甄補，針對臣服或同化進行思想與社會的鬥爭，藉由剝削他者來定義自我——日本的殖民行動與同時代其他帝國可說是同多於異。我同意荊子馨的說法，「在某個層次來說，我們必須承認現代殖民主義絕大多數形式都共享著某種概括性——亦即，藉由外在力量讓一個民族進行強制性的統治，殖民的方法容有歷史與哲學差異，但殖民者與被殖民者之間的基本結構依然相當類似。」Ching, *Becoming "Japanese,"* 19.

3 Eskildsen, "Of Civilization and Savages," 403.

4 Koji Taira, "Troubled National Identity: The Ryukyuans/Okinawans." In *Japan's Minorities: The Illusion of Homogeneity*, ed. Michael Weiner, 140–77. New York:

Routledge, 1997.

5 Christy, "The Making of Imperial Subjects in Okinawa." 莫里斯—鈴木提出這項觀點，她認為琉球人從現代初期的地理他者（蠻族）轉變成現代的時間他者（「困在上一個歷史演化階段」的人）。（Morris-Suzuki, "A Descent into the Past: The Frontier in the Construction of Japanese Identity." In *Multicultural Japan: Paleolithic to Postmodern*, ed. Donald Denoon and Gavan McCormack, 81–94. Cambridge, UK: Cambridge University Press, 1997, 91）莫拉斯基對「琉球」（Ryukyu）與「沖繩」（Okinawa）這兩個詞的討論很有用處。「琉球」是琉球群島的地理總稱，在一八七九年被明治政府併吞之前，琉球是個獨立的政治與文化實體——因此，沖繩民族主義者、人類學家與歷史語言學者偏愛使用「琉球」一詞。「沖繩」是縣名，也是琉球的最大島。莫拉斯基進一步對一九四五年到一九五二年以及一九七二年以後的沖繩與日本做出區分。一九四五年到一九五二年，沖繩與日本分屬不同的政府管轄，此時的「沖繩」指的是美軍占領下的沖繩；一九七二年以後，隨著沖繩返還日本，沖繩與「日本本土」或「日本本土島嶼」搭配成為一體。Molasky, *The American Occupation of Japan and Okinawa*, 3–4. 當時美國留下的資料與美國的工作事項一致，認為沖繩人與日本人不同，因此特別強調「琉球」與「琉球人」這兩個詞彙。我用「琉球」與「琉球群島」來稱呼地理實體，用「沖繩人」來稱呼當地居民，當我特別使用「琉球人」一詞時，指的是特定的種族。

6 Masahide Ōta, "The U.S. Occupation of Okinawa and Postwar Reforms in Japan Proper," In *Democratizing Japan: The Allied Occupation*, ed. Robert E. Wardand Sakamoto Yoshikazu, 284–305. Honolulu, HI: University of Hawai'i Press, 1987. 297, 305, especially note 40.

7 Ibid., 297.

8 Ibid., 285–86.

9 "Repatriation to and from the Ryukyus," Annex III Section IV of "Repatriation," SCAPIN 822, March 16, 1946, in EijiTakemae, ed., *GHQ shireisōshūsei*（竹前榮治，《GHQ指令總集成》）, vol. 4, 1303–5.

10 厚生省援護局，《引揚與援護三十年史》，頁一四九、一五二、一五四—一五五。

11 "Registration of Koreans, Chinese, Ryukyuans and Formosans," SCAPIN 746, February 17, 1946, in Eiji Takemae, ed., *GHQ shireisōshūsei*, vol. 3, 1122–23.

12 原話是「送還沖繩縣民」。厚生省社會援護局，《援護五十年史》，頁156。

13 厚生省援護局，《引揚與援護三十年史》，頁一五四—一五五。日本殖民地樺太的廢止也產生許多問題，這些問題顯示出帝國與本土之間的邊緣地帶處理起來相當複雜。Morris-Suzuki, "Northern Lights.: The Making and Unmaking of Karafuto Identity." *Journal of Asian Studies* 60, no. 3 (August 2001): 645–71.

14 石原引用字典來為自己辯護，字典上第三國人的定義指的「不過是外國人」，他又說「大家不應該在這個詞裡加添太多意義」。Mark Magnier, "Tokyo Governor Assails Critics, Says Remarks Were Misunderstood." *Los Angeles Times*, April 13, 2000.

15 麥可・馬魯斯（Michael Marrus）認為「民族分離」一詞始於寇松勳爵（Lord Curzon, *The Unwanted*, 41）。羅傑斯・布魯貝克也使用了這個詞，見Rogers Brubaker, "Aftermaths of Empire and the Unmixing of Peoples," In *After Empire: Multiethnic Societies and Nation-Building*, ed. Karen Barkey and Mark von Hagen, 155–80. Boulder, CO: Westview Press, 1997. 157.

16 Brubaker, "Aftermaths of Empire and the Unmixing of Peoples," 156.

17 Ibid., 166–67.

18 關於天津日本租界的「極度對外隔絕」，見Rogaski, *Hygienic Modernity*, 262. 關於上海的對外隔絕，見Henriot, " 'Little Japan' in Shanghai."

19 在一份一九四五年針對海外日本國民問題撰寫的報告中，一名戰略情報局分析員在結論表示，除了日本，沒有任何地方可以做為這些海外日本人的目的地。United States, Office of Strategic Services. "Japanese Civilians Overseas," 38.

20 Capra, *Know Your Enemy—Japan*.

21 Brubaker, "Aftermaths of Empire and the Unmixing of Peoples," 162–66.

22 Stora, *Algeria*, 9.

23 Ibid., 8. 馬修・康奈利也引用九十八萬四千人做為一九五四年阿爾及利亞歐洲移民人口數量。Connelly, *A Diplomatic Revolution*, 18.

24 Stora, *Algeria*, 99.

25 Ibid., 8. 斯托拉提到殖民地阿爾及利亞人時這麼表示，「這些人後來被稱為『黑腳』」（*Algeria*, 100）與「這些人因此被稱為『黑腳』」（*Algeria*, 108）。

26 Connelly, *A Diplomatic Revolution*, 11.

27 Stora, *Algeria*, 114.

28 Smith, ed., *Europe's Invisible Migrants*; Elkins and Pedersen, *Settler Colonialism in the Twentieth Century*.

29 Wolff, *The German Question since 1919*.

30 Eagle Glassheim, "National Mythologies and Ethnic Cleansing: The Expulsionof Czechoslovak Germans in 1945." *Central European History* 33, no. 4 (November 2000): 463–86, 467–68.

31 Brubaker, "Aftermaths of Empires and the Unmixing of Peoples," 166–67.

32 Aly, *'Final Solution,'* 5. 如阿利（Aly）的標題顯示的，對東方德意志人進行「種族重分配」是納粹黨計畫的一部分，他們想殺死歐洲所有的猶太人來重塑歐洲的人口地貌。

33 Naimark, *Fires of Hatred*, 111, 117.

34 伊戈・格拉斯海姆（Eagle Glassheim）討論一九四五年夏天的「野蠻轉移」與一九四六年的「組織性轉移」，這些轉移把德意志人遷出捷克斯洛伐克。Glassheim,"National Mythologies and Ethnic Cleansing," 463–64.

35 將近三百萬人被逐出捷克斯洛伐克（Naimark, *Fires of Hatred*, 120）。有七百萬德國人位於戰後波蘭的新疆界內（Tony Judt, *Postwar: A History of Europe Since 1945*. New York: Penguin, 2005. 26）。

36 口述歷史訪談，一九九九年十月二十七日。

37 「德意志人、匈牙利人等」。

38 例如，電影《魔鬼彈奏巴拉萊卡琴》（*Der Teufelspielte Balalaika*, 1961）描述德國與日本戰俘被迫在蘇聯採石場裡鑿開石塊。相關討論見 Moeller, *War Stories*, 127.

39 "Gendered Defeat: Rape, Motherhood, and Fraternization," in Grossmann, *Jews, Germans, and Allies*.

40 Grossmann, "A Question of Silence," 62.

41 Frank Biess, "Men of Reconstruction—The Reconstruction of Men: Returning POWs in East and West Germany, 1945–1955." In *Home/ Front: The Military, War, and Gender in Twentieth Century Germany*, ed. Karen Hagemann and Stefanie Schüler-Springorum, 335–58. Oxford, UK: Berg, 2002.

42 Mark Roseman, "Refugees and Ruhr Miners: A Case Study of the Impact of theRefugees on Post-War German Society." In *Refugees in the Age of Total War*, ed. Anna C. Bramwell, 185–98. London: Unwin Hyman, 1988.

43 "Heimat, Barbed Wire, and 'Papa's Kino': Expellees and POWs at the Movies,"in Moeller, *War Stories*, 123–70.

44 Moeller, *War Stories*.

45 "What Do You Tell the Dead When You Lose?" in Dower, *Embracing Defeat*.

46 Naimark, *Fires of Hatred*, 136–37.

47 Judt, *Postwar*, 27–28.

48 Ibid., 27.

49 關於「種族淨化」的簡明討論，見 Naimark, *Fires of Hatred*, 2–4.

50 關於地區內的日本人已經「排除」的討論出現在駐日盟軍總司令部《麥克阿瑟將軍報告》中。報告的作者可能是以軍事意義來使用這個字。例如：「到了一九四六年七月，南韓已經危機排除」（頁一五八）；「與其他地區相比，南韓日本人的排除工作進行得更為迅速而徹底」（頁一六二—一六四）；「麥克阿瑟將軍決定，所有美國控制的地區都要在一九四六年年底進行危機排除，已經擬定計畫將剩餘的日本人從菲律賓排除」（一六八）；「除了走失離散的人，華中地區要在一九四六年七月予以排除」（一七三）；「福爾摩沙在一九四六年四月完成排除」（一七三）。日本境內的占領軍在提到將在日韓國人遣送出境時也使用「危機排除」一詞，如「韓國人將依下列次序進行排除」。("Repatriation of Non-Japanese from Japan," SCAPIN 224, November 1, 1945, in Takemae, ed., *GHQ shireisōshūsei*, vol. 2, 340–43; here, 341)

51 一九四四年，邱吉爾在英國下議院的演說中採取戰後對德國人進行轉移的想法，引自 Naimark, *Fires of Hatred*, 110.

52 駐日盟軍總司令部《麥克阿瑟將軍報告》，頁一五〇、一五五。

致謝

我要感謝許多人士與機構，在我研究與寫作本書時提供支持。Carol Gluck在整個計畫進行過程中一直給我靈感與指導。Henry D. Smith II, Madeleine Zelin, Charles Armstrong, Gregory Pflugfelder, Louise Young不吝付出時間，並給予寶貴意見。布魯克林學院的Moustafa Bayoumi非常仔細閱讀我的論文，他的洞見讓我對日本帝國遺留下來的問題有了更深入的認識。紐約市立大學的Barbara Brooks在史料與歷史問題上給予我可貴的建言。哥倫比亞大學的夥伴給了我許多幫助，特別是Jonathan Zwicker, Darryl Flaherty, Chris Hill, Leila Wice, Yasu Makimura, Peter Flueckiger, Ari Levine, Ellen McGill, Georgia Mickey, Ananda Martin, Ken Oshima, Jan Poole, Harrison Miller, David Ekbladh, David Lurie, Sarah Kovner, Hide Tanaka, Kerry Ross, Takashi Yoshida, Laura Neitzel。我攻讀博士的最後一年因為Christine Kim, Mark Swislocki的陪伴而大有進展。Robert Eskildsen擔負起亦師亦友的責任，本書許多的見解與說明都得益於與他連續數小時的長談。

我在日本文部省獎學金的資助下，在東京御茶水女子大學研究，小風秀雅與大口勇次郎在百忙中抽空訓練我從事歷史研究。穴山朝子、渡邊直子與森田朋子成為陪伴我的朋友。在東京大學時，感謝法學政治學研究所的大沼保昭，願意擔任我的指導教授。加藤陽子讓我參加他的研討課，並且讓我報告正在進行的研究。一橋大學的吉田裕與中野聰分享他們的洞見與資料。在中野新橋，森氏夫婦、顧若鵬（Barak Kushner）, Roger Brown, Paul Dunscomb成為我的良伴。傅爾布萊特獎助學金使我得以前往日本進行研究。在二十世紀日本研究獎的幫助下，我在馬里蘭大學戈登・魯蘭格文庫（Gordon W. Prange Collection）找到重要資料而且獲得 Eiko Sakaguchi, Amy Wasserstrom的持續協助。與山口縣歷史研究團體的討論讓我獲益甚多，尤其高興有Nakatsuka Fumio, Ueyama Atsushi, Krita Hisao, Kawamura Katsunori, Furuya Nobuko的加入。感謝Maekawa Masao教我佐世保的歷史，為我引見一些人分享他們的故事。早稻田大學的岡本公一亦一直是我的助力與朋友。

從一九九九年到二〇〇〇年，我進行而且錄製了九次正式口述歷史訪談，並且另外與十二名戰後從海外返國的人士進行非正式訪談。訪談時，所有接受錄製的受訪者都同意他們的名字與故事可以公開使用。雖然受訪者欣然接受這項安排，但居中介紹我跟他們接觸的人，包括他們的親戚、照護機構人員與朋友卻不認同這種做法。因此，除了塚田淺江之外——她已經發表文章陳述自己的經驗，而且也積極推動農業開拓者的紀念活動——我在描述訪談時，會以時間做為代稱，不提及任何人名。對於那些向我陳述經驗的人，我要在此致上謝意。

在夏威夷大學協助下，北京大學漢學研究獎學金與社會科學研究委員會國際論文研究獎學金支持我在中國進行研究。感謝北京大學牛大勇與北京外國語大學郭連友的幫忙。懷亭基金會（Whiting Foundation）的支持使我得以完成博士論文。

二〇〇二年到二〇〇三年，我在賴世和研究所（Reischauer Institute）擔任博士後研究員，這段經驗非常可貴，我擁有時間、空間與資源徹底思考這本書。我從研究同仁身上學到很多，包括Franziska Seraphim, Kenji Tierney, Charo D'Etcheverry, Linda Angst。這幾年來，Andrew Gordon一直支持我的研究。在耶魯大學，Valerie Hansen給予我很好的建議，而Johanna Ransmeier一直從旁為我打氣。我尤其感謝Simon Kim, Lisa Yoshikawa。還有一些人，如Bryna Goodman, Sharon Sievers, Akira Miyazaki, Marlene Mayo, Laura Hein, Rob Fish，慷慨地

貢獻他們的時間與想法。

此外，聖路易斯華盛頓大學的同事營造出一種適合思考歷史的氣氛。Tim Parsons, Derek Hirst, Mark Pegg，以及年輕教員組成的讀書會成員Nancy Reynolds, Corinna Treitel, Christine Johnson, Maggie Garb, Steve Miles, Guy Ortolano讀了我的論文的一部分。Rebecca Copeland也分享了她的見解。二〇〇五年，中西部日本專題討論會成員對其中一章提供了寶貴的回饋。在華盛頓大學，Earle H. and Suzanne S. Harbison Faculty Fellowship, Roland Grimm Travelling Fellowship提供獎學金供我到日本進行幾個月的研究。國家人文學術基金會與美日友誼委員會提供的國家人文學術教員獎學金，則支持我在輪休期間完成論文。本書出現的任何觀點、發現、結論或建議，不必然反映國家人文學術基金會或美日友誼委員會的意見。資生堂企業資料館的佐藤智美與東京印刷博物館的豬方弘大，慷慨協助我保留封面的圖片。

Sheldon Garon與哈佛大學亞洲中心的匿名讀者閱讀了完整的論文內容並且提供了深思且富啟發性的回饋，我非常感謝他們二位。我想謝謝William M. Hammell協助我的論文出版。

要特別致意的是Hamada家（Scott, Lynne, Eric, Claire, Sara）；Watt家（Ann, Bob; Paul, Yasuko; Michael, Yuki, Hana, Andy, Julie）；以及Lampro家，Wright-Roja家與Norgren-Rohner家；還有Abe Ken, Robert Vodicka, Michelle Polzine, Daniel Guidera, Richard Hendy, Edwina Gibbs, Chika Hyōdō, Adam Penenberg, Aida Harumi, Higashimori Tsutomu, Howard Huang, Robert Story Karem, Kurt Opprecht, Keith Rodgers, Jamie Newhard。最後，我要感謝Slava Solomatov，讓我的人生更加多采多姿。

中英對照

50 Years of Silence　《沉默的五十年》

Admiral Lord Louis Mountbatten　路易斯・蒙巴頓勳爵

Alan Christy　艾倫・克里斯帝

Aly　阿利

Andrew Gordon　安德魯・戈登

Atina Grossmann　阿提娜・格羅斯曼

Bayly　貝利

Barbara Brooks　芭芭拉・布魯克斯

Benjamin Stora　班傑明・斯托拉

Blondie　《白朗黛》

Bruce Cumings　布魯斯・康明思

Catherine the Great　凱薩琳大帝
Chung-moo Choi　崔貞茂
Colonel Charles Bonesteel　查爾斯・邦斯提爾上校

E. Dale Saunders　E・達爾・桑德斯
Eagle Glassheim　伊戈・格拉斯海姆
Edward Wagner　愛德華・華格納
Edwin O. Reischauer　賴肖爾
Elfriede von Assel　艾爾芙莉德・馮・阿瑟爾
Exodus to North Korea　《出走到北韓》
Ezra Vogel　傅高義

Franziska Seraphim　弗蘭茲絲卡・瑟拉芬

Geneva Conventions　日內瓦公約
Greg Guelcher　葛雷格・古爾徹

Harper　哈波
Heinrich Himmler　希姆萊

James Orr　詹姆斯・歐爾
Jan Ruff-O'Herne　珍・拉夫—歐亨
John Campbell　約翰・坎伯
John Dower　約翰・道爾
John Ford　約翰・福特

Kashubians　卡舒比人
Kozy Kazuko Amemiya　雨宮和子

Leo Ching　荊子馨
Lord Curzon　寇松勳爵
Louise Young　楊露誼

Marc Gallicchio　馬克・加利奇歐
Mark Roseman　馬克・羅斯曼
Matthew Connelly　馬修・康奈利
Mennonites　門諾會信徒
Michael Marrus　麥可・馬魯斯
Michael Molasky　麥可・莫拉斯基

Michael Schaller　麥可・夏勒
Morris-Suzuki　莫里斯—鈴木

Norman Naimark　諾曼・內馬克

Peter Duus　彼得・德斯
pied noir　黑腳
Pierre Sorlin　皮耶・索蘭
Postdam declaration　波茨坦宣言

Robert Efird　易若鵬
Robert Eskildsen　羅伯特・艾斯基爾德森
Robert Moeller　羅伯特・莫勒
Rogers Brubaker　羅傑斯・布魯貝克
Ruth Rogaski　羅芙芸

Sakhalin　薩哈林
SCAP　駐日盟軍總司令部
Siberian Intervention　西伯利亞干涉

Silesians　西里西亞人

Southeast Asian Command (SEAC)　東南亞司令部

Stewart Lone　史都華・隆恩

Tony Judt　東尼・賈德

William Currie　威廉・居里

William J. Gane　威廉・蓋恩

William Johnston　威廉・強斯頓

William Nimmo　威廉・尼莫

參考書目

一手與二手資料

Abe Kōbō 安部公房 *Abe Kōbō zenshū* 安部公房全集（Complete works of Abe Kōbō）. Vol. 12. Tokyo: Shinchōsha, 1998.

——. *Kemonotachi wa kokyō o mezasu* けものたちは故郷をめざす（Wild beasts seek home）. Tokyo: Kōdansha, 1970. Originally published in *Gunzō* 群像（January–April 1957）.

——. "Sakuhin nōto" 作品ノート（Notes on writing）. In *Abe Kōbō zenshū* 安部公房全集（Complete works of Abe Kōbō）. Vol. 1. Tokyo: Shinchōsha, 1997.

Aida Yūji. *Prisoner of the British: A Japanese Soldier's Experiences in Burma*. Trans. Louis Allen and Hide Ishiguro. London: The Cresset Press, 1966.

Akiyoshi Toshiko 穐吉敏子 *Jazu to ikiru* ジャズと生きる（Living through jazz）. Tokyo: Iwanami shoten, 1996.

Aly, Götz. *'Final Solution': Nazi Population Policy and the Murder of the European Jews*.London: Arnold, 1999 [1995].

Amemiya, Kozy Kazuko. "The Road to Pro-Choice Ideology in Japan: A Social History of the Contest between the State and Individuals over Abortion." Ph.D. diss., University of California at San Diego, 1993.

Ara Takashi 荒敬 ed. *Nihon senryō, gaikō kankei shiryōshū* 日本占領・外交関係資料集（Documents on the occupation and foreign relations of Japan）. Vol. 3. Tokyo: Kashiwa shobō, 1991.

Asahi shinbun 朝日新聞 1945–2008.

Asahi shinbunsha 朝日新聞社 ed. *Koe* 声 Vol. 1. Tokyo: Asahi bunko, 1984.

Asahi shinbunsha 朝日新聞社 *Nihon shinbun fukkokuban* 日本新聞復刻版（Reproduction of *Nihon shinbun*）. 3 vols. Tokyo: Asashi shinbunsha, 1991.

Asano Toyomi 浅野豊美 *Datsu shokuminchika purosesu toshite no sengo Nihon no tai Ajia gaikō no tenkai to kokunai seiyaku yōin* 脱植民地化プロセス

としての戦後日本の対アジア外交の展開と国内制約要因（The development of postwar Japan's relations with the rest of Asia and the cause of domestic restrictions as a process of decolonization）. Nihon gakujutsu shinkōkai kagaku kenky ū hi hojokin kiban kenkyū (B) kenkyū seika hōkokusho, 2007.

Banba Tsuneo 番場恒夫 "Marai hantō hikiage hōkokusho" 馬来半島引き揚報告書（Report on repatriation from the Malaysian peninsula）. Nihon kōkan kabushiki kaisha gaichika, 1945. Available in Katō Kiyofumi 加藤聖文 ed. *Kaigai hikiage kankei shiryō shūsei* 海外引揚関係史料集成（Collection of historical documents on repatriation from overseas）. Vol. 33. Tokyo: Yumani shobō, 2002.

Barnhart, Michael A. *Japan Prepares for Total War: The Search for Economic Security,1919–1941*. Ithaca, NY: Cornell University Press, 1987.

Bayly, C. A. and Tim Harper. *Forgotten Wars: The End of Britain's Asian Empire*. London and New York: Allen Lane, 2007.

Beasley, W. G. *Japanese Imperialism 1894–1945*. Oxford, UK: Clarendon Press, 1987.

Biess, Frank. "Men of Reconstruction—The Reconstruction of Men: Returning POWs in East and West Germany, 1945–1955." In *Home/Front: The Military, War, and Gender in Twentieth Century Germany*, ed. Karen Hagemann and Stefanie Schüler-Springorum, 335–58. Oxford, UK: Berg, 2002.

Borton, Hugh. *American Presurrender Planning for Postwar Japan*. New York: East Asian Institute, Columbia University, 1967.

Boyle, John Hunter. *China and Japan at War, 1937–1945: The Politics of Collaboration*.Stanford, CA: Stanford University Press, 1972.

Bramwell, Anna, ed. *Refugees in the Age of Total War*. London: Unwin Hyman, 1988.

Brooks, Barbara. "Japanese Colonial Citizenship in Treaty-Port China: The Location of Koreans and Taiwanese in the Imperial Order." In *New Frontiers: Imperialism's New Communities in East Asia, 1843–1953*, ed. Robert Bickers and Christian Henriot, 109–24. Manchester, UK and New York: Manchester University Press, 2000.

——. *Japan's Imperial Diplomacy: Consuls, Treaty Ports, and War in China, 1895–1938*. Honolulu, HI: University of Hawai'i Press, 2000.

——. "Peopling the Japanese Empire: The Koreans in Manchuria and the Rhetoric of Inclusion." In *Japan's Competing Modernities*, ed. Sharon Minichiello, 24–44. Honolulu, HI: University of Hawai'i Press, 1998.

Brubaker, Rogers. "Aftermaths of Empire and the Unmixing of Peoples." In *After Empire: Multiethnic Societies and Nation-Building*, ed. Karen Barkey and Mark von Hagen, 155–80. Boulder, CO: Westview Press, 1997.

Buckley, Roger. *Occupation Diplomacy: Britain, the United States, and Japan 1945–1952*. Cambridge, UK: Cambridge University Press, 1982.

Campbell, John Creighton. "Compensation for Repatriates: A Case Study of Interest-Group Politics and Party-Government Negotiations in Japan." In

Policymaking in Contemporary Japan, ed. T. J. Pempel, 103–42. Ithaca, NY: Cornell University Press, 1977.

Capra, Frank, dir. *Know Your Enemy—Japan. Why We Fight* series. Washington, DC: U.S. War Department, 1945.

Chen Yingzhen. "Imperial Army Betrayed." In *Perilous Memories: The Asia-Pacific War(s)*, ed. T. Fujitani, Geoffrey M. White, and Lisa Yoneyama, 181–98. Durham, NC: Duke University Press, 2001.

Ching, Leo T. S. *Becoming "Japanese": Colonial Taiwan and the Politics of Identity Formation*. Berkeley, CA: University of California Press, 2001.

Choi, Chungmoo. "The Discourse of Decolonization and Popular Memory: South Korea." *positions* 1, no. 1 (Spring 1993): 77–102.

——. "The Politics of War Memories toward Healing." In *Perilous Memories: The Asia-Pacific War(s)*, ed. T. Fujitani, Geoffrey M. White, and Lisa Yoneyama, 394–409. Durham, NC: Duke University Press, 2001.

Christy, Alan S. "The Making of Imperial Subjects in Okinawa." *positions* 1, no. 3 (Winter 1993): 607–39.

Chūgoku hikiage mangaka no kai 中国引揚げ漫画家の会 ed., *Boku no Manshū: mangaka tachi no haisen taiken* ボクの満州・・漫画家たちの敗戦体験（My Manchuria: the experience of defeat of *manga* artists）. Tokyo: Aki shobō, 1995.

"Chūgoku kikokusha shien ni kansuru kentōkai hōkokusho" 中国帰国者支援に関する検討会報告書（Report of the investigative committee on supporting returnees from China）. Web. December 4, 2000. http://www1.mhlw.go.jp/shingi/s0012/s1204-1_16.html. Accessed May 9, 2008.

"Chūgoku zanryū hōjin tō no enkatsu na kikoku no sokushin oyobi eijū kikokugo no jiritsu no shien ni kansuru hōritsu" 中国残留邦人等の円滑な帰国の促進及び永住帰国後の自立の支援に関する法律（The law concerning promoting the smooth return of Japanese nationals left behind in China and supporting their independence after their permanent return）. Law no. 30, April 6, 1994.

Chung, Young-Soo and Elise K. Tipton. "Problems of Assimilation: The Koreans." In *Society and the State in Interwar Japan*, ed. Elise K. Tipton, 169–92. London and New York: Routledge, 1997.

CNN Presents. *The Cold War*. 24 Episodes. Vol. 1, episode 2, 1998.

Connelly, Matthew. *A Diplomatic Revolution: Algeria's Fight for Independence and the Origins of the Post-Cold War Era*. Oxford, UK: Oxford University Press, 2002.

Coox, Alvin D. *Nomonhan: Japan against Russia, 1939*. Stanford, CA: Stanford University Press, 1986.

——. "The Pacific War." In *The Cambridge History of Japan: Volume 6: The wentieth*

Century, ed. Peter Duus, 315–82. Cambridge, UK: Cambridge University Press, 1988.

Coughlin, William J. *Conquered Press: The MacArthur Era in Japanese Journalism.* Palo Alto, CA: Pacific Books, 1952.

Cumings, Bruce. *The Origins of the Korean War: Liberation and the Emergence of Separate Regimes, 1945–1947.* Princeton, NJ: Princeton University Press, 1981.

Currie, William Joseph. "Metaphors of Alienation: The Fiction of Abe, Beckett and Kafka." Ph.D. diss., University of Michigan, 1973.

Dazai Osamu 太宰治 *Shayō, Ningen shikkaku* 斜陽・人間失格（*The Setting Sun* and *No Longer Human*）. Tokyo: Shinchō gendai bungaku, 1979.

Dennis, Peter. *Troubled Days of Peace: Mountbatten and South East Asia Command, 1945–1946.* New York: St. Martin's, 1987.

Department of State. *Foreign Relations of the United States [FRUS]: The Conference of Berlin (The Potsdam Conference), 1945.* Vol 2. Washington, DC: Government Printing Office, 1960.

Department of State. *Foreign Relations of the United States [FRUS]: The Conferences at Malta and Yalta,* 1945. Washington, DC: Government Printing Office, 1955.

Dōhō kōsei shinbun 同胞更生新聞 1946.

"Doitsujin, Hangarī jin tō to Nihonjin ni taisuru minshu keimō undō no sa'i ni tsuite" ドイツ人ハンガリー人等と日本人にたいする民主啓蒙運動の差異について（Differences in the reeducation campaigns aimed at Germans and Hungarians and the Japanese）. Report. *Shiberia minshu undō no jōkyō ni kansuru kikansha no kikanji ni okeru ippan hōkoku,* July 14, 1948. Boeichō: Box 73, bunko, yuzu 109.

Dower, John. *Embracing Defeat: Japan in the Wake of World War II.* New York: W.W. Norton, 1999.

Duus, Peter. *The Abacus and the Sword: The Japanese Penetration of Korea, 895–1910.* Berkeley, CA: University of California Press, 1998.

Duus, Peter, Ramon H. Myers, and Mark R. Peattie, eds. *The Japanese Informal Empire in China, 1895–1937.* Princeton, NJ: Princeton University Press, 1989.

——, eds. *The Japanese Wartime Empire, 1931–1945.* Princeton, NJ: Princeton University Press, 1996.

Efird, Robert. "Japanese War Orphans and New Overseas Chinese: History, Identification and (Multi) ethnicity." Ph.D. diss., University of Washington, 2004.

——. "Japan's 'War Orphans': Identification and State Responsibility." *Journal of Japanese Studies* 34, no. 2 (Summer 2008): 363–88.

Elkins, Caroline and Susan Pedersen, eds. *Settler Colonialism in the Twentieth Century: Projects, Practices, Legacies.* New York and London: Routledge, 2005.

Endō Yumi 遠藤由美 "J. M. Neruson hikiagesha kyōiku jigyō no tenkai to tokushitsu" J. M.ネルソン引揚者教育事業の展開と特質（J. M.

Nelson and the development and particularities of repatriate education）. *Gekkan shakai kyōiku* 月刊社会教育31, no. 1 (1987): 68–77.

Eskildsen, Robert. "Of Civilization and Savages: The Mimetic Imperialism of Japan's 1874 Expedition to Taiwan." *American Historical Review* 107, no. 2 (April 2002): 388–418.

Etō Jun 江藤淳 ed. *Senryō shiroku* 占領史録（Historical records of the Occupation）.Vol. 2. Tokyo: Kōdansha, 1982.

Fogel, Joshua A. "Integrating into Chinese Society: A Comparison of the Japanese Communities of Shanghai and Harbin." In *Japan's Competing Modernities: Issues in Culture and Democracy, 1900–1930*, ed. Sharon Minichiello, 45–69. Honolulu, HI: University of Hawai'i Press, 1998.

Fujitani, T. "The Reischauer Memo: Mr. Moto, Hirohito, and Japanese American Soldiers." *Critical Asian Studies* 33, no. 3 (2001): 379–402.

Fujiwara Tei 藤原てい *Nagareru hoshi wa ikiteiru* 流れる星は生きている（Shooting stars live on）. Tokyo: Hibiya shuppansha, 1949.

Fukuoka Yasunori. *The Lives of Young Koreans in Japan*. Trans. Tom Gill. Melbourne: Trans Pacific Press, 2000.

Furukawa Atsushi 古川純 "Zasshi *Kaizō* ni miru senryōka ken'etsu no jittai" 雑誌「改造」にみる占領下検閲の実態（Censorship under the Occupation as seen in the magazine *Kaizō*）. *Tōkyō keidai gakkaishi* 東京経大学会誌 nos. 116–17 (1980): 133–83.

Gallicchio, Marc S. *The Cold War Begins in Asia: American East Asian Policy and the Fall of the Japanese Empire*. New York: Columbia University Press, 1988.

Gane, William J. "Foreign Affairs of South Korea, August 1945 to August 1950." Ph.D. diss., Northwestern University, 1951.

Garon, Sheldon. *Molding Japanese Minds: The State in Everyday Life*. Princeton, NJ: Princeton University Press, 1997.

——. "The World's Oldest Debate? Prostitution and the State in Imperial Japan, 1900–1945." *American Historical Review* 98, no. 3 (1993): 710–33.

Gillin, David and Charles Etter. "Staying On: Japanese Soldiers and Civilians in

China, 1945–1949." *Journal of Asian Studies* 52, no. 3 (May 1983): 497–518.

Glassheim, Eagle. "National Mythologies and Ethnic Cleansing: The Expulsion of Czechoslovak Germans in 1945." *Central European History* 33, no. 4 (November 2000): 463–86.

Gluck, Carol. "The Human Condition." In *Past Imperfect: History According to the Movies*, ed. Mark C. Carnes, 250–53. New York: Henry Holt and Company, 1995.

——. "The Past in the Present." In *Postwar Japan as History*, ed. Andrew Gordon, 64–98. Berkeley, CA: University of California Press, 1993.

Gojo kaihō 互助会報（subsequently, *Hikiage minpō* 引揚民報）, 1946.

Gomikawa Junpei 五味川純平 "Genten toshite no waga *Sensō to ningen*" 原点としてのわが『戦争と人間』（My *War and People* as the point of origin）. *Ushio* 潮（Aug. 1971）: 191–95.

——. *Ningen no jōken* 人間の条件（The human condition）. 6 vols. Kyoto: San'ichi shobō, 1956–58.

Gordon, Andrew. *Labor and Imperial Democracy in Prewar Japan*. Berkeley, CA: University of California Press, 1991.

——. *A Modern History of Japan, from Tokugawa Times to the Present*. Oxford, UK: Oxford University Press, 2003.

——. *The Wages of Affluence: Labor and Management in Postwar Japan*. Cambridge, MA: Harvard University Press, 1998.

Gosho Heinosuke 五所平之助 dir. *Kiiroi karasu* 黄色いからす（The yellow crow）. Tokyo: Shōchiku, 1957.

Government Section, Supreme Commander for the Allied Powers. *Political Reorientation of Japan*. Washington, DC: Supreme Commander for the Allied Powers, 1968 [1948].

Grossmann, Atina. *Jews, Germans, and Allies: Close Encounters in Occupied Germany*. Princeton, NJ: Princeton University Press, 2007.

——. "A Question of Silence: The Rape of German Women by Occupation Soldiers." *October* 72 (Spring 1995): 43–63.

Guelcher, Gregory. "Dreams of Empire: The Japanese Agricultural Colonization of Manchuria (1931–1945) in History and Memory." Ph.D. diss., University of Illinois at Urbana-Champaign, 1999.

Gunma-ken kenmin seikatsubu sewaka 群馬県県民生活部世話課 ed. *Gunmaken fukuin engo shi* 群馬県復員援護史（The record of demobilization and welfare in Gunma Prefecture）. Gunma: Gunma-ken, 1974.

Hakata hikiage engo kyoku (Kōseishō hikiage engoin) 博多引揚援護局（厚生省引揚援護院）, ed. *Kyoku shi* 局史（The history of the regional repatriation center）. Fukuoka: Hakata hikiage engo kyoku, 1947.

Hani Susumu 羽仁進 dir. *Kanojo to kare* 彼女と彼（She and he）. Tokyo: Iwanami Eiga, 1963.

Hasegawa Machiko 長谷川町子 *Sazaesan* サザエさん. Vol. 1. Tokyo: Shimaisha, 1959.

Hashikaku Tadao 橋角忠雄 "Hōmon omoshirokan: Kyōto-fu Maizuru hikiage kinenkan-hitomi o tojireba 'Ganpeki no haha' no uta ga. . . ." 訪問おもしろ館:京都府舞鶴引揚記念館—瞳を閉じれば「岸壁の母」の唄が…（Interesting museums to visit: Kyoto's Maizuru Repatriation Museum—if you close your eyes, the song "Ganpeki no haha. . . ."）. Gekkan shakaitō 月刊社会党480（June 1995）: 73–82.

Hein, Laura and Mark Selden, eds. *Censoring History: Citizenship and Memory in Japan, Germany, and the United States*. Armonk, NY: M.E. Sharpe, 2000.

Heiwa kinen jigyō tokubestu kikin 平和祈念事業特別基金（The Public Foundation for Peace and Consolation）. Web. http://www.heiwa.go.jp/. Accessed August 15, 2008.

——, ed. *Keijō Nihonjin sewakai kaihō* 京城日本人世話会々報（The newsletter of the Keijō Nihonjin sewakai）. Tokyo: Heiwa kinen jigyō tokubetsu kikin, 1999 [1945–46].

Henriot, Christian. " 'Little Japan' in Shanghai: An Insulated Community, 1875–1945." In *New Frontiers: Imperialism's New Communities in East Asia, 1843–1953*, ed. Robert Bickers and Christian Henriot, 146–69. Manchester and New York: Manchester University Press, 2000.

Hikiage dōhō 引揚同胞 1946.

Hikiage dōhō shinbun 引揚同胞新聞 1948–1949.

Hikiage engo chō 引揚援護庁 *Hikiage engo no kiroku* 引揚援護の記録（A record of repatriation and aid）. Tokyo: Kōseishō, 1950.

"Hikiage kaitakumin no nyūshoku ni tsuite no shitsumon chūisho ni taisuru tōben no ken" 引揚開拓民の入植についての質問注意書に対する答弁の件（Questions regarding the agricultural resettlement of repatriated agricultural settlers）. April 27, 1948. Kokuritsu kōbunshokan, 2A 28-3 rui 3321.

Hikiage minpō 引揚民報（previously, *Gojo kaihō* 互助会報）, 1946.

"Hikiage o motomete: kaetta hitobito 300-mannin no hikiagesha o matteita mono" 引揚げを求めて：帰った人々三百万人の引揚者を待っていた者（Calling for repatriation: those who waited for the return of 3 million repatriates）. *Shūkan shinchō* 週刊新潮（February 11, 1957）: 86–91.

Hikiagekō Hakata o kangaeru tsudoi 引揚港・博多を考える集い *Sengo 50-nen hikiage o omou: Ajia no yūkō to heiwa o motomete* 戦後50年引揚げを思う:アジアの友好と平和をもとめて（Thinking about repatriation 50 years after the war: seeking friendship and peace in Asia）. Fukuoka: Hikiagekō Hakata o kangaeru tsudoi henshū iinkai, 1995.

——. *Sengo 50-nen hikiage o omou (zoku): shōgen Futsuka'ichi hoyōjo* 戦後50年引揚げを思う（続）：証言二日市保養所（Thinking about repatriation 50 years after the war, continued: testimony on the Futsuka'ichi Sanatorium）.Fukuoka: Hikiagekō Hakata o kangaeru tsudoi henshū iinkai, 1998.

Hikiagekō Hakata wan: gaichi kara no hikiageshatachi no sonogo 引揚港・博多湾：外地からの引き揚げ者たちのその後（Repatriation harbor, Hakata Bay: the afterlives of repatriates from the colonies）. RKB Mainichi Hōsō, 1978. Documentary, broadcast in Kyushu on June 28, 1978.

"Hikiagesha kyūfukin tō shikyū hō" 引揚者給付金等支給法（Repatriate benefits allowance law）. Law no. 109, May 17, 1957.

"Hikiagesha tō ni taisuru tokubetsu kōfukin no shikyū ni kansuru hōritsu" 引揚者等に対する特別交付金の支給に関する法律（Repatriate special subsidy allowance law）. Law no. 104. 55th Diet Session (Special), August 1, 1967.

"Hikiagesha no chitsujo hoji ni kansuru seirei" 引揚者の秩序保持に関する政令（Cabinet order for preserving order among repatriates）. Ordinance no. 300, August 11, 1949.

Hikiagesha no koe 引揚者の声 1946.

"Hikiagete wa mita keredo" 引揚げてはみたけれど（I was repatriated but....）. *Shinsō* 真相（January 1950）: 53–56.

Hikiage zenren tsūshin 引揚全連通信 1956–.

Hirashima Toshio 平島敏夫 *Rakudo kara naraku e: Manshūkoku no shūen to 100-man dōhō hikiage jitsuroku* 楽土から奈落へ：満洲国の終焉と百万同胞引揚げ実録（From heaven to hell: the record of the end of Manchukuo and the repatriation of a million compatriots）. Tokyo: Kōdansha, 1972.

"Hokuman hikiage fujin no shūdan ninpu chūzetsu shimatsuki: akai heitai no ko ga umarenu wake" 北満引揚婦人の集団妊娠中絶始末記：赤い兵隊の子が生まれぬ訳（The record of dealing with the mass abortions of pregnancies of women repatriated from North Manchuria: the reason that no children of Red soldiers were born）. *Sandē mainichi* サンデー毎日（March 29, 1953）: 4–10.

Honda Yasuharu 本田靖春 "Nihon no 'Kamyu' tachi: 'hikiage taiken' kara sakkatachi wa umareta" 日本の「カミュ」たち：「引揚げ体験」から作家たちは生れた（The "Camus" of Japan: writers born of the "repatriate experience"）. *Shokun* 諸君 7（1979）: 198–225.

Igarashi, Yoshikuni. "Belated Homecomings: Japanese Prisoners of War in Siberia and their Return to Postwar Japan." In *Prisoners of War, Prisoners of Peace: Captivity, Homecoming and Memory in World War II*, ed. Bob Moore and Barbara Hately-Broad, 105–121. New York: Berg, 2005.

——. *Bodies of Memory: Narratives of War in Postwar Japanese Culture, 1945–1970.*

Princeton, NJ: Princeton University Press, 2000.

Iiyama Tatsuo 飯山達雄 *Haisen, hikiage no dōkoku* 敗戦・引揚げの慟哭（A lament for defeat and repatriation）. Vol. 3 of *Harukanaru Chūgoku tairiku shashinshū* 遥かなる中国大陸写真集（Photographs from the distant Chinese continent）. Tokyo: Kokusho kankōkai, 1979.

——. "Kimin 41-nen no kokka sekinin, zoku: Chūgoku zanryū koji ni Kantōgun kazoku wa inai" 棄民41年の国家責任・続：中国残留孤児に関東軍家族はいない（State responsibility for abandoned peoples 41 years ago, continued: among the orphans left behind in China, there are no family members of the Kwantun Army）. *Asahi jānaru* 朝日ジャーナル 28, no. 25 (1986): 88–92.

Imai Shūji 今井脩二 "Rira saku gogatsu to nareba" リラ咲く五月となれば（When May arrives and the lilacs bloom）. *Minato* みなと（June 1947）: 20–30. Inaba Jurō 稲葉寿郎 "Hikiagesha no sengo: Tsuchiura hikiageryō o chūshin ni" 引揚者の戦後‥土浦引揚寮を中心に（Postwar for the repatriates: the Tsuchiura repatriate dormitory）. In *Kokumin kokka no kōzu* 国民国家の構図（The structure of the nation state）, ed. Ōhama Tetsuya 大浜徹也・283–306.

Tokyo: Yūzankaku, 1999.

Iriye, Akira. *The Cold War in Asia: A Historical Introduction*. Englewood Cliffs, NJ: Prentice Hall, 1974.

Ishikawa Hiroyoshi 石川弘義 et al., eds. *Taishū bunka jiten* 大衆文化事典（Dictionary of popular culture）. Tokyo: Kōbundo, 1991.

Itsuki Hiroyuki 五木寛之 *Unmei no ashioto* 運命の足音（Fate's footsteps）. Tokyo: Gentōsha, 2003.

Iwanami shoten henshūbu 岩波書店編集部 ed. *Kindai Nihon sōgō nenpyō* 近代日本総合年表（Timeline of modern Japanese history）. Third edition. Tokyo: Iwanami shoten, 1991.

Iwasaki Jirō 岩崎爾郎 *Bukka no sesō 100-nen* 物価の世相100年（A hundredyear social history of the cost of living）. Tokyo: Yomiuri shinbunsha, 1982.

James, D. Clayton. *The Years of MacArthur*. Vol. 3. Boston, MA: Houghton Mifflin, 1985.

Jiji shinpō 時事新報 1949.

Johnston, William. *The Modern Epidemic: A History of Tuberculosis in Japan*. Cambridge, MA: Council on East Asian Studies, Harvard University, 1995.

Judt, Tony. *Postwar: A History of Europe Since 1945*. New York: Penguin, 2005.

Kaigai hikiage shinbun 海外引揚新聞 1946–.

Kajiyama Toshiyuki. *The Clan Records: Five Stories of Korea*. Trans. Yoshiko Kurata Dykstra. Honolulu, HI: University of Hawai'i Press, 1961 [1995].

Kami Shōichirō 上笙一郎 *Man-Mō kaitaku seishōnen giyūgun* 満蒙開拓青少年義勇軍（The Manchurian and Mongolian youth corps brigades）. Tokyo: Chūkō shinsho, 1973.

Kaminogō Toshiaki 上之郷利昭 "Tokushū 2: mō hitotsu no shūsen shori Sasebo hikiage engokyoku 140-nin no monogatari: '1000-nen mirai toshi' ni nemuru senzen, senchū, sengo" 特集２もう一つの終戦処理佐世保引揚援護局・一四〇人の物語‥「一〇〇〇年の未来都市」に眠る戦前・戦中・戦後（Special issue 2: another postwar cleanup the Sasebo regional repatriation center stories of 140 people: the prewar, wartime, and postwar that sleeps in the "future city of 1,000 years"）. *Rekishi kaidō* 歴史街道（September 1998）: 78–87.

Kamitsubo Takashi 上坪隆 *Mizuko no uta: dokyumento hikiage koji to onnatachi* 水子の譜: ドキュメント引揚孤児と女たち（The song of the fetus: a documentary look at repatriate orphans and women）. Tokyo: Shakai shisōsha, 1993.

——. *Mizuko no uta: hikiage koji to okasareta onnatachi no kiroku Shōwa shi no kiroku* 水子の譜：引揚孤児と犯された女たちの記録昭和史の記録（The song of the fetus: a record of repatriate orphans and violated women）. Tokyo: Gendai shi shuppankai, 1979.

Kang Chae-ŏn 姜在彦 and Kim Tong-hun 金東勳 *Zainichi Kankoku/Chōsenjin: rekishi to tenbō* 在日韓国・朝鮮人―歴史と展望（South and North Korean residents in Japan: history and prospects）. Tokyo: Rōdō keizaisha, 1989.

Katō Kiyofumi 加藤聖文 ed. *Kaigai hikiage kankei shiryō shūsei* 海外引揚関係史料集成（Collection of historical documents on repatriation from overseas）. Tokyo: Yumani shobō, 2002.

Katō Yōko 加藤陽子 "Haisha no kikan: Chūgoku kara no fukuin, hikiage mondai no tenkai" 敗者の帰還：中国からの復員・引揚問題の展開（Demobilization and repatriation of Japanese armed forces in China）. *Kokusai seiji* 国際政治（May 1995）: 110–25.

Kawachi Sensuke. "Sazanka." In *Ukiyo: Stories of Postwar Japan*, ed. Jay Gluck, 195–202. New York: Grosset's Universal Library, 1964.

Kawahara Isao 河原功 *Taiwan hikiage ryūyō kiroku* 台湾引揚留用記録（The record of repatriation and staying behind in Taiwan）. 10 vols. Tokyo: Yumani shobō, 1997–98.

Kawamoto Saburō 川本三郎 "Sarai shinema rebyū nozoku: Maizurukō wa samazama na 'sengo' no dorama o unda" サライシネマレビュー覗く：舞鶴港は様々な「戦後」のドラマを生んだ（Sarai movie review: a look at the "postwar" dramas created by the Maizuru harbor）. *Sarai* サライ（September 17, 1992）: 116–17.

Kawamura Minato 川村湊 *Ikyō no Shōwa bungaku: "Manshū" to kindai Nihon* 異郷の昭和文学：「満州」と近代日本（Shōwa literature from another land: "Manshū" and modern Japan). Tokyo: Iwanami shinsho, 1990.

——. *Sakubun no naka no dai Nippon teikoku* 作文のなかの大日本帝国（The Japanese empire in Japanese writing）. Tokyo: Iwanami shoten, 2000.

——. *Sengo bungaku o tou: sono taiken to rinen* 戦後文学を問う：その体験と理念（An inquiry into postwar literature: experience and ideas）. Tokyo: Iwanami shinsho, 1995.

"Kikokusen o meguru shinbun gassen" 帰国船をめぐる新聞合戦（The newspaper war over returning ships）. *Chūō kōron* 中央公論（May 1953）: 152–61.

Kim, Key-Hiuk. *The Last Phase of the East Asian World Order: Korea, Japan, and the Chinese Empire, 1860–1882*. Berkeley and Los Angeles, CA: University of California Press, 1980.

Kimoto Itaru 木本至 *Zasshi de yomu sengo shi* 雑誌で読む戦後史（Postwar history through reading magazines）. Tokyo: Shinchō sencho, 1985.

Kimura Hideaki 木村秀明 *Aru sengo shi no joshō: MRU hikiage iryō no kiroku* ある戦後史の序章：MRU 引揚医療の記録（A prologue to postwar history: a record of the Mobile Relief Unit for treating repatriates）. Fukuoka: Nishi Nihon toshokan konsarutanto kyōkai, 1980.

Kimura Takuji 木村卓滋 "Demobilization and the Dismantling of the Japanese Imperial Military." Paper presented at the AAS annual convention, Washington, DC, April 6, 2002.

——. "Sensōbyōsha senbotsusha izoku tō engohō no seitei to gunjin onkyū no fukkatsu: kyū gunjin kanren dantai e no eikyō o chūshin ni" 戦傷病者戦没者遺族等援護法の制定と軍人恩給の復活：旧軍人関連団体への影響を中心に（The establishment of the law for aiding injured and sick veterans and bereaved family members and the revival of pensions for military men: influence on veterans' organizations）. *Jinmin no rekishigaku* 人民の歴史学（1997）: 1–10.

Kinema junpōsha キネマ旬報社 ed. *Nihon eiga terebi kantoku zenshū* 日本映画テレビ監督全集（Film and television directors in Japan）. Tokyo: Kinema junpōsha, 1988.

Kobayashi Masaki 小林正樹 dir. *Ningen no jōken* 人間の条件（The human condition）. 3 parts. Tokyo: Shōchiku, 1958, 1960, 1961.

Kokusaijin 国際人 1947–48.

Komiya Kiyoshi 小宮清 *Manshū memorī mappu* 満洲メモリー・マップ（A "memory map" of Manchuria）. Tokyo: Chikuma shobō, 1990.

Konpeki 紺碧 1954–.

Kōseishō engokyoku 厚生省援護局 *Chūgoku zanryū koji: kore made no sokuseki to kore kara no michinori* 中国残留孤児：これまでの足跡とこれからの道のり Tokyo: Gyōsei, 1987.

Kōseishō engokyoku 厚生省援護局 *Hikiage to engo 30-nen no ayumi* 引揚げと援護三十年の歩み（A thirty-year history of repatriation and aid）. Tokyo: Kōseishō, 1977.

Kōseishō 50-nen shi henshū iinkai 厚生省五十年史編集委員会 ed. *Kōseishō 50-nen shi, shiryō hen* 厚生省五十年史資料篇（A fifty-year history of the Ministry of Health and Welfare, documents）. Tokyo: Kōseishō 50-nen shi henshū iinkai, 1988.

Kōseishō hikiage engokyoku 厚生省引揚援護局 *Zoku hikiage engo no kiroku* 続：引揚援護の記録（A record of repatriation and aid, vol. 2）.

Tokyo: Kōseishō, 1955.

——. *Zoku zoku: hikiage engo no kiroku* 続々：引揚援護の記録（A record of repatriation and aid, vol. 3）. Tokyo: Kōseishō, 1963.

Kōseishō Senzaki hikiage engokyoku 厚生省仙崎引揚援護局 *Senzaki hikiage engokyoku shi* 仙崎引揚援護局史（The history of the Senzaki regional repatriation center）. Senzaki: Kōseishō Senzaki hikiage engokyoku, 1946.

Kōseishō shakai engokyoku 厚生省社会援護局 *Engo 50-nen shi* 援護50年史（A fifty-year history of aid）. Tokyo: Gyōsei, 1997.

Koshiro, Yukiko. *Trans-Pacific Racisms and the U.S. Occupation of Japan*. New York: Columbia University Press, 1999.

Krieger, Paul Henry. "The Fantastic Stories of Abe Kōbō: A Study of Three Early Short Stories, with Translations." Ph.D. diss., University of Minnesota, 1991.

Kunihiro Yasuo 国弘威雄 *Korotō daikenhen: Nihonjin nanmin 105-man hikiage no*
kiroku 葫蘆島大遣返：日本人難民105万引揚げの記録（The great deportation from Huludao: the record of the repatriation of 1,050,000 Japanese refugees）. Documentary, 1998.

——. "Korotō daikenhen: Nihonjin nanmin 105-man hikiage no kiroku" 葫蘆島大遣返：日本人難民105万引揚げの記録 *Shinario* シナリオ, no. 4 (1998): 72–103.

Kuramoto, Kazuko. *Manchurian Legacy: Memoirs of a Japanese Colonist*. East Lansing, MI: Michigan State University Press, 1999.

Kushner, Barak. *The Thought War: Japanese Imperial Propaganda*. Honolulu, HI: University of Hawai'i Press, 2006.

Kuznetsov, S. I. "The Ideological Indoctrination of Japanese Prisoners of War in the Stalinist Camps of the Soviet Union." Trans. Mary E. Glantz. *Journal of Slavic Military Studies* 10, no. 4 (December 1997): 86–103.

——. "The Situation of Japanese Prisoners of War in Soviet Camps (1945–1956)." Trans. Col. David M. Glantz. *Journal of Slavic Military Studies* 8, no. 3 (September 1995): 612–29.

Lamley, Harry J. "Taiwan Under Japanese Rule, 1895–1945: The Vicissitudes of Colonialism." In *Taiwan: A New History*, ed. Murray A. Rubinstein, 201–60. Armonk, NY: M. E. Sharpe, 1999.

Lee, Changsoo and George De Vos. *Koreans in Japan: Ethnic Conflict and Accommodation*. Berkeley and Los Angeles, CA: University of California Press, 1981.

Lie, John. *Multiethnic Japan*. Cambridge, MA: Harvard University Press, 2001.

Lone, Stewart. *Japan's First Modern War.* London: St. Martin's Press, 1994.

Lynn, Hyung Gu. "Malthusian Dreams, Colonial Imagery: The Oriental Development Company and Japanese Emigration to Korea." In *Settler Colonialism in the Twentieth Century: Projects, Practices, Legacies,* ed. Caroline Elkins and Susan Pedersen, 25–40. New York and London: Routledge, 2005.

Machi Jurō 町樹郎 "Kin-ken shūchūei" 錦県集中営（The Kin-ken refugee camp）. *Minato* みなと19（February 1948）: 28–33.

Magnier, Mark. "Tokyo Governor Assails Critics, Says Remarks Were Misunderstood." *Los Angeles Times,* April 13, 2000.

Maizuru chihō hikiage engokyoku 舞鶴地方引揚援護局 *Maizuru chihō hikiage engokyoku shi* 舞鶴地方引揚援護局史（The history of the Maizuru regional repatriation center）. Tokyo: Kōseishō hikiage engokyoku, 1961.

Maizuru-shi 舞鶴市 ed. *Hikiagekō Maizuru no kiroku* 引揚港舞鶴の記録（A record of Maizuru as a repatriation harbor）. Maizuru: Maizuru-shi, 1990.

Maizuru hikiage kinenkan 舞鶴引揚記念館 *Haha naru minato Maizuru* 母なる港舞鶴（Our mother harbor Maizuru）. Maizuru: Maizuru hikiage kinenkan, 1995.

Man-Mō dōhō engokai 満蒙同胞援護会 ed. *Man-Mō shūsen shi* 満蒙終戦史（The end of the war in Manchuria and Mongolia）. Tokyo: Kawade shobō, 1962.

Marrus, Michael R. *The Unwanted: European Refugees in the Twentieth Century.* New York: Oxford University Press, 1985.

Matsusaka, Yoshihisa Tak. *The Making of Japanese Manchuria, 1904–1932.* Cambridge, MA: Harvard University Asia Center, 2001.

Mayo, Marlene. "The War of Words Continues: American Radio Guidance in Occupied Japan." In *The Occupation of Japan: Arts and Culture,* ed. Thomas W. Burkman, 45–83. Norfolk, VA: General Douglas MacArthur Foundation, 1988.

McWilliams, Wayne C. *Homeward Bound: Repatriation of Japanese from Korea.* Hong Kong: Asian Research Service, 1988.

Minakawa Takahira 皆川考平 "Hikiagesha mondai ni yosete" 引揚者問題に寄せて（Addressing the repatriation problem）. Addendum to *Hadaka no 600-mannin: Manshū hikiagesha no shuki* 裸の六百万人・・満洲引揚者の手記（The naked six million: the notes of a Manchurian repatriate）, by Tamana Katsuo 玉名勝夫 125–35. Tokyo: Shunkōsha, 1948. *Minato* みなと 1946–.

Mitchell, Richard. *The Korean Minority in Japan.* Berkeley and Los Angeles, CA: University of California Press, 1967.

Moeller, Robert G. *War Stories: The Search for a Usable Past in the Federal Republic of Germany.* Berkeley and Los Angeles, CA: University of California Press,

2001.

Molasky, Michael S. *The American Occupation of Japan and Okinawa: Literature and Memory*. New York: Routledge, 1999.

Morita Yoshio 森田芳夫 *Chōsen Shūsen no Kiroku: Bei-So ryōgun no shinchū to Nihonjin no hikiage* 朝鮮終戦の記録：米ソ両軍の進駐と日本人の引揚げ（A record of the end of the war in Korea: the American and Soviet Occupation and the repatriation of Japanese）. Tokyo: Gannandō shoten, 1967.

Morris-Suzuki, Tessa. "A Descent into the Past: The Frontier in the Construction of Japanese Identity." In *Multicultural Japan: Paleolithic to Postmodern*, ed. Donald Denoon and Gavan McCormack, 81–94. Cambridge, UK: Cambridge University Press, 1997.

——. *Exodus to North Korea: Shadows from Japan's Cold War*, Lanham, MD: Rowman and Littlefield, 2007.

——. "Northern Lights: The Making and Unmaking of Karafuto Identity." *Journal of Asian Studies* 60, no. 3 (August 2001): 645–71.

Murakami Haruki. *The Wind-Up Bird Chronicle*. Trans. Jay Rubin. New York: Knopf, 1997. Originally published in three volumes as *Nejimakidori kuronikuru*. Tokyo: Shinchōsha, 1994–95.

Myers, Ramon H. and Mark R. Peattie, eds. *The Japanese Colonial Empire, 1895–1945*. Princeton, NJ: Princeton University Press, 1984.

Nagano-ken kaitaku jikōkai Manshū kaitaku shi kankōkai 長野県開拓自興会満州開拓史刊行会 ed. *Nagano-ken Manshū kaitaku shi* 長野県満州開拓史（The history of Nagano Prefecture agricultural settlements in Manchuria）. 3 vols. Nagano: Nagano-ken kaitaku jikōkai Manshū kaitaku shi kankōkai, 1984.

Naikaku sōri daijin kanbō kanrishitsu 内閣総理大臣官房管理室 *Zaigai zaisan mondai no shori kiroku: hikiagesha tokubetsu kōfukin no shikyū* 在外財産問題の処理記録：引揚者特別交付金の支給（The record of addressing the problem of overseas assets: the repatriate special subsidy allowance law）. Tokyo: Naikaku sōri daijin kanbō kanrishitsu, 1973.

Naimark, Norman. *Fires of Hatred: Ethnic Cleansing in the Twentieth Century*. Cambridge, MA: Harvard University Press, 2001.

Natsume Sōseki. "Travels in Manchuria and Korea." In *Rediscovering Natsume Sōseki,*trans. Inger Sigrun Brodey and Sammy Tsunematsu. Kent, UK: Global Books, 2000.

"Nenpu" 年譜 In *Shin'ei bungaku sōsho* 新鋭文学叢書 Vol. 2. *Abe Kōbō shū* 安部公房集. Tokyo: Chikuma shobō, 1960.

NHK. *Saikai: 35-nenme no tairiku no ko* 再会：35年目の大陸の子（To meet again: children of the continent after 35 years）. Documentary. Originally aired on NHK on September 9, 1980.

Nihon keizai shinbun 日本経済新聞 1949–50.

Nimmo, William F. *Behind a Curtain of Silence: Japanese in Soviet Custody, 1945–1956.* Westport, CT: Greenwood Press, 1988.

Norgren, Tiana. *Abortion Before Birth Control.* Princeton, NJ: Princeton University Press, 2001.

Odaka Kōnosuke 尾高煌之助 "Hikiagesha to sensō chokugo no rōdōryoku" 引揚者と戦争直後の労働力（Repatriates and the labor force immediately after the war）. *Tōkyō Daigaku shakaigaku kenkyūjo kiyō* 東京大学社会学研究所紀要（April 1996）: 135–44.

Oguma Eiji 小熊英二 *A Genealogy of "Japanese" Self-Images.* Trans. David Askew. Melbourne: Trans Pacific Press, 2002.

——. *Tan'itsu minzoku shinwa no kigen* 単一民族神話の起源（The myth of the homogeneous nation）. Tokyo: Shin'yōsha, 1995.

Okamoto, Koichi. "Imaginary Settings: Sino-Japanese-U.S. Relations during the Occupation Years." Ph.D. diss., Columbia University, 2001.

Ōkubo Maki 大久保真紀 *Chūgoku zanryū Nihonjin: "kimin" no keika to kikokugo no kunan* 中国残留日本人：「棄民」の経過と、帰国後の苦難（Japanese left behind in China: the process of becoming "abandoned people" and troubles after returning to Japan）. Tokyo: Tōbunken, 2006.

Okuizumi Eizaburō, ed. *User's Guide to the Gordon W. Prange Collection: Microfilm Edition of Censored Periodicals, 1945–1949.* Tokyo: Yūshōdō shoten, 1982.

Ōkurashō kanrikyoku 大蔵省管理局 *Nihonjin no kaigai katsudō ni kansuru rekishiteki chōsa* 日本人の海外活動に関する歴史的調査（A historical survey of the overseas activities of Japanese nationals）. 12 Volumes. Seoul: Kōrai shorin, 1983 [1947].

Onshi zaidan engo kaihō 恩賜財団同胞援護会報 1949–.

Ōnuma Yasuaki 大沼保昭 *Saharin kimin: sengo sekinin no tenkei* サハリン棄民：戦後責任の点景（The abandoned on Sakhalin: a look at postwar responsibility）. Tokyo: Chūkō shinsho, 1992.

Orr, James J. *The Victim as Hero: Ideologies of Peace and National Identity in Postwar Japan.* Honolulu, HI: University of Hawai'i Press, 2001.

Ōshima Nagisa 大島渚 dir. *Gishiki* 儀式（Ceremony）. Tokyo: ATG, 1971.

——. "Kieta Nagano-ken no Yomikaki-mura" 消えた長野県の読書村（The village of Yomikaki from Nagano Prefecture that disappeared）. *Ushio* 潮（August 1971）: 196–207.

Ōta Masahide. "The U.S. Occupation of Okinawa and Postwar Reforms in Japan Proper." In *Democratizing Japan: The Allied Occupation,* ed. Robert E. Ward and Sakamoto Yoshikazu, 284–305. Honolulu, HI: University of Hawai'i Press, 1987.

Ōtani Susumu 大谷進 *Ikiteiru: Ueno chikadō no jittai* 生きてゐる‥上野地下道の実態（Surviving: the reality of the Ueno underpass）. Tokyo: Sengo Nihon shakai setai shi, 1948.

Ozaki Kazuo 尾崎一雄 Kanbayashi Akatsuki 上林暁 and Tonomura Shigeru 外村繁 "Sōsaku gappyō" 創作合評（A joint review of works）. *Gunzō* 群像 12, no. 5 (1957): 240–52.

Ozawa Seiji 小澤征爾 *Chichi o kataru* 父を語る（Speaking of my father）. Tokyo:

Chūō kōron jigyō shuppan, 1972.

"Ozawa's Vienna Debut Will Be a Waltz Worth the Wait." *Boston Globe*, January 1, 2002.

Parrott, Lindesay. "Japan to Punish Red Repatriates." Special to the *New York Times*, August 10, 1949.

——. "Japanese Repatriated by Soviet Sworn to Communize Homeland." Special to the *New York Times*, June 28, 1949.

Pepper, Suzanne. *Civil War in China: The Political Struggle, 1945–1949*. Berkeley and Los Angeles, CA: University of California Press, 1978.

Phillips, Steven E. *Between Assimilation and Independence: The Taiwanese Encounter Nationalist China, 1945–1950*. Stanford, CA: Stanford University Press, 2003.

Radtke, K. W. "Negotiations between the PRC and Japan on the Return of Japanese Civilians and the Repatriation of Japanese Prisoners of War." In *Leyden Studies in Sinology: Papers Presented at the Conference held in Celebration of the Fiftieth Anniversary of the Sinological Institute of Leyden University, December 8–12, 1980*, ed. W. L. Idema, 190–213. Leyden: Brill, 1981.

Ravina, Mark. *The Last Samurai: The Life and Battles of Saigō Takamori*. Hoboken, NJ: John Wiley & Sons, 2003.

Reischauer, Edwin O. "Forward." In *The Korean Minority in Japan, 1904–1950*, by Edward D. Wagner. New York: Institute of Pacific Relations, 1951.

Reishi shinbun 励志新聞 1947.

Rogaski, Ruth. *Hygienic Modernity: Meanings of Health and Disease in Treaty-Port China*. Berkeley and Los Angeles, CA: University of California Press, 2004.

Roseman, Mark. "Refugees and Ruhr Miners: A Case Study of the Impact of the Refugees on Post-War German Society." In *Refugees in the Age of Total War*, ed. Anna C. Bramwell, 185–98. London: Unwin Hyman, 1988.

Ross, Kristin. *Fast Cars, Clean Bodies: Decolonization and the Reordering of French Culture*. Cambridge, MA: The MIT Press, 1996.

"Rupo: hikiagete wa kita keredo ルポ‥引揚げてはきたけれど（I was repatriated, But...）." *Chūō kōron* 中央公論（February 1949）: 29–

35.

"Ruporutāju: hikiagete wa mita keredo"ルポルタージュ・・引揚げてはみたけれど（I was repatriated, but. . . .）. *Nihon shūhō* 日本週報（May 1949）: 8–13.

Saraki Yoshihisa 皿木喜久 "ZOOM UP: jūnen no danshō o tōshite miete kuru sengo 50-nen, soshite kono kuni no 'rinkaku.'" ZOOM UP: 10年の断章を通して見えてくる戦後50年・そしてこの国の「輪郭」（ZOOM UP: what we can see of the 50 postwar years by looking in ten year fragments, and the "contours" of this country）. *Shūkan SPA* 週刊SPA（February 1, 1995）, 26–28.

Sasebo hikiage engokyoku jōhōka 佐世保引揚援護局情報課 *Sasebo hikiage engokyoku shi* 佐世保引揚援護局史（The history of the Sasebo regional repatriation center）. Vols. 1 and 2. Sasebo hikiage engokyoku, 1949.

"Sasebo-shi Uragashira hikiage kinen heiwa kōen" 佐世保市浦頭引揚記念平和公園（The Sasebo Uragashira repatriation memorial park）. Undated pamphlet.

Sasebo: Uragashira hikiage kinen heiwa kōen, shiryōkan.

Saunders, E. Dale. "Abe Kōbō." In *Kodansha Encyclopedia of Japan*, vol. 1, 2–3. Tokyo: Kodansha, 1983.

Sawachi Hisae 沢地久枝 *Mō hitotsu no Manshū* もうひとつの満洲（Another Manshū）. Tokyo: Bungei shunjū, 1986.

Schaller, Michael. *The American Occupation of Japan: The Origins of the Cold War in Asia*. New York: Oxford University Press, 1985.

Schlesinger, Jacob M. *Shadow Shoguns: The Rise and Fall of Japan's Postwar Political Machine*. New York: Simon & Schuster, 1997.

Sengo kaitaku shi hensan iinkai 戦後開拓史編纂委員会 *Sengo kaitaku shi* 戦後開拓史（A history of postwar agricultural pioneering）. 3 vols. Tokyo: Zenkoku kaitaku nōgyō kyōdō kumiai rengōkai, 1967.

Sensaisha jihō 戦災者時報 1946.

Sensō giseisha 戦争犠牲者 1946.

Seraphim, Franziska. *War Memory and Social Politics in Japan, 1945–2005*. Cambridge, MA: Harvard University Asia Center, 2006.

Shibusawa, Naoko. *America's Geisha Ally: Reimagining the Japanese Enemy*. Cambridge, MA: Harvard University Press, 2006.

Shimane-ken gaichi hikiage minpō 島根県外地引揚民報 1946–47.

Shinkensetsu 新建設 1946.

Shinonoi heiwa katsudō iinkai 篠ノ井平和活動委員会 "Kodomotachi ni ikasareta 85-nen" 子どもたちに生かされた85年（85 years of being kept alive by children）. *Pīsu messēji* ピースメッセージ, 37–41. Locally published pamphlet. Nagano: Kōpu Nagano, 1996.

Shūkan Asahi 週刊朝日 ed. *Nedanshi nenpyō: Meiji, Taishō, Shōwa* 値段史年表：明治・大正・昭和（A timeline of the history of prices in Meiji, Taishō, and Shōwa）. Tokyo: Asahi shinbunsha, 1988.

Smith, Andrea L., ed. *Europe's Invisible Migrants*. Amsterdam: Amsterdam University Press, 2003.

Sorlin, Pierre. "Children as War Victims in Postwar European Cinema." In *War and Remembrance in the Twentieth Century*, ed. Jay Winter and Emmanuel Sivan, 104–24. Cambridge, UK: Cambridge University Press, 1999.

"Stardust: 'Hikiage' kara hanseki: Hakatakō ni tōjō shita Toyofuku Tomonori no kinenhi"「引き揚げ」から半世紀：博多港に登場した豊福知徳の記念碑（The appearance of Toyofuka Tomonori's memorial in Hakata harbor, a half a century after "repatriation"）. *Geijutsu shinchō* 芸術新潮 5 (1996): 123–24.

Stora, Benjamin. *Algeria, 1830–2000: A Short History*. Trans. Jane Marie Todd. Ithaca, NY: Cornell University Press, 2001.

——. "The 'Southern' World of the *Pieds Noirs*: References to and Representations of Europeans in Colonial Algeria." In *Settler Colonialism in the Twentieth Century: Projects, Practices, Legacies*, ed. Caroline Elkins and Susan Pedersen, 225–41. New York and London: Routledge, 2005.

Sun Jae-won 宣在源 "Nihon no koyō seido: fukkōki (1945–49) no koyō chōsei" 日本の雇用制度—復興期（1945–49年）の雇用調整（The employment system in Japan—an employment adjustment during the reconstruction period [1945–49]）. *Keizaigaku ronshū* 経済学論集（April 1998）: 17–48.

——. "The Reverse Impact of Colonialism: Repatriation and Resettlement of Japanese Entrepeneurs after the Second World War." In *Japanese Settler Colonialism in Japan: Advancing, Settling Down, and Returning to Japan, 1905–1950*, ed. Andrew Gordon, 23–31. Reischauer Institute of Japanese Studies, Occasional Papers in Japanese Studies, no. 2002–03. Cambridge, MA: Reischauer Institute of Japanese Studies, Harvard University, 2002.

Supreme Commander for the Allied Powers. *Reports of General MacArthur: Mac-Arthur in Japan: The Occupation, Military Phase*. Vol. 1, Supplement. Washington, DC: U.S. Government Printing Office, 1966 [1950].

Suzuki Takashi 鈴木隆史 Nihon teikokushugi to Manshū: 1900–1945 日本帝国主義と満州：1900–1945（*Japanese imperialism and Manchuria*）. Vol. 2. Tokyo: Hanawa shobō, 1992.

Tabata Yoshio 田端義夫 and Seshi Bonta 世志凡太 "Sore ga tōi rekishi ni naru mae ni: 'Kaeribune' ni takushita senchū sengo" それが、遠い歴史になる前に「かえり船」に託した戦中・戦後（Before that became ancient history: the wartime and postwar behind the song

"Kaeribune"). *Rekishi kaidō* 歴史街道（April 2000）: 123–29.

Taira, Koji. "Troubled National Identity: The Ryukyuans/Okinawans." In *Japan's Minorities: The Illusion of Homogeneity*, ed. Michael Weiner, 140–77. New York: Routledge, 1997.

Takahashi Saburō 高橋三郎 *"Senki mono" o yomu: sensō taiken to sengo Nihon shakai* 「戦記もの」を読む：戦争体験と戦後日本社会（Reading "war stories": war experiences and postwar Japan）. Kyoto: Academia shuppankai, 1988.

Takeda Shigetarō 武田繁太郎 *Chinmoku no 40-nen: hikiage josei kyōsei chūzetsu no kiroku* 沈黙の四十年：引き揚げ女性強制中絶の記録（Forty years of silence: a record of the forced abortions on repatriated women）. Tokyo: Chūō kōronsha, 1985.

Takemae Eiji 竹前栄治 ed. *GHQ shirei sōshūsei* GHQ指令総集成（Complete compilation of SCAPINs）. 15 vols. Tokyo: Emutei shuppan, 1993.

——. *Inside GHQ: The Allied Occupation of Japan and Its Legacy.* Trans. and adapted by Robert Rickets and Sebastian Swann. New York: Continuum, 2002.

Tamana Katsuo 玉名勝夫 *Hadaka no 600-mannin: Manshū hikiagesha no shuki* 裸の六百万人：満洲引揚者の手記（The naked six million: the notes of a Manchurian repatriate）. Tokyo: Shunkōsha, 1948.

Tamanoi, Mariko. "Knowledge, Power, and Racial Classification: The 'Japanese' in 'Manchuria.'" *Journal of Asian Studies* 59, no. 2 (May 2000): 248–76.

——. "A Road to a Redeemed Mankind: The Politics of Memory among the Former Peasant Settlers in Manchuria." *South Atlantic Quarterly* 99, no. 1 (2001): 143–71.

Tanaka Hiroshi 田中宏 *Zainichi gaikokujin: hō no kabe, kokoro no mizo* 在日外国人：法の壁、心の溝（Resident foreigners in Japan: legal and psychological obstacles to equality）. Tokyo: Iwanami shinsho, 1995.

Tanizaki Jun'ichirō. *The Makioka Sisters.* Trans. Edward G. Seidensticker. New York: Vintage, 1995.

——. *Sasameyuki* 細雪 Tōkyō: Ōbunsha, 1969.

Tōhoku dōhō 東北導報 Shenyang and Changchun editions, 1946–48.

Tokuda Tsuneo 徳田恒夫 "Kaigai hikiagesha wa uttaeru" 海外引揚者は訴へる（Protests of overseas repatriates）. *Minshū no hata* 民衆の旗（November 1946）: 38–41. *Tōkyō shinbun* 東京新聞 1949–80.

Tōkyō-to 東京都 *Okaerinasai kikan no minasama* おかえりなさい帰還の皆様（Welcome home, returnees）. Tokyo: Tominshitsu kōhōbu minseikyoku hogobu.

1953.

Toyama-ken kōseibu shakai fukushika 富山県厚生部社会福祉課 ed. *Toyamaken shūsen shori shi* 富山県終戦処理史（The history of managing the end of the war in Toyama Prefecture）. Toyama: Toyama-ken, 1975.

Tōyō keizai shinpōsha 東洋経済新報社 ed. *Kanketsu Shōwa kokusei sōran.* 完結昭和国勢総覧（Complete overview of national population in the Shōwa period）. Vol. 3. Tokyo: Tōyō keizai shinpōsha, 1991.

Tsukada Asae 塚田浅江 "Haisen zengo no Senzan Sarashinagō kaitakudan hinan jōkyō kiroku" 敗戦前後の尖山更級郷開拓団避難状況記録（A record of the flight of the Senzan Sarashina agricultural settlement before and after the war）. Diary written in the Ueyamada Hospital, Nagano Prefecture, November 1946.

——. "Kaitaku gakkō no omoide" 開拓学校の思い出（Recollections of the school in the Manchurian agricultural settlement）. In *Man-Mō kaitaku no shuki: Nagano kenjin no kiroku* 満蒙開拓の手記・・長野県人の記録（Notes from the Manchurian and Mongolian agricultural settlements: records from the people of Nagano Prefecture）, ed. Nozoe Kenji 野添憲治 332–39. Tokyo: Nihon hōsō shuppan kyōkai, 1979.

Uchida, Jun. "Brokers of Empire: Japanese and Korean Business Elites in Colonial Korea." In *Settler Colonialism in the Twentieth Century: Projects, Practices, Legacies,* ed. Caroline Elkins and Susan Pedersen, 153–71. New York and London: Routledge, 2005.

Ueno, Chizuko. "The Politics of Memory: Nation, Individual and Self." *History & Memory* 11, no. 2 (Winter/Fall 1999): 129–52.

United States Air Force. *Japanese Repatriates, Ōtake* (film footage). RG 342, Frames 11026–28, April 1946.

United States Army Military Government in Korea (USAMGIK), Headquarters. "Repatriation from 25 September 1945 to 31 December 1945. Report. Prepared by William J. Gane. Seoul: United States Army, 1946.

United States, Office of Strategic Services, Research and Analysis Branch. "Japanese Civilians Overseas." (Report no. 2691). Washington, 1945.

Wagner, Edward D. *The Korean Minority in Japan, 1904–1950.* New York: Institute of Pacific Relations, 1951.

Wakatsuki Yasuo 若槻泰雄 *Sengo hikiage no kiroku* 戦後引揚げの記録（A record of postwar repatriation）. Tokyo: Jiji tsūshinsha, 1991.

Wolff, Stefan. *The German Question since 1919: An Analysis with Key Documents.*

Westport, CT: Praeger, 2003.

Yamakawa Akira 山川暁 *Manshū ni kieta bunson: Chichibu Nakagawamura kaitakudan tenmatsuki* 満洲に消えた分村・・秩父・中川村開拓団顛末記（A village that disappeared in Manchuria: a record of the demise of the Chichibu Nakagawamura agricultural settlement）. Tokyo:

Sōshisha, 1995.

Yamamoto Jishō 山本慈昭 and Hara Yasuji 原安治 *Saikai: Chūgoku zanryū koji no saigetsu* 再会・・中国残留孤児の歳月（To meet again: the lives of the orphans left behind in China over the years）. Tokyo: Nihon hōsō shuppan kyōkai, 1981.

Yamasaki Toyoko 山崎豊子 *The Barren Zone*. Trans. James T. Araki. Honolulu, HI: University of Hawai'i Press, 1985. Originally published as *Fumō chitai* 不毛地帯 Tokyo: Kōdansha, 1976.

——. *Daichi no ko* 大地の子（Child of the continent）. 4 vols. Tokyo: Bungei shunjū, 1994. Originally published serially in the magazine *Bungei shunjū*, April 1988–April 1989.

——. *"Daichi no ko" to watashi*「大地の子」と私（*Child of the continent* and me）. Tokyo: Bungei shunjū, 1999.

Yang, Daqing. "Resurrecting the Empire? Japanese Technicians in Postwar China, 1945–1949." In *The Japanese Empire in East Asia and Its Postwar Legacy*, ed. Harald Fuess, 185–205. Munich: Deutches Institut für Japanstudien, 1998.

Yomiuri shinbunsha Ōsaka shakaibu, ed. 読売新聞大阪社会部 *Chūgoku koji* 中国孤児（Orphans left behind in China）. Tokyo: Kadokawa shoten, 1985.

Yosano Akiko. *Travels in Manchuria and Mongolia*. Trans. Joshua Fogel. New York: Columbia University Press, 2001.

Yoshida, Takashi. *The Making of the "Rape of Nanking": History and Memory in Japan,China, and the United States*. Oxford, UK: Oxford University Press, 2006.

Young, Louise. *Japan's Total Empire: Manchuria and the Culture of Wartime Imperialism*. Berkeley and Los Angeles, CA: University of California Press, 1998.

Yūkan Fukunichi 夕刊フクニチ 1946.

口述歷史訪談

October 27, 1999; Sagami

December 21, 1999; Yokohama

February 14, 2000; Tokyo

February 18, 2000; Hakodate

February 22, 2000; Nagano

February 24, 2000; Nagano
May 29, 2000; Kokura
May 30, 2000; Imari, Saga
May 31, 2000; Sasebo
July 14, 2000; Tokyo
August 14, 2000; Kyoto
November 19, 2000; Utsunomiya
November 20, 2000; Tokyo

國家圖書館出版品預行編目資料

當帝國回到家：戰後日本的遣返與重整 / 華樂瑞(Lori Watt)作；黃煜文譯. -- 初版. -- 新北市：遠足文化, 2018.01
面； 公分. -- (遠足新書；8)
譯自：When empire comes home : repatriation and reintegration in postwar Japan
ISBN 978-957-8630-14-7(平裝)
1.日本史 2.社會問題 3.二十世紀
731.279 107000025

遠足文化　讀者回函

遠足新書 08

當帝國回到家：戰後日本的遣返與重整

When Empire Comes Home: Repatriation, and Reintegration in Postwar Japan

作者・華樂瑞（Lori Watt）｜**譯者**・黃煜文｜**責任編輯**・龍傑娣｜**編輯協力**・胡慧如｜**校對**・楊俶儻｜**封面設計**・林宜賢｜**出版**・遠足文化事業股份有限公司・第二編輯部｜**社長**・郭重興｜**總編輯**・龍傑娣｜**發行人兼出版總監**・曾大福｜**發行**・遠足文化事業股份有限公司｜**電話**・02-22181417｜**傳真**・02-86672166｜**客服專線**・0800-221-029｜**E-Mail**・service@bookrep.com.tw｜**官方網站**・http://www.bookrep.com.tw｜**法律顧問**・華洋國際專利商標事務所・蘇文生律師｜**印刷**・崎威彩藝有限公司｜**排版**・菩薩蠻數位文化有限公司｜**初版**・2018年1月｜**初版二刷**・2021年5月｜**定價**・360元｜**ISBN**・978-957-8630-14-7